8

杂文卷

柏杨全集

人民文学出版社

图书在版编目(CIP)数据

柏杨全集:限量版.8/柏杨著.—北京:人民文学出版社,2010

ISBN 978-7-02-008000-7

Ⅰ.柏… Ⅱ.柏… Ⅲ.①柏杨(1920~2008)-全集 ②杂文-作品集-中国-当代 Ⅳ.C52

中国版本图书馆CIP数据核字(2010)第048948号

责任编辑:常雪莲 马玉梅 装帧设计:翁 涌
责任校对:韩志慧 责任印制:张文芳

柏杨全集

8 杂文卷

早起的虫儿
踩了他的尾巴
奋飞

目　　录

早起的虫儿

踩了他的尾巴

奋 飞

辑一 蓦然回首

辑二 若有所思

早起的虫儿

提　要

在《早起的虫儿》中柏杨自谓主旨凡二：推荐科幻小说、提出十二大愿。从讨论中国无武侠小说开始，续介《变蝇人》、《怪山巨人》等科幻电影，然后推荐倪匡的科幻小说。

八十年代十二大愿——一愿取消籍贯，二愿吃饭分饭，三愿直呼名字，四愿联考改变，五愿不再托人带东西，六愿自己争气、莫一味把别人怨，七愿眼科医生使用特制水龙头纸巾，八愿斑马线安如泰山，九愿中国成为真正的礼仪之邦，十愿大家都祛除虚骄、不再装葱装蒜，十一愿弄清权利义务、认真做事，十二愿孙淡宁女士的幼儿园，早日开办。从立论而补充，由身旁事物说起再申以理论，十二愿或大或小，但皆反映了柏杨对当时台湾社会的一些深思和反省。

序

台北《中国时报》上《柏杨专栏》，自1979年10月到1980年9月，一年之间，累积了二十一篇，又可出一本巨书矣。值此巨书隆重问世之际，照例要写上一序，以广招徕。

本书定名为《早起的虫儿》，有典故在焉。西洋谚语曰："早起的鸟儿有虫吃。"老家伙常用以鼓励年轻朋友勤勉奋发，闻鸡起舞。问题是：早起的鸟儿有虫吃，那么，早起的虫儿哩，它有啥吃？不但没啥吃，恐怕反而要被早起的鸟儿一啄下肚。同样早起，同样努力，何有幸有不幸乎哉。

过去，柏杨先生因为早起嚷嚷——诸如：主张节育，主张离婚，主张堕胎，主张中国方块字横排时应由左到右，能进一步拼音化更好。结果被吃掉九年零二十六天，虽然死里逃生，却也剥了一层皮，悲夫。

现在，柏老忍不住又要早起嚷嚷啦，嚷嚷的是，推荐科幻小说，提出十二大愿等。于是，雷电交加，浓云密布。把我老人家搞得心神不宁，如同发生那玩意儿的前夕，不知是谁会再斜刺里伸出脖子，重来一啄也。

是为序。

1980年11月1日于台北柏杨居

1. 从武侠小说说起

若干年前,台北上演过《秋月茶室》电影,那位美军司令官最大的乐趣是看侦探小说,为了怕人发现他在办公室不务正业,就把侦探小说东藏西藏,以致藏昏了头。等到要看的时候,却忘了藏在哪里,拼命寻找,汗出如浆。有一次爬到桌底下找,正找得眼冒金星,猛抬头,却看见两条交叠在一起的美丽大腿,他一情急,顶瓜皮就碰到抽屉上,哭既不敢哭,嚎也不敢嚎,龇牙咧嘴,痛不欲生。那两条交叠着的美丽大腿,属于女主角的,原来女主角驾到,剧情开始热闹。

这个电影透露一点信息:侦探小说是美国(可能包括全部所有工业化国家)一般人最喜爱的读物。在中国人来说,则是武侠小说,武侠小说对中国人的吸引力,比侦探小说对西洋人的吸引力,似乎有过之而无不及。即以柏杨先生之尊,想当年小时候,就曾经认为天下最迷人的书,莫过于武侠,能把人看得像初恋一样,茶也不思,饭也不想,迷迷糊糊,糊糊迷迷,天昏地暗,不分昼夜。我老人家最初看《七侠五义》、《小五义》、《江湖奇侠传》;稍后看《荒江女侠》、《蜀山剑侠传》,简直是走路也看,蹲茅坑也看,三更半夜,弄个蜡烛躲在被窝里也看。好几次被舍监老爷抓住,我本来要用"草上飞鹞"功夫,纵身而起,来个无影无踪,使他大吃一惊的,只因为尚未修炼成功,所以每次都被抓个结实,除了尊书没收外,脑门上总照例被他阁下凿一个疙瘩。

看惯了武侠小说,对其他任何形式的小说,都不过瘾。十五岁那年,老爹的一位朋友叫我看《红楼梦》,认为它是中国最好的文艺作品,我欣然接受,可是看了三分之一,就实在看不下去,盖男女主角一直在那里卿卿哝哝,始终没有口吐银丸,手掷飞刀,这种著作竟然还有人欣赏，对老一辈人的知识水平，不禁大失所望。呜呼，中国同胞真得庆幸我当时不是文艺奖金委员，否则《红楼梦》铁定打入十八层地狱。

后来离开学堂，到社会做事，逐渐跟武侠小说脱节。一直到绿岛坐牢的后期——虽出狱而仍被软禁期间，才再看了起来。那时是论月租的，为了打发那没有希望的岁月，一月八十元，任凭你看，看完一部换一部，不换白不换。租书店老板以为这下子可占了便宜，盖普通情形，人们白天都忙，晚上偶尔消遣，一个月有时候连一部都看不完。想不到柏杨先生当时的职业却是坐牢，唯一的工作是日夜干瞪眼。于是不到三个月，就把该租书店的那些武侠小说——上流的、中流的，以及不入流的，看了个净光。老板只好认输，发誓要去台东再批发一千部。可是这不过是大话，后来我离开那里时，架子上仍只是那些破货。

然而，看武侠小说固然入迷，天塌啦都不管，可是看了之后，却有一种难以填补的空虚，而且理智上也觉得窝囊，捶胸脯曰："他妈的，怎么把宝贵的时间，浪费到那上面去啦。"而且大多数读者老爷，看了之后，把书上故事，立刻就忘了个一干二净。所以造成这种空虚和窝囊，值得武侠小说作者和读者，想上一阵。

主要的是，近代型的武侠小说没有武，只有怪。从前的武侠小说武功的段数再高，往往不超过人身生理上所许可的程度。我们不必举过去的例子，盖五十年前流行的武侠小说，年轻人已不知道矣。且举出美国近代型的《赛门·邓普勒》——改编电视剧后，中文名《七海游侠》，赛门先生的武功是他高度的智力，百发百中的射击技术，打得准、打得狠的老拳，挨得打、受得揍、耐得劳的身体，和精通各种车船飞机以及电子的使用。对一个"人"来说，这些都是可能的。然而中国近代型的武侠小说，却完全孙悟空先生的本领，一个家伙靠一本古老的"秘籍"，或靠喝了毒血，或靠吃了仙草，立刻花样通天。双足轻轻一纵，就跳上了珠穆朗玛峰；从二十五层楼房往下一跳，不但没有跌成肉饼，反而悄悄无声，仍保持原来的优美姿势；甚至于一掌下去,能把千年老树劈掉,连翻一百八十个斤斗,仍面不改色;其他诸如"隔山打牛""探火取宝""掷叶渡河",就更不在话下。呜呼,这就不是武,而是怪矣。而这种怪,越来越烈,跟现实人生的距离,越来越远。于是武侠小说消失,全部脱胎换骨,成了神怪小说。神怪小说并不是不好,《西游记》且成为中国四大古典文学作品之一。问题是,犹如狗肉并没有什么不好,但既挂了羊头,就不能再卖狗肉。既然是武侠小说,就不能变成神怪小说,到羊肉店买狗肉回来,看武侠反而看了神怪,怎不觉得受骗乎哉。

其次是,武侠小说往往没有侠,而只是一大群恶棍,在人迹鲜到的地方,打个头破血出。侠者,对人世不平之事的正义反应也。侠和义始终结合在一起,司马迁先生曾为之下定义曰:"一个人的行为跟世俗不一样,他遵守自己的承诺,要求自己的行为达到至善,说话出自诚心,不爱惜生命财产,拯救人们的危险,生死相许。可是,他却不炫耀他的善行,也不显露他对人的恩惠。"《史记》上的游侠,都是这种可贵人物。从前的武侠小说,有他们社会的基础,侠义心肠的刀尖,始终指向四种人的咽喉:一曰贪官酷吏,一曰土豪劣绅,一曰地痞流氓,一曰悍匪强盗。这四种人,有些在法律掩护下犯罪,有些根本管他妈的什么法律,法律对他们束手无策,于是武林高手拍马而上,把正在强奸民女的恶霸,照脖子上一刀,命见阎罗;或者深入衙门后院,往卧房一跳,赃官双膝下跪,高喊老爷饶命,此生再不敢昧天理坏良心。这是一种正义的力量,古谓之"替天行道",今谓之"为国行法"。现有流行的武侠小说,却没有这些镜头,只不过一大群寻找宝藏——物资上的宝藏(金银财宝),和武功上的宝藏(秘籍之类),在荒山旷野,打了一场又一场。不但没有社会,而且几乎没有人类,只有"舞",没有"台",人影幢幢,来去如飞地跑来跑去,脚底下都是空的,看不到人世的坎坷,看不到不公平,也看不到灾难。因之既无侠,也无义,甚至根本没有人味。

最后,贵阁下知道小儿书和连环画乎?它们受到孩子们广大的欢迎,租书店里,小子小妞,在暗淡的灯光下,一个个活像刚下油锅的龙虾,蜷成一团,低头猛看,一本又一本,一册又一册,直看得天昏地暗,或者被家人抓住,或者筋疲力尽,才依依而去,明天再来。然而,等到娃儿长大,上了中学堂、大学堂,恐怕就是揍他一顿,他也不会再看。无他,欣赏的水平提高,不要说再去看啦,就是想一想当初那股迷劲,也忍不住满脸通红,大惑不解。武侠小说也是如此,在报纸上连载时,一天一段,有的能拖上一年两载,高潮迭起,扣人心弦。可是一旦装订成册,两天三天便从头到尾,一目了然,于是发现处处是漏洞,处处前言不照后语,这对欣赏水平或知识水平较高的读者老爷,简直是越看越生气。跟看电视上的连续剧一样,不但生气,而且还能把人急死。心里一想,怎么搞的,把俺当成傻瓜呀。

武侠小说唯一的功能只在杀时间,而且在杀了时间之后,又后悔自己昏了头,诗曰:"举杯浇愁愁更愁。"以武侠小说消遣苦闷,反而使自己更为苦闷。武侠小说靠云天雾地的情节迷人,可是当小说看尽,迷梦乍醒,又会两眼发呆。六十年代时,有人曾呼吁并建议作家老爷,抛弃武侠,改写侦探。一段短短的日子里,一些报纸甚至拒绝刊登武侠小说,结果没有成功,原因是读者老爷仍要用它来消磨自己的生命,管他读后如何,只要读时忘掉烦恼就够啦。而大多数作者老爷又只能写"武侠",不能写侦探,武侠可以像拉肚子一样,"一泻八千里",扯到哪里都没关系。侦探小说却需要精密的推理,犹如大多数铁匠没有能力盖一座现代化的炼钢厂一样,大多数武侠小说作者也没有能力写推理小说。武侠小说遂继续老样子,而且越来越离谱。

于是,柏杨先生改看科幻小说。

2. 白头苍蝇

什么是科幻小说,下定义不如举例证。

大约二十年之前，台北上演过一部由科幻小说改编的电影《变蝇人》，三十岁以下年轻朋友，恐怕没有看过，就是看过，恐怕也不记得矣。

话说有弟兄二人，男主角老哥是一位科学家，女主角嫂嫂大人，其貌如花；男配角老弟大概是爬格纸动物，乃柏杨先生者流，没啥了不起。

问题是没啥了不起者，只是在吉星高照下没啥了不起，在霉运上却了不起得很。电影开始时，正深夜两三点钟，老弟被电话铃惊醒，拿起听筒一听，霎时间睡意全消。嫂嫂大人在电话上曰："我把你哥哥杀啦。"而他们夫妇是以恩爱非常闻名于世的，老弟发脾气曰："你把我吵醒，就是为了说这一句穷开心的话呀。"嫂嫂大人曰："这是真的，我把他推到压榨机里。"接着忽然啜泣曰："事情已经发生，我不知道怎么才好，请快点来。"弟弟披衣而起，飞车奔往。

一进家门，一向能言善道的嫂嫂大人，领他到隔邻一家机器厂，庞大如屋的压榨机，像巨魔一样的森森林立。就一座压榨机前，他发现老哥双手和头部塞在里面，已被压成粉碎，鲜血从几乎是密合着的钢板缝中，涔涔流出，而尸体仍吊在压榨机旁，惨不忍睹。老弟魂飞天外，问嫂嫂大人你们打架了乎？曰没有。吵架了乎？曰没有。老哥有外遇了乎？曰没有。那么，嫂嫂大人有外遇了乎？曰没有。一说没有，老弟忽然间直冒冷汗，盖想当初，兄弟二人一齐猛追女主角，追得天昏地暗，无人不知。而现在的情形是，三更半夜，和嫂嫂大人单独跑到厂房，老哥又血淋淋地惨死在压榨机之下，这不是恋奸情热，谋杀亲夫是啥。

结果是嫂嫂大人接受老弟劝告，说老哥是自杀的。报案之后，警察老爷驾临，认为老哥当然有自杀的可能性，他只要先按下压榨机电钮，再把尊头伸进去，时间足足有余，因压榨机是缓缓而下的也。可是当警察老爷检查压榨机次数表之后，脸色大变，原来使用次数上显出"二"字，那表示使用过两次。总不能说老哥第一次自杀得不舒服，从压榨机里把头拔出来，再去按第二次电钮，作第二次自杀吧。

于是告诉一男一女，这是一级谋杀罪，等着进煤气室吧。老弟急得满头大汗兼团团转，嫂嫂大人最初以为她三言两语就可打发过去，这时候才发现事情比她的想象要严重。于是，她讲出内幕。

原来老哥在科学界颇负盛名，而且英俊潇洒，风度翩翩，跟女主角如漆似胶，膝下有一位大约五六岁的娃儿，固神仙家庭也。他的实验室就设在他们家的地下室——那地下室相当大，足足有一百个汽车间那么大，里面瓶瓶罐罐，皆柏杨先生不懂之物。如果换了有些大哼大狮，既有如此成就，早就持盈保泰，不再长进，可是老哥乃天生的不安分之辈，仍孜孜追求另一种崭新发明。

真正的科学家生活都是平凡的，整天埋头在实验室之中(只有政治型的科学家，才当官当吏，多彩多姿)，男主角老哥也不能例外，柏杨先生要是有那么漂亮的美貌娇娘，我就每天守着她看——看了再看，啥地方都不去。可是男主角老哥却傻兮兮地整天关在实验室里，乱搞他的那些瓶瓶罐罐，而且一搞就是几天不出来。盖实验室有茅坑设备，又有一个铺位，三餐茶饭，由女主角像给“犯人”送饭一样送进去。男主角正埋头苦思，女主角就把它悄悄放在一旁，然后悄悄撤退。这种现象，早习以为常。

于是，有一天，女主角去送饭，男主角从座位上忽然一跳而起，大喜若狂曰：“我成功啦，我成功啦。”这一跳而起，跟吾友阿基米德先生从浴缸里一跳而起，光着屁股到大街上喊“我成功啦，我成功啦”一样，显示男主角在科学上已有惊人的突破。当时就拉着娇妻，参观他的伟大成绩。实验室有两个立体的长方形玻璃柜，一个人站在里面，绰绰有余。两柜相距大概三十公尺，男主角把一个吃饭时用的瓷盘，放到甲柜里——乙柜可是空的，然后一按电钮，只听忽忽噜噜，唧唧咕咕，一阵乱响，瓶瓶罐罐里的液体，沸腾的沸腾，冒泡的冒泡，火花四射，雷电齐鸣，闹了一阵，然后戛然而止。定睛一看，甲柜里瓷盘已跑到乙柜里去啦。

女主角似乎有点泄气，就这点屁事呀，搬运一个盘子，魔术师固轻而易举者也。但经过男主角一解释，娇妻才发现老公发明的搬运术,简直可以使世界全部改观。盖这种搬运术,不同于魔术师的搬运术,魔术师的搬运术,当然全是假的。男主角的搬运术,则是用强大的电击,使物质的质子分解,传送到目的地,再照原样重新组合。这是交通史上最疯狂的革命,所有汽车、轮船、火车、飞机,都要被扔到垃圾箱,或送到博物馆供后人唏嘘凭吊,跟我们唏嘘凭吊手推车一样——从前的人,何其笨也。现在就简单多啦,好比说从台北运一万台电视机到纽约,不必抬上飞机,飞了三五天,再抬下来。更不必弄到轮船上漂洋过海,只要把它往玻璃柜里一放,一按电钮,只一秒钟,就全部运到,不但省钱,更是省时。推而广之,贵阁下去东京瞧瞧女朋友变了心没有,只要走进玻璃柜,把铜板往投币口一投,刚听见响声,人已到了日本。至于老爷每天上班,少爷每天上学,更用不着挤公共汽车,也用不着跑腿,八时上班上课,你只要八时去遵古炮制,就分秒不差地准时到达。再推而广之,两国交兵,根本用不着空降部队,只要在敌人国土上,随便找个地方放一个玻璃柜就行啦,那才是封神榜镜头,刹那间,十几万雄兵,从天而降。

男主角的发明既如此重要,当然他高兴得要发疯。娇妻听了老公解释之后,也醒悟到天下就要大变,不禁跟着高兴得也要发疯。可是,正在高兴的时候,男主角手捧瓷盘,骤然面色沉重,呆在那里。娇妻问他怎么回事,原来瓷盘是日本货,每个瓷盘背面,都有一行英文字,曰:Made in Japan。可是男主角手里瓷盘上的英文字,却是:napaJ ni edaM。娇妻没有科学头脑,笑曰:“哎呀,这真好玩。”男主角却垂头丧气曰:“这说明重新组合的过程中,发生问题,所以把字母排列颠倒。打铃,你且出去,我再研究。”

娇妻只好出去,留下男主角一个人在实验室里。茶饭本来是每天三餐送到里面去的,男主角为了怕打断他的沉思,叫她把茶饭送到门口地下,他饿时自己去取。最初一两天,情况正常,三四天之后,门外的茶饭却没有动。娇妻知道老公的毛病,又在那里废寝忘食,只好把上次的茶饭收拾,再放下新鲜茶饭。可是一连两天如此,娇妻对老公的健康——甚至安全,开始担心。她进不去实验室,只有拼命敲门。不久,听见打字机急剧作响(遇到中国的方块字,只好吃鳖),响声停后,门下面缝隙中递出一张纸条,纸条上曰:“我现在遇到可怕的危险,需要你的帮助。”娇妻花容失色,擂门曰:“我愿帮助你,你要什么帮助?如何帮助?快告诉我,发生了什么事?”只听打字机再度作响,又有一纸条递出,纸条上曰:“我已不能说话,请你快去找一个白头苍蝇,不要打死它,要捉活的,放到小盒子里给我,我还有一线希望。”娇妻嚎曰:“为什么要白头苍蝇?我又去哪里找?你现在怎么啦?”又是打字机响声,又是一张纸条递出曰:“白头苍蝇就在附近,不要问为什么,我的生命悬在你手。打铃,马上去找,一分钟都不要耽误。”

3. 怪山巨人

现在接着上次叙述。

女主角为了营救丈夫,拼命找“白头苍蝇”,正在忧心忡忡地大海捞针,只听娃儿叫曰:“在这里,在这里。”女主角一网下去,捉了个结实,可是,当她要把它移装到盒子里之际,一不小心,它却从指缝溜走,从此不见,无影无踪。女主角折腾了个筋疲力尽,花容憔悴之后,绝望地去实验室门口,向丈夫报告。又是一阵打字机声,从门下传出字条,曰:“不必再找啦,即令马上找到,已不再有用。我要你进来,有重要事相托。但请你答应,不要掀开我蒙在头上的黑布。”女主角哀号着答应。实验室缓缓打开,女主角发现丈夫头蒙黑布,阴森古怪地站在那里。她扑上去要拥抱他,被他右手推开,然后在打字机上打出他的遭遇,曰:“对物质的搬运组合,我已经研究成功,希望这种方法,能同样应用到人体上。因为找不到对象,只好用我自己做实验,想不到在关玻璃柜时,把一只苍蝇也关进去。在重新组合时,因为生物的构造没有矿物构造那么稳定,我的头和左手,跟苍蝇的头和一只前肢,换了位置。如果你捉到那只苍蝇,重新再组合一次,可能还原。现在既找不到,还原的成功机会,又不百分之百。而苍蝇的细胞已在我脑中活动,思想逐渐模糊,不能支持。尸体留在世上,不仅骇人听闻,也害了你和孩子,使你们成为社会的话题。我现在要求你把我扶到隔邻压榨机工厂,把苍蝇头手部分,压榨粉碎,不留痕迹。"

女主角突然间跳上去,闪电般地掀下丈夫那块蒙头的黑布,咦,只见丈夫脖子上长的是一个庞大的苍蝇头——一个庞大的苍蝇头是啥模样,读者老爷一想便知,女主角霎时间天旋地转,栽倒在地。男主角抱起她,在黑板上写下"我爱你",然后跑到压榨机工厂,把头伸到压榨机里。女主角这时已经苏醒,仓皇按下电钮,只听一阵咯咯喳喳,骨骼粉碎。可是,当女主角抱着尸体哭泣时,却发现丈夫的左臂,也就是那只巨大的苍蝇前肢,仍露在外面。她只好打开压榨机,把那只前肢塞进去,再按下第二次电钮——这就是压榨机出现"二"字的原因。

以上是女主角向警察老爷叙述的事情经过,警察老爷一听,先是吓了一跳,天下竟有这种怪事,继而是一声冷笑,哎呀,这个谋杀亲夫的故事岂不是编得太离谱乎哉,一个人只要小学堂毕过业,都不会相信。当下把女主角和那位倒霉的男配角老弟,软禁在房子里,等候囚车前来装载,于是女主角哭,男配角叫,警察老爷心烦,在院子里散步,散到两腿发酸,就坐在石凳上休息。刚坐下来,只听花丛中有一个细小但恐怖的声音在叫:"救命,救命。"他阁下低头一看,只见一个白头苍蝇正陷在蜘蛛网里,那白头苍蝇的面貌,正是男主角老哥的面貌,而一只前肢,正是人类的一只小手。警察老爷的头发立刻竖起来,面无人色,急找到一块大石头,一齐砸死,砸死之后,冷汗还直往外流。

这部科幻小说改编的电影,到此结束,它建立在一个假定上,假定物质和人类都可以分解和再组合,分解后的质子——是不是质子,柏杨先生可不知道,反正是最小的,不能再分解的元素单位,不但可以在原地组合,还可以把它传递到千里万里之外组合。今年(1979)春天,台北一家电视台,播映美国《太空争霸战》影集,读者老爷的记忆,一定尚新。宇宙飞船船长和他的助手想在某一个星球登陆,根本不需要降落,更不需要弄个梯子往下爬,只要站在一个特别的磁场上,一按电钮,便把他们"传送"下去。如果说它是科学幻想,实在失之轻佻,事实上那是一种构想,由丰富的想象力产生出来的新的概念。构想在理论上有成为事实的可能性,而幻想则纯属异想天开。好比说,乌干达共和国前任总统安敏先生,在他没有被赶得乱跑之前,他如果想当皇帝,就不是幻想,因他有成为乌干达帝国皇帝的可能性。而柏杨先生如果也想当乌干达帝国皇帝,便是幻想矣。

这种可能性根据的是推理,推理则根据科学的可能发展。所以,柏杨先生真想建议,科幻小说应该改称为科学小说——科学与文学结合的小说。古之时也,文学只跟爱情结合,跟战争结合,跟社会结合;因为人们智慧的成长,现在更上一层楼,又跟科学结合。

二十五年前,也是由一部科幻小说改编的电影,看过的朋友恐怕不多,盖当时的票房记录奇惨,没有几天就下了片。呜呼,即令在高度的文化大国,如英美德法日,科幻小说也只是高级知识分子的读物(老妻却说,该片所以不卖座,因它是黑白片之故,固不在观众的文化水平也,但愿如此)。

电影开始时,一个漂亮的女郎在一个山麓下的村庄出现,要雇一位向导,上山寻找她的未婚夫。未婚夫是一位飞机驾驶员,一年前在这座高山上失事,从此下落不明。该高山是一座神秘的高山,从没有人攀登过,世人都肯定她未婚夫早已死掉,只有她却认为他还活着。可是大家一听要到那座山上去——女主角虽然还雇了一架可以乘坐三个人的小飞机,用不着两条尊腿苦爬,但大家仍然花容变色,盖自从盘古开天辟地,父老相传,山上满是不可测的魔境。

经过一番唇枪舌剑,女主角总算找到一个不怕死的向导,连同飞机师,三人一同前往。飞机在高山的一个小平原上着陆,下了飞机一看,青山绿水,紫姹红嫣,好一个花花世界兼世外桃源,再也想不通为啥人们把它说得那么可怕。他们大喊大叫,找了一阵之后,女主角刚坐下来休息,忽然一个比拳头还大的蚂蚁,冒冒失失爬过来,她一声尖叫,一个比一头肥猫还大的青蛙,大概被尖叫吓坏,一跳而起,转眼不见。正在惊魂甫定,大家听到一种"嗒嗒嗒嗒"小而急剧的声音,那声音从向导老爷携带的一座盖氏探测器上发出,再看它的指针,正指着最最高点,动也不动,像钉在那里一样。

这种现象教柏杨先生遇上,准啥反应都没有。但三位都具有相当程度的科学知识,立刻大吃一惊,而且立刻知道那些小动物为啥变得那般巨大,和他们自己危险处境。从盖氏探测器强烈的显示,这座山不但蕴藏着丰富的铀矿,而且这座山本身就是一块巨大的铀。书中交代,铀所放射出来的辐射线,能破坏动物限制成长的内分泌,所以蚂蚁、青蛙之类,都越长越大。而现在,遇到一个严重问题,那就是三位不速之客,大量的辐射线正进入身体,他们的结局……一想起结局,刹那间五雷轰顶,七魂出窍,此时不逃,更待何时。正要拔腿奔向飞机。却听到一个沉重的脚步声,每一个脚步都是一场地震。一个有二十层楼房那么高,只有童话里才有的巨人,已站在面前,低下巨头,像看小老鼠一样地看着他们。三个人大叫大喊,跑得比飞得都快,可是巨人挡住去路,他们只好顺着山谷往下逃命,幸亏那巨人步履蹒跚,一时追赶不上。他们躲到一个山洞之中,巨人就守在门外,不时发出"啊啊"怪声,用手指去洞中搜索,三个人几乎连尿都撒出来。这时女主角若有所悟,告诉同伴曰:"老天,我从那巨人面貌上,依稀可以认出他就是我的未婚夫。"于是,她大叫他的名字,那巨人侧耳细听,似懂非懂。——事实是,他确实是她的未婚夫,身体膨胀,而且脑细胞已受到辐射线的伤害,记忆全毁,并且不能说话,跟一只野兽已没有分别。所以当他面对着只不过一年前还相依相偎的未婚妻时,已不复相识矣。

最后,三人终于抢上飞机,在起飞前,用火箭把巨人的眼睛射瞎。一场援救,如此收场。在科学上,它告诉我们铀的功能和辐射线对人类可能产生的影响。在文学上,未婚妻的芳心碎矣。一个人一旦头脑不清,友情爱情,都化为乌有。当飞机隆隆起飞回航之后,留下了一个孤独而变了形又瞎了眼的白痴巨人,在深山之中,悲哉。

4. 文坛巨星

一连介绍了两篇科学小说,已有读者老爷质问曰:“这些都是西洋的,难道没有中国的乎哉?”这话如果十年前提出,柏老的答案就简单明了:“硬是没有中国的。”十年之前,中国有各种小说,诸如鸳鸯蝴蝶小说、风花雪月小说、才子佳人小说,其他等等类型小说,汗牛充栋,难割难分。可是却单单没有科幻小说。盖科幻小说者,必须具备三个要件,一是科学知识,一是文字功力,一是丰富的想象力。科学家往往酱在科学里,作家又苦于对科学一无所知,所以在这个文学上新生的领域里,晃来晃去的全是黄发碧眼的洋朋友。看得久啦,又羡又气,羡的是洋大人总是才华四溢,光芒四射,不但在科学上顶尖,在文学上也顶尖。气的是自称为文化大国的中国同胞,在各方面都人才凋零,处处远落人后。

然而,一位巨星——倪匡先生,崛起文坛,使中国人的羞愧,一扫而光。短短十年之间,他以中国人、中国事、中国乡土为主题的科幻小说,写下了十数本巨著。在这些巨著的离奇诡秘故事中,我们第一次看到单音节名字的黄帝子孙。无论故事是古老的,或是未来的,我们觉得它就像发生在我们身旁,或可能发生在我们身旁。倪匡先生的科学知识使人紧张——柏老跟倪匡先生不认识,我猜他至少是一位医学打狗脱或化学打狗脱。而他的想象力,更使人两眼发直。他的科幻小说像柔丝千缕,当它抓住你时,你就立刻如醉如痴,不但自己甘愿被抓,纵然有人替你松绑,你还要火冒三丈。呜呼,柏杨先生拜读倪匡先生大作那一些时间,柏府简直风云变色,最恐怖的镜头莫过于柏杨夫人的尖叫,一会曰:“不得了啦,不得了啦,你三个钟头都没动一动,眼要瞎啦。”一会曰:“老头,你变成傻子啦,我叫你往锅里放一点盐,你放一把糖干啥?”孙女虽然上了大学堂,仍少不更事,总是在卫生间外哀号曰:“快报警呀,老头半天没声音,一定掉到马桶淹死啦。天呀地呀,我以后的学费谁给我出呀。”

然而,我老人家最大的优点就是冥顽不灵,任凭她们把天吵出一个窟窿,我还是照看不误。盖科幻小说跟神怪小说最大的不同之处是,读了科学小说,内心感觉到无比的充实。

空口无凭,还是要举例证。

在《蛊惑》一篇中,倪匡先生解答了一个千年疑案。呜呼,“蛊”是啥?生长在北方的中国人,一提起云南、贵州两省“烟瘴之地”,就浑身发抖。盖云贵地区,苗族同胞最多,他们的女孩子一个比一个漂亮,汉人小子到了该地,“色不迷人人自迷”,立刻眼花缭乱,魂不守舍,甜言蜜语,倾盆而出。问题是,在其他地方,甜言蜜语不过甜言蜜语,而在苗疆,甜言蜜语就是一种庄严的承诺。在其他地方,小子发誓曰:“我如果变了心,叫我不得好死。”又赌咒曰:“我此去外洋留学,三年准归。打铃,等我三年,三年不归,天诛地灭。”于是乎颠鸾倒凤,称了心而又如了意,然后拍屁股而去,杳如黄鹤。就是拜托国际刑警,也难缉拿到案,即令缉拿到案,光棍一点的,声明他另已娶妻——或另有了女朋友,早不再爱她啦。无赖一点的,索性来个不认账。老奶们上吊的上吊,跳河的跳河,有的怀抱婴儿,哭哭啼啼,求死不得,求生不能。呜呼,这种干法如遇到苗族女郎,可干净利落,你不是说不得好死乎,等你一变心,果然一阵肚痛如绞,撒手人间。你不是说三年准归乎,三年准归,竹报平安;三年不归,包你毒发身死。盖如花似玉在你身上下了“蛊”。只有履行你的承诺,才能逃掉鬼门之关,如果自以为棋高一着,负心定啦,你就要付出负心的代价。

事情发生在苏州,倪匡先生千里迢迢,乘火车到苏州参加他的好友男主角的婚礼,在火车上,他发现一个老头和一个少年,用一种谁都听不懂的言语,低低交谈,但引起倪匡先生注意的,却是他们身旁的一个旧藤箱，一老一少像保护珍宝一样，片刻都不离手。倪匡先生有点觉得好奇，可是好奇只是刹那间的事，等他打了个盹，在苏州车站睁开眼时，一老一少已经不见，而他也忘了个光，谁还一直记得旅途中一件屁事耶也。

在车站上，来接倪匡先生的不是男主角，而是男主角家的佣人，这已经有点不对劲。而进了男主角富豪之家的大门，就更加不对劲。家里虽张灯结彩，喜气洋洋，可是每个人的脸色，都板得紧紧的，好像倪匡先生不是客人，而是发兵下山，硬要抢夺新娘的寨主。但上上下下，却十分亲切，又似乎不是对他排拒。倪匡先生弄了一肚子气之后，察觉到他们眉宇间有一种大祸临头的隐忧。

男主角的家人把倪匡先生安顿在一间豪华的客房中，招待十分周到，可是，他见不到男主角。一再要求，家人总是闪烁回避。他找了个机会，抓住一个佣人喝曰："新郎哪里去啦？他为啥不出来？是不是发生谋杀？"一想到谋杀，倪匡先生汗流浃背，难道电影上的《新婚大血案》提前演出了乎。佣人结结巴巴曰："他很好，马上就娶亲，你怎么说的全是不吉利的话。"

正在僵持，电话铃响，那边是男主角的声音。倪匡先生吼曰："你们家搗什么鬼？你在哪里？"男主角曰："我也不知道他们在闹些啥，我在木渎……"木渎，苏州附近的一个小镇。然后，低声告曰："今天晚上，我来看你。"

倪匡先生于是要求见男主角的母亲，可是家人们仍吞吞吐吐拒绝，说是老太太病啦，不能见客。当他坚持非见不可的时候，佣人之一的老张急得要哭出来，曰："求求你，千万别见老太太，这些日子，她已够伤心的矣。"诘问到最后，老张面色严肃曰："老老实实说，是这样的，新郎给狐仙迷住啦，我们正在千方百计救他。"倪匡先生一听这种离谱的话，顿时大笑起来，可是当他看到老张诚实惶恐的表情，他觉得笑不出口。但无论如何，已证实了新郎出了差错。

狐仙是一种狐狸变的神仙。一个狐狸饮露餐霜，吸取日月精华，就能修炼成千年之寿，而且变化无穷。贵阁下拜读过《聊斋》乎，狐仙往往住在富贵之家的一座僻静院落里,变成美貌少女,去勾搭年轻小子(似乎没有听说过有狐仙勾搭老头的,叫人愤愤不平)。以至世间流传一句攻击性的话,凡妖艳绝伦的都是"狐狸精"(不肯说她是狐仙,含有掀她底牌之意)。狐狸精者,专门迷惑臭男人的美女也。

这传说显然在男主角家中发生作用,倪匡先生当然知道问题的症结不在狐狸精,他大胆推测,男主角可能突然得了精神病。

事实也很接近这种推测,老张曰:"没事的时候,新郎是好端端的,可是忽然间他会大哭大闹,乱撞乱跳,见人就追。等到疯劲一过,他又跟正常人没有两样。"他又曰:"新娘是王家小姐,新郎爱她爱得不得了,料不到七天之前,新郎却闯到王家,到厨房抢了一把菜刀,砍伤了厨夫,又砍伤了王小姐的两个哥哥,伤势十分严重。"

但是,老张补充曰:"医生给新郎检查过,啥病都没有。"而且用一种洞烛其奸的声调曰:"更不是精神病。"

倪匡先生于是开始行动,他见了男主角的母亲,又说服了男主角的家人。终于,他到了木渎,走进一个囚禁男主角的书房,跟他的朋友兼新郎官见面。

然而当他一踏进门限,男主角口中却发出一声使人毛骨悚然的喊叫,脸部可怕地在扭曲、抽搐,额上现出豆大的汗珠,猛地向倪匡先生扑去,扼住他的咽喉。倪匡先生是会中国功夫的,他挣脱了男主角钢铁般的手指,一拳把他击翻在地,男主角一跳而起,倪匡先生仔细一瞧,吓得魂不附体,原来他瞧不见男主角的眼珠,只瞧见一片血红,像是眼珠刚被挖掉,只留下两个血洞。

5. 倒立着的电灯泡

倪匡先生跟男主角一场打斗之后,男主角忽然间完全清醒,清醒后好像刚才没有打斗一样,他只坐在那里拼命喘气。倪匡先生告诉他发生了啥事,男主角脸上充满困惑,而且大大吃了一惊,认为倪匡先生怎么撒这么大的谎。他的话很明显不是假装出来的,倪匡先生不得不伤心地承认,他的朋友已遇到了神秘的麻烦。

当晚,男主角悄悄出门,倪匡先生则悄悄追踪,在一家又脏又烂的小旅馆里,他从板缝中张望,只见男主角正向火车上那一老一少,激动地叫嚷。少年声调诚恳曰:"就是我姐姐说的那个日子,你一定会死。"男主角吼曰:"我不信。"少年曰:"不管信不信,你没有时间啦,三天之内跟我们走,还来得及。"男主角当然不会跟他们走。倪匡先生以为黑社会在勒索他,冲了进去,用黑话亮字号,但男主角把他又拖出来。就在归途上,把他的遭遇照本实说。

盖男主角是学生物的,一年之前,他参加一个生物考察团,到云南考察,就在腊普河南方的一个苗人聚居的山谷中,遇到了美丽绝伦的女主角。他阁下一阵折腾,三下五除二,就跟她上了床。在他阁下来说,只不过是一场艳遇,一旦回到繁华世界,向众小子信口雌黄,准使他们的口水横流。但在那位女主角,这却是一项托付终身的庄严婚约。这种心理上差异的结果,男主角在温柔乡沉醉了一阵之后,就脚底抹油,溜之乎也。可是,女主角的弟弟——就是那少年,却追上了他,要他回去。他当然不甘于老死蛮荒。少年乃告之曰:"老哥,你身上已被我们下了'蛊',所以你只能离开一年,一年不回,就会疯狂,最初每隔十二天发作一次,以后越来越密,全疯为止。再不幸你如果跟别的女人结婚,那可铁定的,在结婚第二天早上,伸腿瞪眼。"

不但男主角不相信这种屁话,倪匡先生也不相信这种屁话——任何一个稍具现代科学知识的朋友,都不会相信这种屁话。不相信屁话的结果,倪匡先生的奇遇我们已前述之矣。当下倪匡先生陪男主角到上海一家著名的医院,作全身检查,医生保证曰:"他阁下健康得不像话,在今天替他检查的所有医生,全部死掉之后,他一定还活着。"

于是,男主角快快乐乐回苏州结婚,快快乐乐进了洞房,快快乐乐地一觉睡到天亮。然后,他一声尖叫,双手紧抓胸口,眼睛红而且大,像要从眼眶中爆出来,然后一头栽倒在地,隆重归天。在一家大小悲恸声中,倪匡先生坚持解剖尸体。解剖尸体后,医生宣布,男主角死于严重的心脏病和血管栓塞,那就是说,是自然的死亡。倪匡先生茫然曰:"从他心脏受伤害的程度来看,他的心脏病至少有十年以上的历史,可是事实上他一向健康如牛,似乎是一夜之间引起的。"倪匡先生问医生原因何在,医生曰:"不知道,我只能说不知道,现在的医学水平,只能到这里为止。"

男主角既已死亡,男主角的故事也告一结束,但整个的故事才进入正题,倪匡先生开始深入苗疆,对"蛊"作一个实际了解。经过千辛万苦,他在那烟瘴地区,重新遇到火车上,也就是旅馆里的那一老一少。而且,更遇到一位五六年来一直留在苗疆,专门研究"蛊"的瑞典籍著名生物学家平纳先生。可是倪匡先生发现,连世界上最伟大的科学家,都不知道"蛊"是啥,犹如现在仍不知道"砍杀尔"是啥一样。唯一知道是,"蛊"也好,"砍杀尔"也好,都是一种滤过性病毒。

提起"滤过性病毒",真是稀松平常兼平常稀松。柏杨夫人每隔一个时期,特别是遇到放假的日子,她老人家就准一场感冒,柏杨先生不得不喟然叹曰:"你真是一个苦命的阿巴桑,好容易熬到一个假日,却躺床不起。"她老人家则另有看法,曰:"老头,你应该额手称庆,每逢我感冒来临,他们就赶忙放假。"呜呼,引起感冒的也是滤过性病毒。真是言不压众,貌不惊人,我怎能瞧得起它。

倪匡先生曾逼着平纳先生回答这个问题,柏杨先生也曾逼着梁上元女士回答这个问题,盖她阁下也是生物学专家,虽没有去过苗疆,但她在大学堂当教习,对滤过性病毒却了如指掌。听了他们二位一番分析,我老人家立刻就吓了一身冷汗。险哉,幸亏现代社会的男女没有苗族女郎那种善于运用滤过性病毒的本领,如果有那种本领,恐怕台北街头,处处都是死尸矣——不过,这可吓不住我,并不是我胆大如斗兼守身如玉,而是我已早死他娘的啦。

滤过性病毒者,乃世界上最最最最顶尖小的"细菌",小到啥都挡不住,连世界上最最最最顶尖细密的瓷器,都能扬长洞穿。平纳先生仅在苗疆五六年工夫,就发现了八十三种前所未闻的这类病毒。梁上元女士曰,事实上,全世界已知的滤过性病毒,有X种——姑且说有千万种吧,而未知的则恐怕是X的二次自乘方,更属天文数字,要用指头来数,数三十年也数不完。在已知的滤过性病毒中,引起感冒的只是其中之一,引起砍杀尔的也只是其中之一,使男主角定时爆炸的,也是其中之一。滤过性病毒跟人类一样,有厚道的,有凶险的,有立刻发作的,有埋伏身体深处,待机而动的,等等等等,说也说不完,写更写不完。

我们说"已知",不过仅仅指"已知"它"存在"而言,可不是说"已知"治疗的方法,像感冒型滤过性病毒,到现在为止,任何名医都对它阁下干瞪眼,所谓感冒特效药之类,并不能扑杀病毒,只不过维他命加镇静剂,叫病人多喝水多睡觉,加增一点体力而已,吃到肚子里固然可以促使健康,不吃照样痊愈。而砍杀尔滤过性病毒,心狠手辣,比感冒滤过性病毒,凶顽百倍。感冒病毒如果是地痞流氓,砍杀尔病毒就是江洋大盗。至于蛊病毒,简直是风中来,雨中去,神秘而险恶,好像深山修炼成精的妖魔鬼怪。

可怖的是,滤过性病毒并没有生命,跟一块石头一样的没有生命,既不会呼吸,也不会生长;既不会吃东西,也不会吸收养分;既不会生殖,也不会移动。它的形状活像一个倒立着的电灯泡,下面长着乱七八糟的几只脚(说它是乱七八糟的几条"根"也行);电灯泡里的钨丝仍是钨丝——当然不是真正的钨丝,而是一团乱草。问题就出在这一团乱草上,它的学名曰"脱氧核糖核酸",也可称之为"遗传物质",也可称之为DNA。

滤过性病毒是没有生命的,可是一旦随风飘荡,或者是被贵阁下咽下尊肚,反正不管怎么吧,一旦它黏住另一个生物——好比,黏住人体内某一个正常细胞,它的脚就会有神来之笔,抓住细胞壁不放。在体积比例上,一个滤过性病毒抓住一个细胞不放,犹如一个跳蚤抓住一只大象不放一样。然后,怪事接着发生,它阁下本来是没有生命的,一旦抓住一个细胞,就忽然有了生命——科学家称之为“有了生命现象”。生命也好,生命现象也好,反正我们小民怎么弄都弄不懂,只懂得它有了生命,或生命现象之后,电灯泡里的那团乱草,就开始生气勃勃,活蹦乱跳,跟一大堆官场人物一样,你挤我,我挤你,最后顺着电灯泡的尾部,一齐拥了出来,把细胞壁冲个窟窿,钻到细胞之中。

6. 蛊

滤过性病毒里的那团乱草(DNA),一旦钻进正常细胞,被遗弃在细胞外面的臭皮囊——倒立着的电灯泡,就像被忤逆儿女遗弃了的老爹老娘一样,孤苦伶仃,老境堪怜,逐渐的,或忽然的,消灭无踪。是它自身萎缩,终于化成一缕云烟;或是随血管而出巡,被排出体外,谁都不知道啦。迄今为止,还没有发现它有啥重要,所以也没人去追查它的行踪。而乱草老爷钻进细胞之后,跟孙悟空先生钻进老魔肚子里一样,看它忙吧。孙悟空先生忙的是拳打脚踢,要老魔送唐僧过山。乱草老爷却像一个忠心耿耿的奴工,目不斜视,分秒必争,在那里拼命制造它原来的母体形象——另一个倒立着的电灯泡。而且它的工作永没有止境,盖新出现的倒立电灯泡里也有乱草,新的乱草也脱颖而出,于是一个倒立电灯泡连一个倒立电灯泡,不久就制造出来百万个倒立电灯泡(没有人知道它制造的终极数目)。最后,细胞老爷内部全是倒立着的电灯泡。最后,细胞老爷内部实在装不下啦,而乱草老爷仍拼命地继续盛大推出它的新产品。于是,轰的一声,细胞爆炸。爆炸也者,乃剃头的拍巴掌,完蛋之意。

该细胞完蛋之后,千千万万倒立着的电灯泡,蜂拥而出,如鱼得水,欢天喜地,再去找别的正常细胞。有的一个找到一个,有的几个共同找到一个,反正是到了后来,千万个滤过性病毒,找到千万个正常细胞,找到之后,伸出玉足,紧紧抓住不放,乱草老爷再纷纷钻进细胞肚子里,再大忙特忙,再拼命制造千万个新的母体形象。一切历史重演,等到细胞老爷承受不住窝里反,再轰的一声,爆成碎片。这一次不是一个细胞完蛋啦,而是千千万万个细胞完蛋。如此这般,滤过性病毒排山倒海般繁殖,人们只好大病特病,隆重归阴。

——当一个滤过性病毒,实在没意思,它们啥都不会,既无雄心大志,又没有变点花样的本领,只会盲目地复制倒立电灯泡。我老人家哪一天如果碰到耶稣先生,一定要请他转问他老爹,当初造万物时,造出这种无聊的玩意儿干啥?

细胞的死亡只是结局的一种,还有别的结局。这要看滤过性病毒的种类而定,有的乱草老爷固引起细胞死亡,有的乱草老爷则引起细胞变形。关于这一点,学问可大啦,大得连柏杨都弄不懂。盖变形虽然变形,甲乱草引起的变形像个葫芦,乙乱草引起的变形则像个砚台,丙乱草引起的变形却像个原子笔。而某一种乱草,只能钻进某一种细胞,对另一种细胞却钻不进去——有些只能钻进肝细胞,有些只能钻进肺细胞,有些只能钻进肠细胞。好比说,脚后跟上的细胞,任凭你再厉害的滤过性病毒乱草,都钻不进去,如果硬钻,包管头断颈折。这种必须门当户对才下手的情形,科学家称之为“特定的寄生”。

好比说,A 二猪型的滤过性病毒,也就是 A 二猪型的倒立电灯泡,它的乱草一旦在人体里大展鸿图,医生老爷就称之为 A 二猪型感冒。据说,砍杀尔也可能是一种滤过性病毒大展鸿图的结果。这种倒立电灯泡法力无边,不但使细胞变形,而且使细胞分裂。不但使细胞分裂,而且使细胞壁固若金汤,刀枪不入。世间已知的药物,只能打到门口,却打不进去。犹如讨债精只能在柏府门前骂阵,却不能登堂入室坐讨也。现在科学家研究的焦点,正集中在如何“破门而入”上。可怜,再厉害的药物,把一群群砍杀尔倒立电灯泡制造工厂,团团围住,眼睁睁看着无数乱草在里面无法无天地乱搞,却束手无策。机关枪大炮以及飞机原子弹,统统出笼,该一群群工厂,仍面不改色,相应不理,而且形变得更严重,制造得更加快。

这当然是传统战争,如果医生老爷出奇制胜,使用更猛烈的药物,邻近的其他正常细胞,就首先受不住,结果不见得治了病,却准是先要了命,玉石俱焚。所以迄今为止,医生老爷对于砍杀尔倒立电灯泡,虽然恨得咬牙切齿,却不得不起敬起畏,甘拜下风。现在常用的手段是周瑜先生对付曹操先生八十万大军的手段——火攻,用钴六十的熊熊烈火(辐射线),把它烤死。其实并不能真正烤死,只不过把那团乱草烤得晕头转向,呆在原地不动罢啦。而邻近的其他正常细胞,却往往被殃及池鱼,烤得少皮没毛。此所以受过钴六十治疗的朋友,往往头发脱落,骨瘦如柴也。而且只要有一个家伙逃出火焰山,随着血液飘流,在别的地方又抓住一个细胞,癌症就得从头表演。——开刀的结果往往会发生砍杀尔搬家或复发现象,原因在此。

现在回到倪匡先生的科幻小说《蛊惑》,“蛊”是很多种性质类似的滤过性病毒的总称。类似的性质是,它的那团乱草不是立竿见影,马上发动,而是像定时炸弹一样,定期发动。最古怪的是,每一种“蛊”,都有它不为外人所知的特效药。这群性质类似的倒立电灯泡,书中的平纳先生,已发现了八十三种,每种“蛊”都是特立独行的一种滤过性病毒,它可能寄生在植物上,如树叶上、青草上、花朵上;也可能寄生在动物上,如牛马上、猫狗上、鱼虾上(也可以说,跟上帝一样,无所不在)。男主角身上的“蛊”,大概寄生在蜘蛛上,蜘蛛先生在男主角身上一爬,该特立独行的倒立电灯泡,刹那间就抓住一个特定的细胞或许多特定的细胞。男主角身上的滤过性病毒,显然地只对心脏细胞发生作用。它抓住之后,并不马上破壁而入,必须一年期满,才产生“生命现象”,然后以核子爆炸的连锁速度,凶猛攻击,千千万万心脏细胞,遂跟着伏尸千里。而它的攻击是间歇性的,最初十二天为期,而后距离逐渐缩短,终于把心脏细胞,全部歼灭。

男主角身上的倒立电灯泡,还有一种特性,即令不满一年,寄生主如果情绪上发生一种特定的变化，例如，他遇到了一位如花似玉，要举行结婚大典啦。他的浓烈爱情就会引起某种内分泌亢进或其他异样，这种亢进或异样的内分泌，就像冲锋号一样，使沉睡中的那团乱草，从梦中惊醒，披挂上阵。

——另一种“蛊”，则没有时间的限制，而只有爱情的限制，只有爱情才能触发。于是，读者老爷要问啦，偷情也是爱情，结婚也是爱情，乱草老爷既没有侦骑四出，它怎生得知？这话问得毫无学问，盖柏杨先生又怎么得知哉。而另有一种“蛊”，情绪是它的催生剂，你一大怒，乱草就一跳而起。像我老人家这种顽劣之徒，既跟车掌小姐吵架，又跟专家学人顶嘴，肚子里如果有“蛊”，早就驾崩。

每一种“蛊”都有一种固定的特效药，苗族同胞不是根据科学，而是根据古老累积下来的经验，知道某一种倒立电灯泡生长在啥地方，也知道某一种玩意儿——或许是另一种倒立电灯泡，是前一种倒立电灯泡的克星。只要嗅上一嗅，挨上一挨，或炖汤吃之，或煮水饮之，就可把前一种倒立电灯泡一扫而空。武侠小说或神怪小说上，称之为“解药”，这种“解药”，有些可以藏起来放在身边备用，有些则必须用新鲜的，如新鲜的树叶鱼虾之类，所以男主角必须回到苗疆。

“蛊”的种类太多，所以一个部落只精通某一种或某几种。甲部落下的“蛊”，只有甲部落知道怎么解。乙部落下的蛊，只有乙部落知道怎么解。而也只有他们知道如何不被感染。或者是，由于生于斯，长于斯，自己身上已产生抗体。所以甲部落的臭男人如果跑到乙部落那里，也风流一阵，负心一番，同样要糟。不过在这里，我们忽然间要为那些美貌的苗族女郎叫屈，不见得一定是她们在臭男人身上故意下“蛊”，臭男人整天在那种满布滤过性病毒地区晃来晃去，还用故意下之哉，他不可避免地会自动感染。

科幻小说已提出科学的可能性——病因的可能性。要解答这个可能性，那是科学家的事，不是文学家的事。

7. 千年猫

柏杨先生尊府,养有一头尊猫,乃千金之体也,芳名“孟子”。这事就要追溯到今年(1979)3月,老妻在街上闲逛,与她阁下相遇,一见钟情,就抱之回来,视如神明。她阁下初来时只有一个巴掌大,十个月下来,五个巴掌都遮不住,生龙活虎,跳上跳下,尤其善于乱抓,抓得柏府一片稀烂。不过她的尾巴奇大,有识之士告曰:凡尾大者,定有皇家血统。她最可贵的一点是,大小便一定都在固定的地方——除非她一高兴或一不高兴,而她又经常一高兴或一不高兴,所以为她阁下掬屎擦尿,遂成了我们重要的健身活动。我每次都声色俱厉地警告她,要把她赶出大门,让广东朋友捉住她做“龙虎斗”——猫肉和蛇肉煮在一锅。但她阁下不为所动,我也就束手无策。这并不是说我老啦,忽然有慈悲之心,而是她阁下的眼睛,有点神奇古怪。记得一天晚上,我有事出去,熄灯之后,正要关门,黑暗中忽然发现两盏绿光闪闪的小灯,活像巫婆手下的精灵,正眈眈而视,柏杨夫人吓得大叫一声,柏杨先生也毛骨悚然,几乎当场就一屁股坐到地上。这不能怪我不争气,凡亏心事做得太多的人,往往都有点这种心虚的毛病也。从此她阁下的绿眼睛就忽焉在前,忽焉在后,黄昏回家,首先看到的就是那两只骨碌碌的绿光。三更半夜,她往床上一跳,跑到我尊头旁跟我亲热,第一展示的也是两只骨碌碌的绿光,搞得我心乱如麻。有一次她阁下毫不客气地把她那可敬的大便,拉到我已写好的稿子上,我就大发雷霆,照她屁股上一顿臭揍,誓言我和她之间,必须有一个滚出大门。老妻叹曰:“既然如此,老头,我也不留你,你先到外面住几天,消消气也好。”这算啥话,我立刻就去卷铺盖,老妻正色曰:“你可要想清楚,我们的孟子,她可能是千年猫。”一语惊醒梦中人,再悄悄把行李放下。呜呼,她阁下如果是千年猫，我可惹她不起。

《千年猫》是倪匡先生另一部科幻小说，内容不是医学的，而是灵学的。千年猫的出现跟孟子女士的出现，情形不同。孟子女士的出现是柏杨夫人跟她两情相悦，俘过来的，千年猫的出现则来自于隔壁人家不断地敲打。这部书中的李同先生，被隔壁人家不断的敲打声搞得勃然大怒，找上门理论，那位敲打的老头——男主角，很客气地道歉，而且，当李同先生第二天下班时，正碰上男主角搬家。李同先生觉得他一抗议，对方就走，有点不同寻常，他决定溜进搬过后的空房子，看个究竟，而就在一团旧报纸里，发现一副血淋淋的内脏，他立刻倒抽一口冷气。

于是，李同先生向警察报案，警察老爷拿去化验，化验的结果，那是一只猫的内脏，而不像李同先生想象中是一个小孩的内脏。警察老爷嘲笑他大惊小怪，事情便告一结束。

然而，在一个偶然的机会里，警察老爷向倪匡先生谈起这桩无聊的笑料，倪匡先生起疑曰："再爱吃猫肉的人，也不会在临搬家之前，先去杀猫。"警察老爷曰："或许是他先杀了猫，再决定搬家。"但倪匡先生似乎嗅到一种气味，他要查根究底。他向警察老爷要了男主角老头的新地址，单枪独马，前去拜访。那新地址是一座大厦的十六楼。在刚刚踏出电梯时，他就碰上一场又是因"隔壁人家不断敲打"引起的咆哮，从国骂省骂家乡骂之中，他知道男主角老头仍继续着，一天到晚不停地敲打——敲钉子的声音，拖家具的声音，使邻居要跟他拼命。男主角老头终于开门道歉，把邻居打发走。倪匡先生却乘虚而入，他赫然地发现男主角老头一直放在背后的竟是一双血手，可是他却被推出来，大门在身后砰的一声锁上。

倪匡先生本来可以不管这档子事的，但不弄个清楚他就睡不着觉。他潜伏在大厦附近，等到男主角老头出门之后，他再度溜了进去，要查个究竟。可是，那是一个最最普通单身汉的家，左查右查，实在查不出啥名堂。正当他失望地要退出之际，忽然觉出一个人向他背后猛扑过来，他迅速转身，击出一拳，那东西发出一声怪叫，凌空地跌出去——那不是一个人,而是一头巨大的黑猫。那头猫跌到桌子上,弓背竖毛,一双跟孟子女士一样的绿眼,发着愤怒的光,现出随时出击的姿态。人猫僵持,谁都不敢先动。

倪匡先生这时才感觉到他的处境尴尬,他本来只想偷进偷出的,现在却被一头巨猫制住,寸步难移。但他仍不能不溜,可是他刚一举步,巨猫已向他发动,他抓起一把椅子迎战,那巨猫一击不中,立即跳进一个房间,然后砰的一声,把门关上。一头猫竟能自己关门,倪匡先生吓了一身冷汗。这时男主角老头回来啦,倪匡先生急躲进厨房,只见男主角走进巨猫房间,跟巨猫讲话,似乎在讨论一个问题。

跟猫讲话,事属平常,柏老便经常跟孟子女士情话绵绵。可是讲到最后,男主角告巨猫曰:"不要心急,事情就要成功了,等了这么多年,终有了希望。我们可以再搬家,城市太杂,这次可搬到乡下。"倪匡先生决定溜得越快越好,可是,男主角老头已闯进厨房,倪匡先生只好以小偷身份面面相对,费尽了口舌,留下了一张名片,才得脱身。

然而不久,又发生怪事,倪匡先生被朋友邀请去鉴定一对十世纪宋王朝时代的瓷器花瓶,那是一对真正的千年古物,以三万英镑的巨款,卖给了一个暴发户。暴发户大喜若狂,一定邀请在座的专家,在他家大开宴会,并且参观他的宝藏。事情就在宴会之后,打开古董间的刹那发生,那头巨猫从天而降,直扑向那个新买来的宋瓷花瓶,花瓶掉到地上,跌个粉碎。暴发户当然爱财如命,当他要跟巨猫拼命时,巨猫的巨爪已在号叫猛扑中抓上他的脸,一霎时满脸鲜血,眼珠几乎都被抓出来,接着一跳两跳,影踪不见。

这件事到此为止,暴发户只好自认倒霉。但这只巨猫一再地离奇出现,和一再地神秘逞凶,使倪匡先生越想越不对劲,于是他冒充警察,追查来源,查出来这对宋瓷花瓶的主人竟是已搬到乡下的那个男主角,他就更觉得不对劲,决心捕获那个巨猫。书中对这一段经过,有长幅的描写,浓缩地说,他说服了警方,出动了最勇悍的警犬,和全亚洲最凶恶的斗犬。不幸的是,竟都一一惨死在巨猫的利爪之下。但也就在斗犬垂毙之际,咬住巨猫,死也不放。倪匡先生用中国功夫抓住巨猫的顶瓜皮——这是它利牙和利爪都够不到的地方，用闪电般的速度把它扔到汽车后箱，紧紧盖住。可是，他低估了巨猫的能力，它也用闪电般的速度跳出来，说时迟，那时快，它身子虽然跳出，猛烈扣下去的箱盖，却紧紧夹住它的尾巴，它发出可怕嗥叫，显然它不愿落入人手，它唯一的办法是弃尾而去，它做到啦。

这是一场恐怖的打斗，倪匡先生稍为定定神，他把猫尾巴拿到警察局，请求化验，医生曰："你的目的是啥？"倪匡先生曰："我想知道这猫跟普通猫有啥不同。"医生曰："猫就是猫，有啥不同？"但仍答应做这件事。十个小时后，电话铃响，医生恍恍惚惚曰："你开啥玩笑？从哪里找到一截埃及猫的尾巴，而且是千年以上埃及猫的尾巴？"

倪匡先生赶到化验室，在显微镜下，他看到一点空隙都没有的一片灰白。医生曰："单就骨骼钙组织而论，这猫的年龄，已超过三千年。要知道，动物只要活着，骨骼的钙化，就不断进行。"

倪匡先生头嗡的一叫，他的对手竟是跟人类文明一样古老的老猫，但这不是一个神话，而是现实，现实到那巨猫不久就向倪匡先生进行复仇。

8. 思想侵入

人们如果干掉了一只普通猫的尾巴，没有后患，从没听说过哪位猫先生或猫女士，找上门来，把凶嫌扭到警察局吃官司的。可是如果干掉了一只千年猫的尾巴，那他就要承当复仇的命运。书中交代，作者倪匡先生离开化验所十天后的一天夜半，在家门口刚下车，就觉得大事不好，好像有人在暗中对他虎视眈眈，忽然间，半空中像一颗炮弹一样的一团东西，向他袭击。倪匡夫人慌忙中扬起手提包阻挡。正是那头巨猫，眼中发出绿光，一只利爪已抓到倪匡先生的肩头。夫妇二人赶到医院求治,幸好猫爪中没有毒。可是,当他们再度回家后,发现门上一块玻璃碎啦,家里已被彻底的捣毁,那是一种复仇式的捣毁,几乎片瓦不存。

就在下半夜,他们听到有人扭转门柄的声音,刹那间,巨猫已凌空向床上猛扑。倪匡先生用他秘密准备好的捕蝶网迎战,那是用尼龙做的最坚韧的一种,连老虎都罩得住。经过一番惊险的缠斗,巨猫终于落网,关到一个也是预先准备好的铁笼之中。当倪匡先生向它注视时,发现它那惨淡的绿眼中,闪动着仇恨的光芒,倪匡先生不禁打了一个寒战。倪匡夫人嗫嚅地提议:“我有一种感觉,这猫是通灵的,它懂得我们的言语。”倪匡先生更吓了一跳。

于是,他姑且向巨猫说话,提议和解,曰:“你如果同意,请点三下头。”咦,怪事再度发生,巨猫真的点了三下头。倪匡先生暨夫人,商量了一阵,决定冒险把它释放。这是故事的转折点,巨猫在铁笼打开后,眼中的凶光消失,它向他们咕噜了几句猫语,他们当然听不懂,眼巴巴望着它似乎带着沮丧的表情而去。

正在一切疑团都无法解释的时候,那个影踪不见,已搬到乡下的男主角老头,却突然前来拜访,跟他同来的,还有那只巨猫。倪匡先生一阵震动,手足失措,但男主角老头却面色严肃,吐出全部故事——外层空间的神秘故事。

呜呼,那是一个遥远的时代,遥远到三千年之前,正当纪元前十二世纪,中国周王朝鼎盛,外层空间人以“某种方式”来到了地球;他们是隐形的,没有一个人看到他们。而当他们侵入地球之前,对地球已有相当研究,已经知道地球上有人类,而人类又是地球的主宰。可是他们不知道人类是啥模样,犹如人类不知道外层空间星球上生物是啥模样。正因为这个缘故,悲剧才降临到巨猫身上。

外层空间人既是隐形的,所以他必须进入地球人的身体,一旦进入,地球人内在上就成了外层空间人,拥有绝高的智慧。充当探险家的第一个航天员,在地球上降临时,他降落的地点不在中国,而在埃及的一座神庙附近,他看到了许多猫在庙中跑来跑去,其中有一头最大的巨猫，尤其神气。那航天员认为它就是人类——主宰地球的高级生物，遂即侵入该巨猫的身体，从那一刹那，他的错误就无法改正。

倪匡先生听到这里，不禁呆住，幸亏他没有侵入人类身体，否则在那个草昧初开时代，这个外层空间人立刻就会成为一个超人，控制全体人类和整个地球。而他更可以不断地从外层空间传送他的同类，那是一种不堪想象的灾难。不要说别的，在纪元前十二世纪，一挺机关枪就够啦，更不要说飞机大炮。

问题是，菩萨保佑，外层空间人侵入的是一头巨猫，受到猫脑部活动所产生电波的限制，使他无法发挥原有的能力，盖猫的脑部活动方式影响了他，他只能成为"超猫"，不能成为"超人"，但他已无法脱离猫的身子。

事实上，外层空间人并不真是隐形的进入，而是"某种方式"——灵魂的进入。至于为啥活三千余年而不死亡，那是外层空间人的生命跟地球人的生命不同之故。

男主角老头把故事说到这里，然后曰："这巨猫经过三千年的辗转迁徙，终于到了中国。我是小时候跟它认识的，我终于知道它的困境，我要帮助它脱离猫的躯壳，重返他的星球，那是他唯一的愿望。可是，我们没有成功。"

男主角老头看出倪匡先生是个可以信赖，而又侠义的人，他开始要求帮助，帮助他想办法把全城的那个高压电厂，交由他使用七天。呜呼，这个玩笑可开得大啦，世界上只有绝对专制的皇帝老爷，而且还得有点神经病，才能做出这种荒唐的怪事。但是，外层空间人却硬是必需那么巨大而长久的高压电的冲击，才能脱离巨猫的躯体，重返他的外层空间。当男主角老头和巨猫听到拒绝的声音，他们眼中同时露出绝望悲哀的神色。

然而，倪匡夫人白素女士，忽然答应她可能做到。做到的方法是，她是一个活跃能干的社会女性，她要加速推动一项正在酝酿的电厂罢工——事实上是，她密切地注意罢工的日期。这又是一段等待的日子，然后，在罢工开始前十分钟，他们通知男主角老头和巨猫准备。

七天罢工结束后，在第八天，报上刊出复工的消息。倪匡先生在家洋洋自得地等候男主角前来道谢。可是，没有消息。一直到第三天，邮差老爷驾临，送来一个木箱，打开木箱，赫然地躺着那个巨猫的尸体。他们舒了口气，显然的，那位航天员已成功的突破束缚，重返他的来处。可是，那男主角老头往哪里去啦？这疑团在第二天接到一封信后，获得答案。

该信是男主角老头写的，信上曰：

感谢你们的帮助，我们都回去了。——抱歉得很，我没有事先说明我也是一个外层空间人。是他先回去的，他就是那头猫，他是我最亲密的人，关系类似你们夫妻。我是为了找他才到地球上来的，以你们地球人的时间来说，我到地球上已经八百余年。他误投猫身，我则正确地投入人体，我的情形比较好，那是因为人的脑组织比较进步的缘故。我保证我们外层空间人不会再来，那是因为，我因投入人身的缘故，不客气地说，地球人非常的落后。我们看你们，跟你们看猫没有分别。我们之不再来，就像地球人没有理由放弃现代化的生活，回到穴居时代生活一样。

这封信使作者倪匡先生不舒服了好几天。其实，不仅他一个人不舒服，自封为万物之灵的人类，都会不舒服。这里面包括了两个问题，一是外层空间。三十年之前，我们还不知道啥叫外层空间，而现在也不过只知道有个“外层空间”存在而已，它到底是啥？仍言人人殊。不过显著的是，外层空间问题，已迎面而来。洋大人之国，关于外层空间的科学报导、科幻小说，以及科幻电影电视，层出不穷，仅只对“飞碟”的研究，就堆积如山。而在中国，却是一片空白。外层空间人视地球人的智慧，犹如地球人视猫的智慧，会不会——当然没人说出口，会不会洋大人视中国同胞的智慧，犹如中国人视猫的智慧耶哉？《千年猫》一书是中国人提出的，以中国国土和中国人为背景的第一部外层空间作品，使中国人增光。

另一问题是,外层空间人的侵入方式,洋大人只注意到物质的侵入,诸如“飞碟”,就是在这种背景下产生的。而倪匡先生却提出灵魂的侵入——那是一种生命,把他的脑电波聚成一个强烈的凝结体,可以在空间自由来去,这个脑电波有智慧,有思想,但却无形无质。用一种柏杨先生之辈能够了解的话来说,就是一种思想侵入;而思想侵入,是一种最可怕的侵入。人虽是原来的人,可是思想却完全改变——也就是灵魂完全改变。科幻小说已提出这种侵入的可能性,如何对抗,要靠我们发明。不过,在发明之前,贵阁下如果遇到一位在你背后晃来晃去的猫老爷,可千万小心谨慎,礼遇有加,可能那位外层空间人食言,又来到人间。

9. 明光·蜂云·不死药

若干年前,电视台上演过《隐形人》影集,一个人能够隐形,使别人“看不见”,真是过瘾。柏杨先生如果是个隐形人,我就啥都不干,天天去大小各等饭馆猛吃。不过影集中的隐形人,只能身体隐形,衣服却不能隐形,平常日子,他是穿着衣服,戴着帽子手套的,像受了烫伤烧伤一样,用绷带把嘴脸团团裹住,而且还得戴墨色眼镜,如果不戴,两眼那里,就成了两个黑窟窿。

这种隐形人初一想十分舒服,再一想恐怕就舒服不起来,夏天当然没问题,冬天岂不冻死,即令不冻死,也冻出肺炎。洋大人为了弥补这个缺点,若干月前,又制作出另一种隐形人影集(名称已忘之矣,读者老爷定还有印象),这个隐形人有大大的突破,几乎达于至善至美之境。他平常跟普通人一样,需要隐形时,只把手表的钮一按,别人就霎时间啥都看不见,盖他阁下隐了个彻底。柏杨先生这些时正到处打听啥地方有卖这种手表的,打听出来的话,当掉裤子也要买上一只。

这是洋大人的科幻小说,看起来天衣无缝,在科学的基础上,有这种可能性,盖他们都是受了辐射线,伽马线,爱克斯线,等等我们弄不懂的线照射后,所有光线就直穿胴体而过,人们对该家伙遂不得不视若无睹。隐形人之类的科幻小说,几乎全部建立在这种理论发展的基础上。可是,倪匡先生的科幻小说《透明光》,却指出这种理论发展的一个致命的漏洞。《透明光》里的男主角,和职业杀手男配角,也是因为辐射线的缘故,全都成了隐形人。但他们没有电视影集上隐形人那么快活,而是,他们用尽方法,希望恢复原状。这本书里的情节诡秘,但每一个情节,都在向西方的科幻小说挑战。《透明光》的故事显示,不彻底的隐形是可能的,但看起来更可怕,那只是一具骷髅,光线虽透过肌肉,却透不过骨骼,没有肌肉的骨骼赫然的呈现在人们面前,男主角的健壮身体,和女主角的花容月貌,全化乌有,悲夫。而彻底的隐形则不可能,至少,他会留下灼灼双目,如果说像洋大人的科幻,连双目也隐去的话,那就是说,光线可以透过双目。呜呼,那个问题可就大啦,光线透过双目,双目当然可以隐去,可是正因为光线可以透过的缘故,水晶体不能反射,隐形人就成了瞎子啦。

这种道理,倪匡先生代表中国人向全世界发言,如果科学上没有更新的解释,电视电影再上演隐形人的话,恐怕只有娃儿看。

对于辐射线,这个神秘恐怖,看不见、摸不着的玩意儿,它是科幻小说制造隐形人的唯一能源。盖科幻小说必须根据科学的可能性,不能像神怪小说一样,自作主张。正因为辐射线可做出很多怪事,所以它也成为其他种类科幻小说的主要能源之一,不但可使人隐形,而且可使人变形。柏杨先生在《怪山巨人》中曾介绍过那种奇象。而科幻小说的另一种能源,则是人类最基本的组成单位——细胞,倪匡先生在《蛊惑》一书中,准确地推测出细胞破坏的影响,在他的另一部《蜂云》一书中,他使细胞变形。

书中男主角——一位陈姓大学堂教习,成功地培养出一种细菌,这种细菌自己能迅速分裂,分裂成千千万万,然后互相吞食,吞食到最后一个细菌后,体积已膨胀一倍。于是再分裂,再吞食,再膨胀,再分裂。周而复始,辛苦万状。而每来一次这种循环,只不过二十秒钟时间。就在男主角兴高采烈,向倪匡先生宣布好消息的当晚,发生了凶杀。一个闯进男主角实验室的小偷朋友,得手后要跳篱笆开溜时,发出一声惨叫,倒地而死。警察密布,正在作地毯式搜查,一个在外围的便衣侦探,也发出一声惨叫,倒地而死。最怪的是,找不到凶手,找不到凶器,只在背上留下一个好像是尖刀刺伤的深深创口。

阴差阳错,倪匡先生被当成凶手。为了证明他不是凶手,唯一的办法是他只好去捉拿凶手,于是他陷进了一件惊涛骇浪的间谍网里,几乎送掉老命。后来,在他逃亡途中,躲到一个山洞里,蓦然被面前的景观吓得毛发直竖,原来他看到七八个拳头般大的蜜蜂,正在互相吞食,吞食到只剩下最后一只蜜蜂时,已成长小狗一般大矣。倪匡先生刹那间明白过来,这种巨蜂的毒刺,足可以轻而易举地刺死一个人而留下尖刀创口。事实上也正是如此,这里正是男主角陈教习的一个秘密实验室,他把培养出来的细菌,注射到蜜蜂身上,观察它们的反应。

我们不再叙述这桩间谍案的破获经过,我们只提醒,这部离奇小说的目的,在推测一种可能性,某一种特制的刺激素,可以使任何生物的个体,作反常的生长。不过,只要是反常的,一定是不正常的,而不正常的,一定引起量的或质的变化,这变化可能是福,也可能是祸。柏杨先生在六十年代,曾向科学家嚷嚷还是安分守己,别乱发明的好。发明得太多,哪天踩了上帝的痛脚,他老人家暴跳如雷起来,可够人受的也。

最反常的事情莫过于人类追求长生不死,民间有句形容不知足的谚语曰:“当了帝王想成仙”,中国历史上很多英明的帝王,却在“死”这一关上,胡涂起来,认为只要靠他手中那点短暂的政治权力,准可找到或制造出长生不死的奇药。前一个失败,后一个不服气,继续地干,结果每个人都伸腿瞪眼。呜呼,他们的不幸是他们生得太早,如果生在二十世纪,遇到了倪匡先生,那就有了苗头。以倪匡先生的奇遇，至少在西汉王朝刘彻先生的金銮宝殿上，可封一个侯爵，就不必爬格纸当作家啦。

倪匡先生的另一部科幻小说《不死药》，是一场惊险的历程。在该大著中，他聪明一世，糊涂一时，受了死囚男主角和美丽女主角的愚弄，帮助男主角越狱，以致大祸临头，他唯一的救命之途，是找到他们。经过千辛万苦，翻江越海，在印度尼西亚的一个荒僻村落里，终于跟男主角面面相对。倪匡先生用手枪指着男主角，男主角不但没有一丝一毫惧怕，反而要求曰："告诉你，在这里，手枪是没有用的。好吧，你开枪吧，而且必须在你开枪之后，我们说的话，你才能相信。"倪匡先生愤怒地一枪击中男主角的肩膀，咦，又是一桩怪事，那就像一枪击中一块木板一样，竟没有血流出来。男主角迅速地把肩头衣服撕破，让倪匡先生亲眼看见，那个被击中的肉洞，两三分钟内，就被新生的肌肉，迅速而神奇地填满，连一点痕迹都没有。倪匡先生打了一个冷颤，接着他又打了一百个冷颤，盖男主角告诉他，房子里的人，都是不会死的，因为他们吃了不死的药。

世界上确实有这种不死的药，这药产生在一个名叫"汉同架"的荒岛上，是一种像椰子或菠萝一样果实里的白色浆汁。盖所有生物，在新陈代谢的时候，体内自然而然地分泌出衰老素和抗生素，一个生物的生命史，可以说是衰老素和抗生素的斗争史。如果抗衰老素消失，一个十二岁的小娃，就跟一个八十岁的老头，没有区别。

——读者老爷容禀，就在今年(1979)8月份的报上，刊登一则消息，美国圣地亚哥城一位五岁的小姑娘潘妮·范蒂妮，已垂垂老矣，她每生长十二个月，就等于正常人生长十五年到二十年，所以事实上她已有七十五岁或一百岁。十二月份报纸又载，她老人家终于仙逝。

相反的，如果抗衰老素的力量不断得到补充，而且是凶猛地补充，人便不会死，而且不会老，那浆汁就有这种奇效。问题是，这种浆汁对心脏没有作用，可能是组织细胞不一样吧，这正是男主角要逃避坐电椅的缘故，因为强烈的电流，可使心脏麻痹，一命归天。但最严重的缺点是，一旦服了那种浆汁，必须继续不断服用，如果停止，他就变成了走肉行尸的白痴,永远报废,比死还要可怕。

介绍倪匡先生的科幻小说,到此为止。我们并没有说他的科幻小说已臻化境,在结构上有时候并不够谨严。但他是中国作家中,使科学新知和文学结合的第一人。在文学的领域中,开辟了一个想象丰富的广大天地,我们要表达的是最大的敬意和感谢。

10. 八十年代大愿

第一愿是——取消籍贯。

在三十年代之前,中国人见面,往往问曰:"老哥,吃饭了没有呀。"于是被洋大人讥为吃饭的民族。有些中国同胞自己觉得脸上挂不住,认为洋大人见面时那一套,才是经典之作,美不可言。夫洋大人见面,昔之时也,还多少有点关心,所以曰"好都有都"。前之时也,已退化为没话找话,曰"哈啰"。今之时也,为了节省能源,就只剩下一个音节,曰"嗨",不过表示看见你罢啦,"嗨"了之后,各奔前程,你是死是活,他毫不在乎。中国同胞所以把吃饭放在第一位,因为过去中国大多数小民都在半饥饿状态,常常空着肚子投亲投友。柏杨先生幼时,常看到大人们相逢的场面,一把抓住远客,号曰:"闲言少叙,填饱肚子再说。"人生温暖,就在此一句。

以上是老朋友见面,如果是新朋友见面,则另有一种问法,除了问他尊名大姓外,准问他曰:"府上是哪里?"即"你是啥地方人呀"。一旦发现对方跟自己是同一个省,立刻大喜若狂。——其实即令不同省,只要邻省,也是一样,贵阁下不闻"直鲁豫大同乡"乎哉。大喜若狂之余,就急急追问哪一县,如果再是同县,就更手舞足蹈,再急急追问哪一村。于是,两个陌生的家伙,可能刹那间成为通家之好,兼刎颈之交。

乡土之情，是人类最原始的感情，盖人不亲地亲也。以色列人分崩离析了两千余年，仍开枪开炮，打回巴勒斯坦。以及中国人的落叶归根，都是对乡土的眷恋。然而，一旦乡土之情变成了法定的“籍贯”，就成了人为的桎梏。

世界上只有中国对“籍贯”百般珍惜。这玩意儿不知道是谁发明的，但它有它的历史背景，和成长的条件。可能跟专制政体下的奴隶制度、兵役制度、文官制度，以及考试制度有关。纪元前十一世纪周王朝时代，上自国王，下至封国的国君，都有固定的田亩，金枝玉叶们当然不肯御驾亲耕，全靠奴隶苦干，为了防范这些倒霉的朋友开溜，就用名册登记，限制在一个地方，越此一步，活活打杀。后来奴隶制度崩溃，纪元前二世纪西汉王朝时，又发生兵役问题，兵役问题实质上是逃兵问题，那时候当兵，比不得现代当兵，那时候当兵，老命不如一屁，于是有些人举家远走高飞，有些人则单枪匹马，脚底抹油。反正不管怎么吧，跑了神跑不了庙，有名册在焉，一旦捉住，立刻押返原籍——有名册在焉的故乡。押回去之后，查对清楚，当然有罪受的，不必细表。和防范逃兵同时产生的，还有文官制度，更使“籍贯”一项，有政治上的重要性，盖专制政体下文官制度的特色之一，是“回避本籍”，一直到二十世纪中华民国建立之初，本地人都不能在本地当官——当“吏”可以，吏是三四流以下的小职员。四川省人不能当四川省长，龙岩县人不能当龙岩县长。盖皇帝老爷天不怕，地不怕，就是怕小民抗暴谋反。本省本县人在本省本县当官，因乡土关系，亲友密布，最容易官民结合。一旦揭竿而起，那种瓜蔓似的子弟兵，可能使皇帝老爷坐不稳龙墩。为了防范未然，所以才叫那些具有才干的领袖人才，离开他的本乡本土，越远越好。

六世纪九十年代之后，隋王朝发明了新的考试制度——科举，规定只有本县的知识分子，才能在本县考试。问题就跟着来啦，甲县的教育程度高，人才济济。乙县的教育程度低，识字的没有几个。但名额却有限制，甲县的青年才俊，遂大动手术（大概类似乎台北就学儿童的乱迁户口），前往乙县应试。乙县当然严密防范，一经查出，称之为“冒籍”,除了要开除大吉外,屁股还可能有挨板子的艳遇,一顿板子下来,至少哎哟三天。

然而,这些都是想当年的破铜烂铁矣,我们已踏进二十世纪八十年代,产生并维护“籍贯”的历史背景和文化因素,早已片瓦无存。奴隶没啦,惩治逃兵不必押解回乡,民主政体选举的结果,官员都是本地乡亲,考试制度完全开放,按理说,“籍贯”的基础既不存在,它也应该魂归天国。想不到它不但没有魂归天国,反而在我们社会上,到处挺尸。呜呼,聋子的耳朵虽然没有用处,却跟美容有关,不必把它干掉。“籍贯”则不然,它不但跟美容无关,干掉它反而更增妩媚,而且在实质上还帮助肠胃消化。它阁下已完成历史任务,应该去坟墓安息啦。

官老爷可能考虑到“籍贯”与选举有点牵连,某省产生若干委员,某县产生若干代表,如果不标明籍贯,怎么选举乎哉。噫,纵然贵阁下的籍贯是湖南,如果回到湖南,不住够法定的年数,你也选不成。而柏杨先生的籍贯是河南,在贵湖南住够了法定年数,我想选张三就选张三,想选李四就选李四,想选王二麻子就选王二麻子,盖选举根据“户籍”,不是根据“籍贯”也。呜呼,在新生代的小朋友身上,更可看出“籍贯”的毫无意义,广东省年轻人对广东省一无所知,江西省年轻人连江西省在哪里都摸不清。如果仅靠着“籍贯”来慎终追远,那就更其乱如麻。河南人是从山西省洪洞县(吾友苏三女士起解的地方)大槐树下摔锅片摔到河南的,福建人更多半是八世纪时的河南人,台湾人更多的是来自福建、广东。为啥只慎终追远后半截,而不慎终追远前半截乎哉?有本领的人千万解释给我们小民听听。如果前半截也算,台湾人籍贯应改为福建、广东,福建人籍贯应改为河南,河南人籍贯应改为山西,山西人籍贯应改为匈奴和沙陀矣。呜呼,累死人啦。

我们的愿望是,把“籍贯”一笔勾销,只记载“出生地”。欧美朋友都是只记载出生地的,照样办他们的选举,而且办得更漂亮。“籍贯”在今天唯一的功能,是加深并加宽地域观念的鸿沟。当我们的物质文明正拼命地现代化之际,精神文明上,也应该紧跟着现代化,千万别紧抱住僵尸不放。

一位朋友以真知灼见的声调曰:“即令取消了籍贯,也不能消灭现在的省籍的和地域的观念。”呜呼,谁说可以消灭了哉。泥土的芳香,故园的眷恋,“根”的追寻,正是人类异于禽兽的特有情操。取消“籍贯”的记载,只不过使地域观念不至于发展到危害向心力的程度。而且,泥土的芳香和故园的眷恋,事实上只是童年的怀念。老一辈怀念的是他们儿时的乡土,因为工商业发达和交通太过于方便,所以新生代怀念的则是台北的圆通寺,高雄的大贝湖。不要把孩子的乡土硬生生地跟父母的“籍贯”结合,那时代已一去不返。

我们建议取消“籍贯”,只记载出生地,不在急功近利,而在培养中国人开阔的胸襟。现在已是太空时代,还有人坚持着在小圈圈的“籍贯”里跳来跳去,实在使人着急。在八十年代中,我们愿看到“籍贯”化为乌有,而各省各县的同乡会之类,也都该停止营业。文明进步神速,说不定九十年代,出生地只记载国别。到了二十一世纪,出生地恐怕只记载“地球”就行啦。

11. 分而食之

八十年代第二愿是——吃饭分饭。

人类文化发展史上,有太多的奥秘,叫人越想越糊涂。即以吃饭的方式而言,至少就发展出两大形态,一是洋大人的分而食之,一是中国人的聚而食之。为啥形成这两大差异?当初是哪位太乙真仙捣了那么一下鬼,捣得如此这般的截然不同,真需要专家学人,追根究底,找到他阁下,问问他到底是何居心。

聚而食之的场合,大概有三种,一种是家庭的焉,一种是伙食团的焉,一种是宴会的焉。不论哪一种,都同样的不卫生。岂止不卫生而已,而且成了专门制造疾病的细菌传染工厂。有些卫道的酱瓜之士,一听说不卫生,马上热血沸腾,号曰:"洋大人亲嘴就卫生啦,他们火车站也亲,飞机场也亲,马路上也亲,怎么不传染呀。偏偏中国人骨肉团聚在一个饭桌上,不过共喝一碗汤,共吃一盘菜,就不卫生啦。崇洋媚外,也不能崇洋媚外到这种程度呀。"呜呼,亲嘴有它特定的对象,而且往往只不过一阵子,过了那股热劲,也就自动收山。聚而食之,却是每天三顿,病河永浴,白头偕老的也。而且贵阁下听说过一个故事乎,穷措大朋友年初时买了半碗食油,放到桌子上,规定每顿饭时,家人只能用筷子轻轻地沾上一下,以润枯肠。到了年底一瞧,半碗油不但没有吃光,反而成了一碗油啦,盖筷子上的大量口水,倒灌而入,自然猛涨。势大财粗的老爷,如果说聚而食之的汤和菜里,绝对没有别人的唾液,恐怕最忠实的马屁精都无法呐喊响应。夫家庭之聚,吃吃亲人的口水,或许没啥了不起。但是伙食团之聚,或宴会之聚,去吃那些毫不相关,甚至陌生人的口水,就实在他妈的于心不甘。噫,怎知道他有没有花柳病,病菌已经进入口腔?又怎知道他有没有肺结核,病菌已经扩散?更又怎知道他有没有麻风,病菌已经冒了泡?如果有的话,顺着口水,倒灌入汤菜,然后再倒灌入自己尊肚,一旦躺到床上哼哼唧唧,小鬼敲门捉拿,还不知道该病是怎么弄到身上的,见了阎王报到填表时,连笔都难下。

柏杨先生有位朋友在台北肺结核防治中心当工友,前些时前往探望,正碰上一个面黄肌瘦的大人,抱着一个面黄肌瘦的男孩,在那里毕恭毕敬,听医生老爷的训话,医生老爷曰:"老娘既有肺结核,就应该叫她单独进餐,为啥还要挤在一桌?弄到今天这种样子,一家人都成了痨病鬼。"大人喘气曰:"我们于心不忍呀。"我在旁就想斜刺里给他一脚。朋友看我又要惹是生非,猛地把我拉开,几乎拉个嘴啃地。

疾病传染固然是常识问题,但基本上还是传统的吃饭方式问题,在聚而食之的景观之下,汤碗里也好,菜盘里也好,无一不是病菌老爷的聚会场所。它们一个个身轻如燕，从四面八方，乘着口水，驾着唾液，蜂拥而至，一番联欢，交换心得之后，再顺着筷子汤匙，各奔前程。包管先是“病从口出”，接着是“病从口入”。

除了疾病传播，聚而食之似乎还是更重要的功能。那就是从小就在饭桌上对自私的心性，作过度的培养，培养出来不为别人着想的习惯反应——目光如豆，钩心斗角。

四十年代，中国跟大日本帝国作战时期，很多学堂迁到后方，家在沦陷区的学生老爷，靠着教育部的贷金，维持残生。举重庆沙坪坝的中央大学堂为例吧，学生老爷吃的是“八宝饭”，意思是米只占八分之一，其他八分之七则是稗子、沙子之类动植矿物。米的成分当然不会那么少，那么少还能吃哉，但菜的可怜，可想而知。八人一桌，四菜一汤，几乎用最精密的食油探测器都探测不出啥。偶尔有盘花生米，立刻天下轰动，约法二章：“只准骑马，不准坐轿。”骑马者，只能夹一粒；坐轿者，筷子平放，划地而起，一下子就是三五粒。嗟夫，一盘能有几个三五粒耶。这种往事，现在回忆起来，固余味无穷，但当时却是高级知识分子，在聚而食之压力下被逼出来的嘉言懿行。

柏杨先生不幸或有幸，曾参加过一个大伙食团，跟抗战时的学生老爷一样，见饭愁的镜头，再度重演，不过经常却是都有几块肉的。而奋斗的目标也就集中在那几块肉。嗟夫，在聚而食之的战场上，最可怕的有三种人物，一曰“菜狼”，一曰“菜虎”，一曰“菜端”——菜端最最高竿，英雄好汉把菜盘索性端到自己御面之前，别人多看一眼，他的鼻子都能冒出烈火。幸好“菜端”动物，属于稀世之宝，不容易碰见。最常碰见的是菜狼菜虎。这类朋友的精彩表演，跟知识程度无关。柏老曾一度跟一位大学堂教习一桌，从第一顿开始，菜刚拿到台面上，他阁下就两眼发直，筷子在他尊手中转动如飞，抽冷子就把埋伏在萝卜深处的一块肉丁发掘出来，大家刚要惊呼，第一块咕噜一声，早下了肚，第二块已祭到半空中矣，三下五除二，饭才吃了几口，菜已全光。大家这才发现，大势不好，正跟虎狼之辈，面面相对。于是，不久就爆发内战，最初大家顾及他的颜面，只旁敲侧击曰：“文明点好不好，以后大家都得文明点。”“谁要再抢，谁就是王八蛋。”菜狼菜虎自然不把书生之见放到眼里，我老人家乃蓄势以待。有一天，等他阁下又用闪电战术，连夹第二块肉时，我照他嘴巴就是一拳，打得他满口吐血。他竟然毫不礼让，立即反击，咚的一声，我就仰面朝天，痛得哇哇怪叫。别人以为发生命案，赶来拉开，问明了原委，叹曰：“两个老家伙的年龄加起来一百三十岁，又听说你们好像都受过高等教育，却为了抢一块肉打架，害不害臊？”

呜呼，害不害臊？当然不害臊。一个人的热量如果低过两千三百卡路里，就不会害臊。如果低过一千五百卡路里，连羞耻之心都没有啦。如果低过八百卡路里，那就要杀人放火，社会秩序都无法维持。我们似乎还没有低到连羞耻之心都没有的程度，所以最后协议，改为分而食之，逐块分开肉，再逐个分开萝卜。于是圣玛利亚的奇迹出现。该大学堂教习忽然间文明万状，也不瞪眼啦，也不猛抢啦，平常菜都不够吃的，也够吃啦，而且还有剩的，总是留一块肉或半块肉到下顿没肉的晚饭时吃。

不仅伙食团的聚而食之，有这种奇观，纵然家庭中的聚而食之，也有这种奇观。兵强马壮的大哥大姐，往往先下手为强，对准一道好菜，立刻风卷残云，有些还身怀绝技，只要往火锅里一搅，就能把精华全部夹住。弱小民族的小弟小妹，抗议的抗议，嚎叫的嚎叫，气壮山河，声震屋瓦。老爹老娘则拉着嗓门吆喝，一会教训小子不准在盘子里连夹两次，一会告诫丫头不要在锅子里翻江倒海找虾仁，一会安抚小弟小妹要学“孔三岁，能让梨”——可是孔融先生让了大梨，还有小梨，小弟小妹让了那个鱼头，就再没有鱼头矣。于是大的喊，小的跳，老的擂桌子。

呜呼，聚而食之有百弊而无一利，分而食之有百利而无一弊。中国人应有拒绝吃别人口水的权利，应有不在饭桌上抢菜的尊严。而且，分而食之可以吃多少夹多少，免得暴殄天物，中国仍是一个穷国，不应该被吃得更穷。

更主要的是，聚而食之完全靠礼让来维持，只能律已，不能律人。

律人就必然发生冷战热战各种之战,不但伤感情,简直伤理智。而单方面的律己,不能持久。必须把礼让纳入有形式可以遵循的秩序,才算秩序,不能全靠内省功夫。聚分虽是小事,但它每天三次出现,长年累月,影响中国人的性格行为太大啦。只有改弦易辙,才能帮助我们逐渐恢复坦荡的胸襟。至少可以使具有五千年传统文化的中国,先行在吃相上,成为真正的礼仪之邦。

12. 互相称呼名字

八十年代第三愿是——直呼名字。

人之有名字,稀松平常,兼平常稀松。贵阁下此生恐怕还没有遇到过没有名字的人,如果遇到,包管你目如铜铃,三天都想不通。刚生下的娃儿当然是没有名字的,但你只要一问,他就马上会有。如果是小子,老爹老娘曰:"就叫他狗屎蛋吧。"如果是一位千金,老爹老娘会脱口而出曰:"俺叫小咪咪。"于是,刹那之间,大势已定。

然而,这么简单明了的事,发生在中国同胞身上,却死搅蛮缠,把人搞得气喘如牛。这跟农业社会和儒家学派有关。夫农业社会是静态的,知识分子蹲到象牙之塔里,在名字上动动手脚,花样翻新,有的是时间和精力。而儒家学派的精髓恰恰建立在繁文缛节上,知识分子在名字上动手脚和花样翻新,就更有了理论根据。遂驴毛炒韭菜,成了乱七八糟的复杂局面。

中国人的名字,像一串冰糖葫芦。娃儿之初生也,前已言之,曰"狗屎蛋",是乳名也,只有老爹老娘可叫。七岁八岁进了学堂,曰"王希贤",是学名也,将来做官做事,头戴乌纱也好,或到公堂上脱裤子挨大板也好,统统以此名为准,只有势大气粗的尊长可叫。到了二十岁成年,又冒出一个名字,曰"王慕圣",是表字也,比较亲近的朋友或分量身价相等的人可叫。过了不久,当了大官或发了大财,自认为或被认为不同凡品,则别号应运而生,就成了“王羡仙”,专供泛泛之辈称呼,如果他再附庸风雅,舞文弄墨,那就更成为“梅花斋主”“蓬莱阁主”,以及“东洋居士”“西海山人”“南极道友”“北辰老叟”之类。一旦挺尸,就又有谥号,皇帝老爷谥他“襄”,他就是“王襄公”;谥他“文正”,他就是“王文正公”。

不特此也,一个人一旦修炼到拥有摇尾系统,地名也会变成人名。袁世凯先生原籍河南省项城县,马屁精遂称之为“袁项城”,黎元洪先生原籍湖北省黄陂县,马屁精遂称之为“黎黄陂”。圣人也有同样毛病。程颐先生原籍河南省伊川县,他就成了“伊川先生”。朱熹先生原籍江西省婺源县,大概“朱婺源”不太好听,恰附近有座紫阳山,他也就成了“紫阳先生”。

多如牛毛而且奇形怪状的名字,罩到一个人头上,固然不至于把他压死,可是却能把别人累死。——尤其是现代的学生老爷,整天埋头苦背一些死人的这种无聊透顶的称谓,万一得了脑充血,真是死不瞑目。然而,更恐怖的还在后面,从遥远的纪元前十一世纪周王朝开始,就有“讳”的介入,使花样繁多的人名,更危机四伏,成了老虎的屁股。遇到武林高手,摸得好,摸得妙,能把老虎摸得舒舒服服。如果学艺不精,一下子摸错啦,它回头一咬,尊头就要落地。夫“讳”也者,是一种专制政体下,用政治的和礼教的力量加到名字上的文字魔术,于是老虎屁股遂升了格,不但危险,而且神圣。尤其是皇帝的名字,绝对地凛然不可侵犯,西汉王朝刘邦先生因名字叫“邦”,中国文字中,“邦”就没有啦,统统改成了“国”。隋王朝杨坚先生的爹叫“杨忠”,中国人从此就不能“忠”,而只能“诚”。后晋石敬瑭先生,名字中有“瑭”字,姓唐的朋友就倒了霉,唐谷先生只好改姓为“陶”。中国人固然招架不住,洋大人也得遭殃,唐王朝李渊先生,一坐龙廷,朝鲜王国的宰相渊盖苏文,就得成为泉盖苏文。老牌圣人孔丘先生的“丘”,更害苦不少人,写起来不但要缺一笔,读起来还要读成“某”,或读成“期”,而且天下姓丘的朋友,一律都得加个耳朵,改写为

“邱”。最著名的一次是，李贺先生的爹名李晋肃，“晋”“进”同音，他就不能考进士。呜呼，吾友许美英女士，她之所以一直留在法国，不敢前往美利坚和英吉利，其故大概在此，盖两个均犯她的讳也。看样子我老人家一旦抖了起来，全世界的柏树都得改成“龇牙树”。

——现在，台湾各级学堂的课本，还有“句践复国”的惊险镜头。明明是“勾践”的，只因宋王朝有个皇帝赵构先生（他阁下以诬杀岳飞先生闻外于世），“构”“勾”同音，勾践先生虽古代帝王，也难逃此劫。这种封建残余，一直到今天都阴魂不散。

这些都是大家伙，其实即令芝麻绿豆，也威不可当。一位赵宗汉先生，把“汉”字视为蛇蝎，规定凡是“汉”字，都要用“兵士”代替。他太太去拜罗汉，他儿子在读《汉书》，麻烦就大啦。家人向他禀报曰：“夫人请和尚来家供奉十八罗兵士，公子请教习在教兵士书。”另一位田登先生，不但“登”不准碰，任何跟“登”同音字也不准碰。正月十五上元日，他阁下出布告曰：“本州岛依例放火三日。”盖小民既不准点灯，只好放火矣。

讳的故事，可写一箩筐，好在这种禁忌已被淘汰，总算笔下逃生，中国人得以喘一口气，也是一大功德。不过接着而来的是“官衔”的困扰，使中国人的名字，进入老虎屁股发展史的第二阶段。官衔是荣耀，而名字反而成了痛脚。盖在二十世纪中叶之前，万般皆下品，只有当官高，当官不但有黄金屋，而且有颜如玉。知识分子只有此路一条，除了此路，别无他路可走。所以官衔遂成为衡量身价，甚至衡量道德的唯一标准，故从前就有“官大人品高”的金言惊句。“狗屎蛋”一旦当了八品小官，学名表字别号一笔勾销，大家就得称他为“老爷”。一旦当了七品稍高之官，大家就得称他为“大老爷”。等而上之，官位更升，则大家就得改口称他“大人”。嗟夫，读者老爷读过十九世纪跟中国有交往的一些洋人笔记乎，笔记里清王朝的官员，几乎全是“赵大人”“钱大人”“孙大人”“李大人”，真正是到了没有名字的世界矣。

官衔的花样，也叫人应接不暇，总督不叫总督，而叫制台。巡抚不叫巡抚,而叫方伯。郭子仪先生的官是“汾阳王”,于是他就成“郭汾阳”。何充先生的官是骠骑将军,他就成了“何骠骑”。古固如此,而今更他妈的激烈。就在台北,随便走到一个办公室或一个写字间,满耳朵都是“局长”“处长”“主任”“董事长”“总经理”“协理”“襄理”。业务场所,为了辨明职责,还有说的,可是它却延伸到公共场所,甚至延伸到家庭之间,就肉香四溢,麻不可当矣。最奇妙的是,你如果称他的官衔,誓言在他的官衔“领导之下”,他就像猪八戒进了盘丝洞,浑身酥软,叫他喝水他喝水,叫他喝尿他喝尿。你如果有眼不识晚香玉,胆敢叫他的名字——不是叫他“狗屎蛋”,而是叫他“希贤”“慕圣”“羡仙”,那他就跟屁股刚被干了一记一样,会认为奇耻大辱,八十年交情全付流水,后患如何,你就等着瞧吧。而这些官衔还像寄生虫一样,一辈子寄上到他尊头上,退休也罢,翘辫子也罢,甩也甩不掉,他也拒绝甩。虽然已经没有了官,衔头不衰。

呜呼,一个人仅名字就一大串,又加上禁忌,又加上衔头。群魔乱舞,老虎屁股乱蹶。不但使人头昏眼花,也使人际之间的关系,充满了势利和隔膜。去年金庸先生来台,特别问我曰:“老头,你的敝大作里,对任何人都直呼其名,都一律称先生女士,为啥?”为啥?就是为了大家都一样。皇帝和流氓,圣人和妓女,都有相同的人权和人格,谁都没啥特别。人工造成的距离,文字魔术造成的幻象,应该全部扫地出门。一个人应该只有一个名字,这是为了记忆。官衔少出口,这是为了温暖。张三就是张三先生,李四就是李四先生,王二麻子就是王二麻子先生。不能因为王二麻子忽然当了部长,他就成了“王麻公”,或成了“王凶牙”——假使他原籍是匈牙利的话。

我们有权要求中国人的人际关系单纯化,直呼名字不过是一个开端,纯靠直呼名字当然达不到目的,但至少可使大脑多留出一点空隙,去记忆和思考别的。大丈夫应该真正的行不改名、坐不改姓。除了第一次相见或特别情形外,统统互相称呼名字,既清爽利落,又省气省力,它还可以推动基本人权上的平等观念,减少一些飘飘然自命不凡的傣气,也是化暴戾为祥和之道。

好吧,从今天开始,你就叫我老人家柏杨,“先生”也别加,“老”也别加。我如果心急难熬,要表示尾大,就由我自己动手加,阁下千万别理。

13. 联考必须改变

八十年代第四愿是——联考改变。

提起来联考,柏杨先生一向忠心耿耿,誓死拥护。为了它跟人吵过架,也为了它跟有些人横眉怒目,有无数篇敝大作为证,可不是自己猛往脸上抹粉也。盖联考的好处,在于不必忽冬忽冬乱跑,御体不出城门,就可投奔千里外的学堂。贵阁下对科举一定熟习,多少考生,形单影只地跋涉三个月五个月,去京师殿试。有的固然平安到达,但也有的病在路上,有的死在路上;有的被小偷偷个净光,有的索性被强盗老爷一刀两断。幸而平安到达的,考取啦身价十倍;一旦落榜,只好流落异乡,有钱的还可以租间公寓,埋头苦读,等候三年。穷朋友则只能投宿到破庙,有病没人管,饿死没人埋。多少家庭子弟,都像断了线的风筝,一去杳无消息。中国文学作品中很多悲剧——诸如蔡伯喈、陈世美等等,都是用“赶考”作为主题的。幸好从前考生都是脏小子,如果也有女娇娃,恐怕遭遇更要惨不忍睹。那时候就有联考制度的话,分别在各省或各县举行,只把试卷集中京师评阅,将减少多少辛苦,多少生离死别乎哉。

联考是二十世纪三十年代末期,突破性的发明。对教育的普及,和清寒学生的培植,已发挥了最大的功能。然而,实行了四十年,到了八十年代,它的弊已超过它的利。好像一副仙丹,本来对青春痘有特效的,一剂下肚,玉面如洗。可是,大概青春痘产生了抵抗力,或其他一时弄不清的什么原因,最初十年二十年,还不太察觉,久而久之,副作用或后遗症,却大量爆发。青春痘固然治愈,鼻梁却跟着塌啦,鼻梁没有塌的,也一个个得了肠胃砍杀尔,老命不保。到了这种地步,仙丹便不再是仙丹,而成了毒药矣。

柏杨先生从拍巴掌赞成,进而认为必须重新检讨,不是柏杨先生变啦,而是联考制度变啦。联考已从有益,逐渐变得有害。在有益的时候,我们自应努力维护,一旦发现它有害,就不该因为过去拍过巴掌,就一硬到底。如果继续把毒药当成仙丹,小民就无噍类矣。

呜呼,世界上那么多国家和地区,恐怕只有台湾的学生老爷——从小学堂一年级到高中学堂三年级,也就是从五六岁的小娃,到十六七八九岁的小子。从早到晚,背着重达两三公斤的巨无霸书包。盖联考的压力,使他们不能不背。现在年龄稍大的朋友,还能记忆实施联考初期之前,学生老爷们放学回家,爬树捉鸟,下塘捕鱼的欢乐镜头,孩子们用不完的时间和精力,常气得大人们跳脚:"三天不打,上房掀瓦。"那个黄金时代,已一去不返矣。巨无霸书包里满装各式各样课本,和各式各样模拟试题,孩子们回到家里,三口两口把饭塞进尊肚,就往板凳上一坐,"三更灯火五更鸡,正是男儿立志时"。他们的"志"只有一个——联考。家中只要有一个要参加联考的孩子,这个家就成了坟墓,其静如死,连走路的声音稍大都不行。灯光之下,瘦削的身子俯到案上,偶尔手动一下,头动一下,或咳嗽一下。鬼影幢幢,活像小小僵尸。有些爱儿女心切的爹娘,不愿儿女独自承担苦难,还在旁陪绑。于是,本来是活蹦乱跳的"未来的主人翁",小学堂没毕业,就成了近视眼;初中学堂没毕业,就成了驼背;高中学堂没毕业,就发苍苍而视茫茫,而牙齿摇动,而面目痴呆,而大便不通。当十九世纪鸦片为害最烈时,林则徐先生有言曰:"是使数十年后,中国几无可以御敌之兵,且无可以充饷之银。"连当时最颟顸愚昧的清政府,都大为震惊。而联考比鸦片更要严重,儿童和青年正当发育成长期间,联考却像看不见又摸不着的滤过性病毒,由制度和父母联手,强迫孩子吞下去,活生生地把他们折磨成残疾,至少也把他们折磨成未老先衰。则数十年后,亦无可用以御敌之兵矣。每个兵老爷都戴深度的近视眼镜,躬其腰而喘其气,还成啥战斗部队哉。尤其是,无兵可用,问题还小,久而久之,恐怕无民可用矣。

然而,身体的斲丧还不算致命伤,致命伤的是心理上、性格上的斲丧。在联考制度下,“万般皆下品,唯有读书高”,大家完全重蹈封建时代科举制度的覆辙。知识支离破碎,不但丧失了组织能力,也丧失了思考能力。联考像一个框框,学生老爷只好把自己血肉之体,用刀削得合乎那个框框。只要通过联考,其他任何牺牲都在所不惜。夫课本的内容每年都是一样的,可是联考的试题却不能一样,考试官八仙过海,各显神通,看谁出的题能难住考生,谁就是高手。科举时不得不把四书的句子,片片割裂,连“学而”都成了作文题目,其他的花样更层出不穷。而今联考竟然有“张岱何时游湖”的选择题,真不知道这种知识算哪门知识,对一个研究电机的小子,有啥必要。然而学生老爷却不得不辛辛苦苦,猛记这种鸡毛蒜皮。这些鸡毛蒜皮在学生老爷脑袋中长年累月地累积,结果仍是鸡毛蒜皮——一大堆毫无意义的鸡毛蒜皮。柏杨先生有位朋友的儿子,当他的老娘在客厅里被扫帚绊倒在地,爬不起来时,儿子老爷连头都不抬,任凭老娘哀叫。并非他不孝,而是父母曾有严令,联考第一,死人第二。幸亏老爹回来得早,才救回老婆一命。这种性格上的斲丧,对社会的影响,更远超过知识上的鸡毛蒜皮。

嗟夫,联考正无情地摧残知识和人性,清王朝徐灵贻先生曾有诗咏科举曰:

读书人,最不济。烂八股,一堆泥。原来只为求才计,谁知道变成了坑人技。三句承题,两句破题,摇头摆尾,便认为是圣门高第。可知道三传四史,是何等文章?汉高唐宗,是哪朝皇帝?案头放,高头讲章(现代则是模拟试题矣);书店买,新科利器(这类参考书,现代书店可多啦)。读得来肩背高低,口角嘘唏。甘蔗渣儿,嚼了又嚼,有何滋味。辜负光阴,白日昏迷。就教他骗得了官,也是小民跟国家(原文是“百姓朝廷”)的晦气。

这正是联考制度下学生老爷的画像,嗟夫。

时到如今,联考即令不能完全取消,也应改变。报上说,今年(1980)的国文科,将减少选择性测验试题,提高作文分数。这是一个觉醒,不过这种点点滴滴的改变,无济于事。科举制度实质上是统制思想的工具,假定一位考生在作文中批评孔丘先生,即令有其深度,而又行文如流水,他能考取乎哉。我老人家敢跟你赌一双破袜子,所作出的文仍是"烂八股,一堆泥"。学生老爷只要多读几篇模拟文,就足够矣。通顺固然通顺,而且八面周到,但没自己的思想,没有自己的感情,只是模拟试题一大抄。

我们建议的是——

一曰:学生老爷的志愿,铁定地限制只能填两个,考不上就荡掉。几十个几百个志愿不叫志愿,只叫吃豆腐。应以系为一单元,仅在该系的考生中,挑分数高的录取。张三先生第一志愿是AB系考了第一名一百分,他就考取啦。李四先生在第一志愿的CD系落了第,他就是一千分,也请他家里蹲。不用分数去鼓励投机,第一志愿有权比第七八九志愿优先。

二曰:文科不必考物理化学,但他的中文必需超过九十分(如果他考英文系,英文也得超过九十分)。理科不必考历史地理,但他的数学之类必需超过九十分。依此类推,学生老爷有权就他的兴趣,单线发展。通才不可多得,而且这种支离破碎,一知半解的通才,不过一罐糨糊。如果说文科学生的物理化学知识也很重要呀,理科学生的历史地理知识也很重要呀。怪啦,啥不重要?结婚生子更重要,难道也要考恋爱学乎哉。

三曰:奖励私人大量创办大专学堂或职业学堂,教育官别再东挑西剔,给人为难。听说现在严格限文科学堂的设立,噫,官脑果然与民不同,一个没有理工兴趣的小子,便是把所有文科取消,他也难以挤进理科,难道文科学生老爷一多,社会就大乱啦。台湾人口一千七百万,至少应有一百所大专学堂和四百所职业学堂——这数目不供抬杠之用,而是说,必须使新生名额,跟考生名额相差的不太吓人,才能根除联考的病毒，才能使学生老爷脱离框框，正常发展。

事急矣，救救学生老爷，救救台湾命脉。

14. 不再托人带东西

八十年代第五愿是——不再托人带东西。

四世纪晋王朝时，殷洪乔先生当豫章郡（江西南昌）郡长（太守），从京师建康（南京）出发，走马上任——当时却是走船上任。盖小舟逆长江而上，穿过鄱阳湖，便到目的地。很多朋友托他带信，大概都是竹报平安的家书，有百余封之多。他阁下一一接受，可是船刚离开京师，还没进入长江，只到了石头（南京北郊），就把那些信件，统统投到水里，念念有词曰："沉者自沉，浮者自浮，俺殷洪乔可不给人送书邮。"此公行为恶劣，叫人油然而兴把他屁股打得稀烂之感。

想不到二十世纪，柏杨先生出，历史重演。我于五十年代，曾赴日本一游，既然观光上国，难免逢人夸耀，临行的前一天，一个朋友驾临柏府，拍肩膀曰："老头，我有一点小东西，拜托你带给我在东京念学堂的小犬（小犬，他那宝贝儿子是也，由此称谓，可知他仍是老派人物），你意下如何？"我曰："那还有问题，拿来拿来，为朋友两肋插刀都干，何况一点小东西乎哉。"他蹦跳而去，当晚，一点小东西送到，竟是各重约二十公斤的两大篓柿饼。按照那时飞机规定，每位乘客的总重量不能超过一百公斤，看情形我势必砍掉两条尊腿，才不至超重。当下也不言语，翌晨出发，拐了个弯，就把它统统投到淡水河里，并效法殷洪乔先生，也念念有词曰："沉者自沉，浮者自浮，俺老人家可不给人当冤大头。"

——殷洪乔先生干的那一票，古书上没有提到以后怎么交代，只提到成了佳话，载诸史册。而我干的那一票，却后患无穷，"小犬"因没有收到柿饼之故，“老犬”打上门来，跟我对骂了两个小时，才悻悻而去，到处宣传我不是人，盖“为人谋而不忠，与朋友交而不信”，比殷洪乔先生还要叫人切齿。

这是二十五年前的盛事矣，就在去年(1979)，柏杨夫人前往美利坚，既然仍是观光上国，我忍不住就又到处乱嚷，结果主顾云集，托带的东西，足有七八九十箱。而且客户如天女散花，有的在旧金山，有的在洛杉矶，有的在西雅图，有的在芝加哥，有的在纽约，有的在华盛顿，有的在达拉斯，更有一位在弗罗里达州的丹巴。尤其叫人瞪眼的，一个朋友的女儿嫁到墨西哥，住在赫摩西洛，赫摩西洛距美国边界足有一千公里，但老娘坚持就在隔壁，她曰：“阿巴桑呀，既然出门，就要散散心呀，我女儿有六个娃儿，你去帮忙带带也好。”于是不但带东西，还多了带娃儿的任务。主顾鸟兽散后，屈指计算，如果一一送妥，马不停蹄，也要一月，机票钱够我老汉吃一辈子矣。而且，实在不能想象，专程丹巴、赫摩西洛一趟，只不过送两件衬衫和二十个皮蛋，客户顶多握手一番，道谢一句，恐怕连顿饭都没得吃的(除非她开恩准许给她带娃儿)。呜呼，万里迢迢，敲门而入，鞠躬而出，枯立街头，不知何处投奔。把朋友置于如此窘境，实在抱歉。万一客户不在，度假去啦，是蹲在门口干等乎，抑原封带回挨骂乎，既无明文规定，就更两难。想前想后，老妻泣曰：“这该如何是好？”如在从前，我就仍是老规矩，淡水河见。现在比较老奸巨猾，不敢再有此念，于是连夜打包，就在台北邮寄。到了今天，总算纸仍包住了火。只那邮费，着实可观，每一想起，心如刀割。

然而，代为邮寄并不是万灵手段，主顾如果出奇制胜，来个泰山压顶，跑腿的立刻就土崩瓦解。我有一位女学生，在台北某学堂当教习，春节返新加坡省亲。大包小包，全是托带之物；皮箱纸箱，尽都托送之礼。新加坡地方小，挨户传递，固也没啥。然而就在登机之前，她的顶头上司——大概是校长之类，忽然差了一位工友，送到一个用玻璃宝匣装的细瓷观音像，有半人之高，传言曰：“假使没有困难的话”，“顺便带给某某某”。柏老当时就主张硬塞进行李袋，压碎也好,挤碎也好,反正不是你压你挤的。但女学生不肯,只好像捧一个定时炸弹似的,小心翼翼兼龇牙咧嘴,捧着它飘洋过海。

夫古之时也,交通不便,旅行艰难而且危险,一个人经商在外,或到远地做官(专门东看西看的观光朋友,似乎只有徐霞客先生一人),就如石沉大海,是死是活,消息杳然。一直到十九世纪末叶,还是如此。《阅微草堂笔记》上就有一则故事,一个河北省人到两千公里外的云南省当县长(知县),该县长得罪了他手下的一名仆人,仆人老爷为了报一箭之仇,就悄悄溜回,宣称县长死啦,没钱运柩,他只好回来求救。呜呼,该县长家,本来贫苦,好容易弄到一官半职,势利眼有厚望焉,马屁出笼,他家才算初享温饱,一听噩耗,势利眼一哄而散,不要说运柩啦,连日子都过不下去,悲悲惨惨,不在话下。三年之后,县长老爷高升知府,派专人送银子回家,全家才大喜若狂,势利眼再重新集合(对那仆人狠狠揍了一顿没有,书上没说)。这桩传奇性的悲喜剧,是一个尖锐的例证,说明从前托朋友带东西也好,带封信也好,不但有必要,而接受请托,也是崇高的助人品德。是以殷洪乔先生屁股,理应打得稀烂。

问题是,自从邮政建立,火车汽车,飞机轮船,连穷乡僻壤,都无远弗届。实在想不通,为啥还要托带两篓柿饼和几件花衬衫?柿饼是不腐之物,衣裳更是不坏之体,用海运寄出,同样可以到达,却存心要把朋友当做牛马。然而最奇异的,还有带信之举,信又是封口的,万一里面谈的是贩毒、绑票、勒索,或其他更要命的政治上的禁忌,一旦"案发",纵是一百张尊嘴,都分辩不清也。国内航空邮资不过三元,欧美地区航空邮资,不过十二元,并不是沉重的负担,却存心叫朋友把筋都跑断。所以柏杨先生虽把柿饼投到淡水河,因理直气壮,屁股可免。至于代他们投邮,更属大慈大悲,还应得奖才对。

事实上,不仅从国内带东西到国外,纵是从国外带东西回国内,灾难同样惨烈。而且也不仅托带东西,还有托买东西,节目更是热闹。跑腿朋友从香港买到后,却在海关没收啦,好吧,怎么交代吧,主顾交给你的是白花花的银子,你却交给他一张没收单或保管单,恐怕三十年交情，立即废于一旦。幸而过关斩将，呈现到他阁下面前，“哎呀，俺不是声明要翠绿的呀，你怎么买墨绿的呀。俺不是说要三十八寸的呀，你怎么买三十九寸的呀”。面色如铁，痛不欲生。跑腿的只好退钱，如果不退钱，三十年交情也准泡汤。但是，惨不忍睹的还在后面，那就是上海式“闲话一句”型的主顾，“拜托，带瓶巴黎最好的香水，多少钱回来照付”。跑腿的立刻就得成为腰缠万贯的大财主，胆敢故意装穷，说“没有钱”，那就是瞧他不起，天理不容。千辛万苦买了回来，主顾一把抓到手里，“克丽丝·汀迪奥，就是它，就是它，有眼光，有眼光”。一看发票，花容失色，喊曰：“你说啥，五千八百元，上个月迷死王带的一瓶，才一千八。”要想维持这份友情，就得倒赔四千，而且还成了登记有案，恶名昭彰的诈欺未遂犯。

现在，观光护照开放，人人都可出国，但这种托带东西，托买东西的传统文化，仍炽烈如昔，几乎砸到每一位跑腿朋友的头上。拒绝吧，情断义绝，一旦倒毙街头，狗都不理。接受吧，实在力不从心。每到一个地方，光也不敢观，亲也不敢探，一头就撞进百货公司，一面采购，一面心里嘀咕，不知道称不称主顾的心，满不满客户的意，至于送货到府，更是急急如丧家之犬，忙忙如漏网之鱼，好容易万事已毕，又要赶赴下一站矣。

带东西也好，买东西也好，送东西也好，本来是丁点小事，但这些丁点小事，却足使跑腿朋友叫苦连天。这是一种只想到自己，没想到别人的私心作祟。朋友的可贵，在于互相帮助，即令不能帮助，也不要平空增加对方的困难。柏老常听有些人叹曰：“当一个中国人，真是太累。”大累不必说啦，仅只带东西买东西小累，就能累死。

我们盼望的是，每个中国人都应有设身处地为别人想一想的教养。珍惜友情，爱护自己所爱的人。除非必要，不再轻易托人带东西买东西，这是一个开端。呜呼，别把自己的面子，建立在困扰别人的行为上，阿门。

15. 认真检讨自己

八十年代第六愿是——自己争气,莫一味把别人怨。

春节之前,一位大学堂女教习,想去美国一游,万事俱备之后,签证之日,洋大人把所有证件看了又看,又把她打量了又打量,然后发问曰:"你年纪轻轻,又这么漂亮,而且英文说得比我还好,又是研究的尖端科学,又是富婆。好啦,老奶,我问你,你到了美国,为啥还要回来?"女教习一听,像挨了一记闷棍,想不出怎么会冒出来这种奇异之问,愣了半天,答曰:"我一个单身女子,待在美国干啥?"洋大人曰:"以你的条件,包管一到美国就嫁。"女教习曰:"我未婚夫在台湾呀。"洋大人曰:"你可以解除婚约。"女教习曰:"我在台湾有财产呀。"洋大人曰:"你可以卖掉,把钱汇去。"女教习曰:"我在台湾还有母亲。"洋大人曰:"那更简单,你可以接去。"女教习曰:"我跟学堂的聘书是两年,还有一年满期。"洋大人曰:"中国人的合约不可靠,照样可以一走了之。"女教习曰:"我当然会回来,我爱我的国家,我爱我的祖国。"洋大人曰:"这种口号,我们可听得多啦。除非你能提出使我们信服的非回来不可的理由,我们不能签证。"女教习浑身发抖,狼狈而出。

柏杨夫人也有同样类似的节目。去年(1979)她去签证时——最近柏杨先生一有机会,总是提起她老人家"去美国"和"在美国",有大学问在焉,一则是故意宣传,以光门楣(再过些时,我还要一口咬定她跟卡特总统握过手,对过话,在一起吃过烧饼油条)。二则发生在她老人家身上的典故也特别多,自容易就地取材。呜呼,女教习所有的条件,柏杨夫人一个也没有,天塌啦也不能在美国安家落户,按说签证时应一帆风顺。可是豆腐里也可挑出骨头,洋大人猝然曰:

"阿巴桑,看你肚子奇大,定是要赶到美国生产。"老妻正要跳高,洋大人再一瞧,肚子奇大不过一堆废肉,而且阿巴桑也超过生育年龄,恻隐之心,人皆有之,竟没剖腹检查,就让她过关。

这不过是两个并不突出的例证,突出的例证举起来,更叫人吐血。到美国观光,是把中国人的钱花到美国人身上,即令不被当成祖宗,至低也应受到欢迎;即令不被欢迎,多少也应受到尊重。清王朝末年,英国一位作家目睹东南亚华侨的悲惨境遇,曾叹曰:"当一个十九世纪的中国人,真是一种苦难。"想不到二十世纪末叶,在台湾自己国土上的中国人,所遭受到的轻视和羞辱,仍如往昔。洋大人认定了在台湾的中国人都崇洋媚外,都千方百计地想一去不归,都不爱祖国,都以做一个美国人为荣,都希望离开自己的祖国越远越好,这种认定能把人气死又复气活。然而,在气死又复气活之后,我们这样"被认定"的中国小民,似乎应该用冷水浇浇头,仔细地思上一思,想上一想。嗟夫,叫洋大人产生这种坚强认定的,谁使为之?孰令致之?难道洋大人天生异禀,从娘胎里便瞧不起中国人,一降生便这般认定乎哉?他们在其他地区为啥不如此,而只在台湾如此,对其他国人为啥不如此,而只对在台湾的中国人如此。噫,"看啥客人,端啥菜碟",徒气别人端的菜难以下咽,不气自己身无分文,就永远只能陷于气死复气活,气活再气死的恶性循环。柏杨先生有一位女学生,在签证时,洋大人曰:"我们对所有未婚的中国女性,一律拒绝,看你纯洁诚恳,破例一次,请为所有中国人建立一个榜样。"老奶伸脖瞪眼,指天誓日。可是一拿到手,就飞奔来告曰:"老头,大功告成,我一到芝加哥就溜,投奔俺姐。"我苦劝曰:"阿囡呀,为中国人争口气吧,即令不回,也要等到下次,这次务必遵守你的诺言。我还有些碎银子,飞机票由老汉出,不是为了你,而是为了全体中国人。"她看我不但不为她欢喜,反而作圣崽状,大失所望,掉头而去,到了芝加哥,果然屁股生钉。

古人曰:"人必自侮,而后人侮之。"女学生一巴掌就把洋大人尊脸上打了五个永难消失的手印,中国人嘴巴再硬,还有啥可说。洋大人不知道上过多少当，吃过多少亏，叫他们如何再平空信你乎哉。前些时报载，屏东县一位土财主，从美国回来，给他襁褓中的女儿报户口时，掏出美国医院的出生纸，坚持报成美国人来中国侨居。而过气明星李丽华女士，当初就是为了把娃儿生在美国，而远渡重洋，前往观光的。这仅是上报的新闻，没有上报的新闻，更千千万万，洋大人瞎子吃馄饨，心里有数，怎能不那么认定也。

就在去年(1979)3月7日，那一日是钦定的柏杨先生华诞之日，所以记得特别清楚。台北圆山饭店里，就曾观看了一幕山景。该日下午四五时之际，柜台两位小姐在焉，忽然电话铃响，一位接电话后，告另一位曰："一位客人被倒锁在房间里，急得像热锅上蚂蚁。"另一位小姐曰："是中国人还是外国人？"答曰："是中国人。"另一位小姐嗤曰："中国人不管他，叫他等一等，莫名其妙。"柏杨先生一跳而起，要不是朋友拉得紧，一拳下去，我老人家又要坐牢矣。迄今年余，一直担心那位倒霉的中国同胞出来了没有。但仍不断地自怨自艾，拜托菩萨观世音，下辈子转生时，千万使我投生到美利之坚。当时柜台前洋大人如云，又怎能不那么认定也。

最尖锐的山景应到中华航空公司去看，该公司以"中国人乘中国飞机"为号召，然而如果你只是单纯的一个中国小民，而不是大官，你坐华航的飞机，恐怕就跟坐到火炉上一样，包管浑身发烫，汗出如浆。世界上任何一个国家的飞机，对本国人都特别亲切，照顾备至。只有华航，对洋大人是一副嘴脸，对中国人又是一副嘴脸。以至逼的有些中国人，不得不假装不会中国话，硬说英文。而英文也真灵光，挨屁洗一出，笑脸立现，屡试不爽，其效如神。有些不会英文的或坚持讲中国话的不开窍家伙，只好一个个灰头灰脸，不当人了。于是很多人宁坐别国飞机，以求受到平等的人的待遇。洋大人看到眼里，记在心头，又怎能不那么认定也。

就在昨天，在巴西航空公司当空中小姐的杲元女士返台，小朋友们在台北财神酒店相聚，邀我老人家参加，她提议各人开各人的账单，为的是替主人省几两银子，侍女板起面孔，喝曰："你们难道是外国人呀。”我在桌下照杲元女士腿上一踢,她恍然大悟,于是,英文、法文、葡萄牙文、西班牙文,一拥而出,该侍女立刻口服心服,露白牙而退。我悄悄问曰:“阿囡,你说的啥?”她曰:“我说你这个老头真浑蛋。”浑蛋就浑蛋吧,只要能抬高身价唬人就行。她叹曰:“离台一十八载,想不到一点没改。”洋大人观此山景,又怎能不那么认定也。

呜呼,洋大人讥中国人不能守密,中国人大怒,大怒后仍咬耳朵传播小道消息。洋大人讥中国人五分钟热度,中国人大怒,大怒后霎时间忘个净光。洋大人讥中国人脏乱,中国人大怒,大怒后仍随地吐痰扔破烂。洋大人讥中国人不团结,中国人大怒,大怒后仍一盘散沙。洋大人讥中国人不诚实,中国人大怒,大怒后仍诈骗百出。

要别人看得起,就要具备被看得起的条件。要别人尊重,就要有被尊重的表现。只怪别人掩鼻,却不医治自己的口臭,结果只有更增加别人的厌恶。试换一换位置,读者老爷如果是洋大人,你面对如此这般一群,又是如何感想,岂不也会那么认定乎哉。

八十年代开始,中国人应认真地检讨自己。必须自强,才有自尊。必须自尊,才有互尊。而有勇气承认弱点和错误,才能自强。一个健全的大国民风范,要靠自己争气,不靠暴跳如雷。

16. 第七愿

八十年代六愿,已缕陈左右,磕头谢恩一毕,续有六愿,顺序排列。曰:七愿眼科医生使用特制水龙头纸巾,八愿斑马线安如泰山,九愿中国成为真正的礼仪之邦,十愿大家都祛除虚骄,不再装葱装蒜,十一愿弄清权利义务,认真做事,十二愿孙淡宁女士的幼儿园,早日开办。

提起来眼科医生使用特制水龙头纸巾,读者老爷包管哄堂曰:

"屁事,屁事,这也值得你哭求上苍。"柏杨先生想当年也是把它当成屁事的,当成屁事的代价是:"全家都在黑暗里,差点瞎了见阎王。"我老人家的眼疾,三年来东奔西跑,不停地投奔名医,最后才由吴基福先生鉴定:并不是视神经细胞死亡,而是视神经细胞萎缩——萎缩跟死亡,在年轻人身上,不一样就是不一样,但在老头身上,不一样就是一样,盖复原能力弱矣微矣无矣。本来也就死心塌地,从一而终。可是,一则吴先生的诊所远在高雄,他又经常仆仆风尘到国外开会,登门不易。二则他一直拒收银子,使我有时候天良发现,就睡不着觉。

不久之前,报上有一篇感谢眼科医生徐坐古先生的启事文章,说得头头是道,朋友就要我前往。我原不肯去的,朋友怒曰:"去一趟也剥不了你的皮,不妨死马当活马医呀。"随即把我这个死马,牵到徐先生的私人诊所。徐先生用电动显微镜一瞧,曰:"沙眼罢啦,磨磨就好。"而我的尊眼,也确实有干涩之情。他宣称磨十次就痊愈,则一星期两次,不过一个半月,就可眼明如镜。既有厚望,就欣然挨磨。那天倒平安而入,平安而出。可是第二天,老妻柏杨夫人暨老友吴宝瑜女士,以为柏老学贯中西,选的医生,岂会有错,乃追随我老人家左右,连袂而往。好啦,天网恢恢,疏而不漏,就在翌日下午三时左右,我的尊眼忽然暴肿,柏杨夫人的尊眼也开始模糊。当晚再去求医,徐坐古先生诊断是急性结膜炎,曰:"这没啥,给你洗一洗,再点一点药,明天就好啦。"医生的话,就是上帝的话,欢喜而归。可是到了"明天",双目已肿得看不见矣,正懊恼间,吴宝瑜女士的女儿打电话来,吞吞吐吐曰:"老头,俺娘叫我问你,你的眼睛有没有啥?"当然有啥,哎呀不好,立刻恍然大悟,果然吴女士的尊眼也是翌日下午三时左右发作,她以为只有她一个碰上,已向公保医院徐坐古先生门诊挂号——徐坐古先生也是公保医院的眼科医师(天保佑公保的眼疾朋友)。当天,两个急性结膜炎的家伙,被人扶着,一齐前往。想不到徐坐古先生的心情比我们轻松多啦,又是一阵冲洗,给了吴女士两支药膏和几粒消炎片。问他我们怎么同罹奇疾,他叹曰:"没啥特别,偶尔碰在一起,偶尔碰在一起。"吴女士急曰:"我明天还要去为朋友的儿子婚礼证婚,怎么办呀。"徐坐古先生曰:"包管你明天就好。"呜呼,他明知道急性结膜炎非十天或两个星期才能痊愈,却瞪眼撒谎。

接着,就在当夜,柏杨夫人急转直下,双眼肿的比两个核桃都大,而且眼球和全身骨头都刺刺作痛。心里发慌,天刚亮就再赶到徐坐古先生的私人诊所,求他急诊。他的态度好像草船借箭中的诸葛亮先生,态度安闲,从容不迫,认为这有啥可大惊小怪的,叫我们回去热敷,几次就好啦。从头到尾,没有一句道歉的话,我曰:"你这里消毒有问题吧。"他曰:"我这里消毒是最标准的。"噫,三个病号同时在他那里诊治,又同时发作,不是他那里传染的,难道是巷口香烟摊传染的?嘴巴既如此奇硬,必有凶猛后台,此地不可久留,就扶着老妻,踉跄后退。他曰:"我们医生就是处处帮病人的忙,你看天这么早,我还不是赶来给你们看病?"走到门外,我才敢回嘴,号曰:"你这么早赶来不是帮忙,而是赎罪,我们老两口现在就去法院按铃申告,跟你拼啦。"他看我这个瞎子不像是善良之辈,急追到街心,安抚曰:"好吧,再给你一支药膏,点点就好。"当时救眼心切,急于另投高明,只好把药膏接下——接下后才发现该药膏就是公保用的那一种。

可是刚回到我的官邸,左腿忽然爆发奇痛,不是骨头痛,而是肌肉痛,最可惊的是,坐着不痛,躺着不痛,站起来或每迈一步,里面就像堆着一团炭火,痛得我哎哟连天。于是三个瞎子——其中一个瞎子还兼瘸子,相搀相扶,摸索投医,路人侧目,蔚为奇观。前天我去台大医院投奔神经科医师陈荣基先生时,正遇到一个仇家,看我衣服褴褛,躬腰驼背地抱着腿,一面哎哟一面瞎跳,冷笑曰:"老头,你原来在苦练丐帮的梅花桩武功呀,就凭你,练好了也没有用。"不由涕泪齐下,不知道是气的哭,还是痛的哭也,哀哉。陈荣基先生诊断的结果,认为有极大的可能性是急性结膜炎引起肌肉神经炎,过去有过这种病例。否则不至于光临得如此之快,也不至于表现得如此之怪。而且,如果乱去碰它,诸如在上面打针之类,还可能变成终生麻痹。

呜呼,害眼疾竟害大腿上,柏杨先生可算是天纵奇才也。

现在的情形是,在眼科医师文良彦先生照顾下,三大瞎子的眼肿渐消,只红未退,他叫我们不可用热敷(跟徐坐古先生的办法恰恰相反),实在难忍时,可用冷敷。结膜炎是一种滤过性病毒,有它的痊愈历程,心急也没有用,另给一种药膏,每小时点用一次。所以我的尊腿虽然仍不能蠢动,但趴在桌上填格纸,勉强可以凑合。

柏杨先生写了这么多,不是在报告苦情,打算请领冬令救济,而是在报告为啥平空弄出这种苦情,根源都在医生老爷的消毒太差。当徐坐古先生为我磨沙眼的时候,我就发现他诊所水龙头是用手开关的,面盆架墙上,还挂着一条毛巾,他洗手消毒之后,就在上面擦,好像厨房烧菜的主妇老奶,洗了油手之后顺便就在上面擦一样。心里觉得有点不对劲,但不敢言也,盖囚犯在法官之前,病人在医生之前,先天地就低了三截,你如果说出外行话,他的气焰就高过了天,想捣乱呀,后患无穷。你如果说出内行的话,那就更糟,你懂得可真不少呀,栽到俺手里还胆敢折腾,哼。这一哼,后患同样无穷。柏杨先生经事多矣,这窍门最熟习不过,所以三缄其口。想不到三缄其口的结果,仍逃不掉另一种形式的后患无穷,比不三缄其口还要厉害。

堂堂世界,朗朗乾坤,因医生消毒不善,而传染的疾病,比比皆是,而尤以眼科的急性结膜炎最烈,多少人白着眼睛进去,红着眼睛出来。如果不是像柏杨先生三人有志一同的奇景,不要说红着眼睛出来,就是瞎着眼睛出来,也有口难言。台北天津街那家最最著名的眼科诊所,都是用手动水龙头和棉质的毛巾,我的学生陈丽真女士的母亲在该诊所开刀了白内障之后,立刻就隆重地感染上急性结膜炎,躺床半月。想一想吧,用满染病毒的手去扭开自来水龙头,冲洗之后,再用该手去关水龙头,龙头上的病毒岂不原封不动地再衣锦荣归?接着往毛巾上一擦——有些医生索性往裤腿上一擦,龙头和该毛巾遂成了聚宝盒,要啥病毒有啥病毒,要啥细菌有啥细菌。文良彦先生的诊疗室,水龙头设在盆下,是用腿控制开关的。双手冲洗之后,撕一纸巾,用毕一扔了之,这种情形,自不会闯出杀手。而且这种设备——腿开关代替手开关,纸巾代替毛巾,固花不了多少钱,而竟有人偏偏维持古老传统,是无知乎,是视病人如刍狗乎。如果是无知,政府有权叫他关门。如果视病人如刍狗,吃定啦,小民就应跟他缠斗到底,使他难以下咽。

暂时的对策是,奉劝各位眼疾朋友,当你投奔眼科医生求治时,如果发现该医生仍是用的手开关龙头,仍是用的毛巾,奉劝你掉头就跑,千万别效法柏杨先生,弄得如此窝囊下场。

17. 交通混乱的台湾

八十年代第八愿是——斑马线安如泰山。

去年(1979)10 月间,台北西门町闹区,曾出现一幕使人击节称赞的镜头,一对由香港回国,参加庆典的母女,被困在斑马线上,像被困在台风眼里一样,望着四面八方汽车滚滚,既没有本领杀出重围,只好抖成一团,抱头痛哭。呜呼,她们最大的错误,是把台湾当成了香港,香港的斑马线是行人优先的安全地带,却不知台湾的斑马线,另有妙用,似乎是专门为一些白痴设下的陷阱。最近剪贴六十年代的报纸,就看到一则两位护士小姐在斑马线上被压死的新闻。一时官嘴乱张,其声如雷,保证非改进不可。于是不久,吾友唐明道先生,就在斑马线上,如法炮制,死在卡车轮下。官嘴再度乱张,其声再度如雷,同样保证非改进不可。而就在去年(1979),三重市格致中学堂女学生洪淑贞,起而破坏官嘴威信,也在斑马线上丧生。接着台北中学堂学生孔祥辉,被诱上斑马线,惨死在巨轮之下。官嘴又要乱张,又要再来一个其声如雷之际,板桥国民小学堂工友吕福林先生,跟唐明道先生同一命运,在校门口的斑马线上,也被撞得隆重崩殂。

看到一连串斑马线的伟大成就,对于身陷斑马大阵中的那对抱头痛哭的母女,不禁担心,那一天有没有发生"一次车祸,两条人命",报上没有报导,大概二位前生积德,终逃大难。呜呼,台湾的斑马线等于聋子的耳朵,早已有口皆碑,弘扬世界。而司机老爷的豪情万丈,也属奇观。有两位洋大人坐出租车,一路上翻江倒海,把他们吓得牙齿咯咯作响,司机老爷瞪眼曰:"有啥可怕的,包管平安无事,台湾司机,都是第一流的。"洋大人战战兢兢曰:"然则,第二流的何在?"司机老爷曰:"第二流的早都撞死光啦。"

在这种定义下,台湾司机不但是第一流的,而且台湾也成为司机的乐园。一位英国朋友有次表示他最喜欢台湾的交通秩序,这倒是天下奇闻。问他理由,他曰:"在英国开车,必须靠左边走,在美国开车,必须靠右边走,把人拘束得动辄得咎。只有在台湾开车,靠哪边走都行,左右逢源,好不快活。"我一听这小子语带讽刺,卷起袖子,就要动粗,他曰:"老头,不要耍赖,你前年被撞,那辆车子是靠哪边走的?"一下子堵住尊嘴。1978 年我老人家在台北北新路上,就是被靠左飞驰的家伙,干了一记,若没有太白金星暗中呵护,当时就脑震荡矣。然而,一直到今天,北新路上风光依旧,汽车机车脚踏车,照样左右开弓,想靠哪边走,就靠哪边走。根据柏老对官场的了解,必须等到撞倒一个大哼之辈,这种景观才有改变的可能。否则的话,恐怕要永垂不朽。

史书上常有一句话曰:"此非人力,乃天意也。"看起来我们之成为交通混乱地区,大概是上天五百年前就注定了的,要想改善,只有求告玉皇大帝手下留情矣。盖交通混乱问题像一座庞大冰山,斑马线不过露出水面的一个小角,如果钻到水面下瞧瞧,准魂飞魄散。

司机老爷的训练,是冰山最最下面底层的一部分。台湾在这方面的努力,首先奠定了交通大乱的基础。盖驾驶训练,跟古代的科举,今代的恶补,一模一样,目的只在应付考试,不在实用。所以只教学生"上坡起步""倒车入库""路边停车",凡考的都教,不考的都不教。于是,驾驶执照虽然到手,百分之九十九都不敢上路,上路的朋友,全凭胆大包天。有一次,一位考取驾驶执照不久的老奶,以请吃小馆作诱惑，要我陪她兜风。既有吃的，当然就范。可是每逢遇到转弯，她就叫曰："老头，替我看看右边有没有来车。"几次之后，我曰："这种事怎么总是烦我？"她曰："叫你坐在旁边，就是要你代我看看的呀。"我曰："你为啥不看照后镜？"她一愣曰："啥叫照后镜？"呜呼，她阁下连照后镜都不知道，却在马路上乱跑。她看我眼如铜铃，不禁哭丧着脸曰："没人教我啥是照后镜呀。"

司机老爷大部分开车的知识和技能，几乎都是闯天下闯出来的，闯得好，闯出腕儿，成了第一流司机。闯得不好，就用不着说啦。壮哉，连身家性命的照后镜都不知道，斑马线更置之度外矣。而且知道啦也没有用，有些车子见了斑马线，倒是停上一停，让行人先走的。可是如果其他的车子不停，仅一部车子停，等于白停。有些家伙像奔丧似的飞驰而过，还要照你吐一口痰，意思是曰："他妈的，你可文明呀。"

目中无斑马线，当然也没有黄线。台北停车问题，已到了严重阶段。记得六十年代时，美国对大学生作一个调查，问他们最烦恼的事是啥，结果停车问题占第一位。我老人家当时就一百个想不通，一直到八十年代，才算想通。盖六十年代时，台北汽车不多，想停哪里就停哪里（当然，想停到平交道上可不行）。如今汽车多如蚂蚁，想停到哪里就偏不到哪里，能停到黄线上还算三生有幸，有时候想找个黄线停都找不到，早已客满啦。台北市政府曾发出恐吓，谁要再停到黄线上，就要把它拖到六个水门。结果五分钟热度一过，黄线的权威仍然泡汤。事实上，至少有百分之八十的黄线可以取消。而且，有些地方不过是霸王线，像有些大衙门，包括有些大店铺——如银行、公司之类，或仗着势大，或仗着财粗，索性把门前的国有土地，收归私有，画上黄线，即令空着，小民的车也不能停。看情形将来终有一天，为了停车的争执，要头破血出。

仍是一个古老的建议，维持交通秩序，唯一的途径是重罚——当然是公平合理的重罚。绝不能诉诸公德心，只有诉诸重罚。除了重罚，纵是观音菩萨加李铁拐先生下凡，都没办法。这是法治的基本精神。可是一谈“法治”,儒家系统的“礼治”就蠢蠢而动。台北某报的“短评”老爷,就是一例,他曰:“处罚的吓阻作用,仅能收效于一时,却不能维持长久。必须培养驾驶人的礼让风度,才是整顿交通的根本之道。”呜呼,有此一念,台湾的交通就铁定非大乱到底不可。“礼治”数千年矣,已把中国搞成今天这种样子,再抛弃法治,而礼治下去,中国人无噍类矣。盖恰恰相反,礼让不能持久,必须重罚,才是根本之道。没有“罚”的支持,“礼”就不能生根。吾友虞和芳女士在德国,一天晚上开车,看看左右没人,就闯了红灯,结果被附近的德国佬从窗帘缝中发现,告了一状,罚得她泪流满面,她曰:“并不是洋大人都知礼守法,实在是罚怕啦。”一个朋友在美国就有过一桩精彩艳遇,他阁下以台湾第一流司机的雄姿,在马路上左穿右插,如入无人之境。想不到一个洋大人尾追数十里,直追到家门口,用手枪指其胸脯曰:“我以后再发现你不守交通秩序,就叫你四脚朝天。”吓得他以后开车,比孙子还乖。噫,只有在阻吓之下,才产生自我约束的力量。靠礼让,不过说的比唱的还好听。

一个地区的交通秩序,是一个地区的容貌。这个地区是不是健康茁壮,从他的容貌上可获得最重要的印象。我们并不为了做给洋大人看才去改进,但对镜自照,看见青筋暴涨,疮脓交加,难道不心如火焚乎哉。

小民听到的空话多啦,在八十年代,我们盼望行动。呜呼,用政府的权力整顿交通,易如反掌,只看有没有智能,有没有能力,反这一掌。

18. 到底是什么邦

八十年代第九愿是——愿中国成为真正的礼仪之邦。

愿中国成为真正的礼仪之邦，这话听起来有点刺耳，一位朋友吹胡子曰："依你的意思，中国现在是冒牌的礼仪之邦啦。"柏杨先生曰："我可不是这个意思，我的意思是，中国现在还没有资格当冒牌的礼仪之邦，而简直是原始的蛮荒之邦。"一言未了，我顺手就把小板凳塞到他屁股底下，他才算没有昏倒在地，只坐下来发喘。我想，发喘的爱国之士，一定层出不穷，这就空口无凭，必须请贵阁下不要用情绪作直觉的判断，让我老人家先领你参观参观。第一个节目——请参观婚礼。

结婚是人生一件大事，即令离婚次数最多的电影明星，也都认为结婚是人生一件大事，否则既离之矣，何必再结之乎哉？盖在生命历程中，结婚乃一项跃进与突破，一男一女离开了所习惯的固有环境，跳到另一只船上，组成以彼此为中心的家，共同掌舵，驶入陌生而使人兴奋的海洋。这是多么重要的改变。所以，无论中国古老的传统，或西洋移植进来的宗教仪式，都是庄严的，在庄严和欢乐中充满了对这种改变的祝福。不要说古老的啦，纵在四十年代，乡间婚礼，一直都十分隆重，新郎要亲自去新娘家迎娶，或坐轿或坐车，回到新郎家后，一拜天地，感谢上苍的安排匹配。二拜高堂，感谢父母的养育之恩。三拜——拜天地、拜父母，新郎新娘互拜之后，这时才正式成为夫妇。西洋的教堂行礼，具有同等意义，在肃穆的音乐声中，新郎伫立圣坛之前，新娘挽着老爹或老哥的手臂，徐徐而出，也就在圣坛之前，父亲把女儿，哥哥把妹妹，交给新郎，再由牧师或神甫，以上帝天主的名，宣布他们结为一体。

然而，不知道啥时候开始，大概是君主政体根绝后不久吧，既嫌磕头太旧式，又嫌教堂太洋派，就发明了四不像，也就是迄今仍在奉行的"文明结婚"。婚礼遂不成为婚礼，而成了闹剧。礼堂也不成为礼堂，而成了叭蜡庙。贵阁下听过京戏乎，"叭蜡庙，好热闹，也有老来也有少，也有二八女多娇"。贺客很少祝福的心声，差不多都是前来逛庙会的。有些更东奔西跑，找朋觅友，眼目中根本没有婚礼，只有社交。盖大家虽然同在一个城市，却往往两年三年四五年，不见一面，只好把结婚礼堂，当做酒楼茶馆。于是叽叽喳喳，人声沸腾，约典礼后打八圈麻将者有之，约改天再聚聚者有之，至于叙叙离情，打听打听消息，感慨感慨年华老去，骂骂张三李四王二麻子，更属平常。证婚人在台上满腹经纶，声嘶力竭，全世界没有人听得见，连他自己都听不见。而介绍人者，往往是旱地拔，平空拔出来的，固不知新娘姓啥，也不知他所担任工作的神圣性，偶尔还扮演一下打诨角色，把闹洞房的一套端出，当着家人亲属的面，满口下流黄话，猥亵的程度，使美国花花公子的编辑老爷听啦，都得向派出所报案。老丑小丑，碰碰挤挤，说它是菜市场，还算积德，乃是亲友蒙羞，上苍垂泪之场也。

第二个节目——请参观丧礼。

死亡比结婚，更是人生一件大事，一个人可能结很多次婚，却只能死一次亡，那是生命的终结，永远的终结。抛下他一生辛辛苦苦奋斗的成果，和至爱的亲眷，撒手归西。殡仪馆是他旅途的最后一站，过此一站，便永远停留坟墓中矣。丧礼的气氛，不仅庄严，更无限悲伤。古人"吊者大悦"，只是"悦"丧葬的仪式合礼，并不是高兴他死的好，死的妙。然而，现在流行的丧礼上，经常出现一种现象是，吊客一进门，先到灵前鞠躬致祭，家属在灵旁跪地叩头，悲痛时还有哭声，尤其是母老子幼的孤儿寡妇，哭声更断人肠。可是，该家伙一扭身，家属哭声还没有停止，他就一个箭步，跳到另一个家伙跟前，大喜曰："哎呀，柏老，好久不见啦，看你面团团如富家翁，把老朋友都忘啦。"柏杨先生也大喜曰："我正在找你哩，总是被他妈的一些红白帖子缠昏了头。走，咱们找地方摆摆龙门阵。"走到门口，迎面又来一物，两个冷血动物立刻撅屁股曰："部长大人呀，你老人家安好。"部长大人则点头含笑，握手而进，两个冷血动物顾不得走啦，正要尾追赔笑，其他吊客已一哄而上，礼堂也成了社交俱乐部矣。其实，即令没有此一物驾临，丧礼也是婚礼的翻版，吊客们很少怀着悲伤悼念的心情，差不多也都是前来逛庙会的。于是，结婚礼堂的镜头，在殡仪馆中，回放一遍：叽叽喳喳，人声沸腾，约典礼后打八圈麻将者有之，约改天再聚聚者有之，至于叙叙离情，打听打听消息，感慨感慨年华老去，骂骂张三李四王二麻子,更属平常。孤儿寡妇在灵旁顿首痛哭,声嘶力竭,全世界没有人听得见,连她们自己都听不见。事实上,殡仪馆既成了社交场所,自然呼朋引类,而呼朋引类,自然他乡遇故知,自然笑容可掬。洋大人尝抨击中国人麻木冷酷,老羞成怒之余,也只好发喘。呜呼,殡仪馆之地,孤儿寡妇伤心之地,上苍痛心之地也。

第三个节目——请参观餐馆。

餐馆是中国礼仪最茂盛之处,也可以说,所有礼仪的精华,全部集中在餐馆的"二战"之役。盖餐馆和婚礼丧礼,大不相同,婚礼不过脸厚心黑,把闹洞房引进礼堂。丧礼则人在人情在,既不能得到回报,也就不必悲恸欲绝。只有餐馆,大多数不过势利之交或酒肉朋友。而越是势利之交或酒肉朋友,礼仪也就越威不可当。首先呈现的是"避位之战",有资格坐首席的家伙——他就是主客,大都属于年高德劭,或位尊多金之辈。好像首席上埋伏着一条毒蛇,该家伙誓不肯往上坐,于是其他各色人等,包括主人在内,群起而推之,群起而拖之,群起而高声吆喝之。该家伙口吐白沫,抵死不从。有些人眼捷手快,还来一个"先下臀为强",一屁股坐定,呐喊曰:"这就是首席啦。"有的于被搞大败之后,只好委屈万状坐上去。等到首席坐稳,次席三席四席,每一席次,都要杀声震天,闹上十数分钟或数十分钟,才能尘埃落定。席间你敬酒,我敬菜,又是一番混战,能把人累死,这且不表。表的是曲终人散,第二役爆发,那就是"避门之战",大家像企鹅一样,拥在门口,好像门坎之外,就是深不可测的陷阱,只要迈出一步,就会跌下去喂狼。于是,你不肯先走,他也不肯先走,坐首席的家伙,这次拿定主意,纵被分尸,也不前进一步。又是一阵杀声震天,该家伙终于在挣扎中,被轰了出来(如果是进门,则是被轰了进去),年老色衰之徒,立脚不住,还可能被轰得尊嘴啃地。

上面不过是荦荦大者,还有其他节目,无不怵目惊心。好比,贵阁下去百货公司买件衬衫吧,公共汽车站排队,就会首当其冲。呜呼,一个国家和地区是不是礼仪之邦,在排队上可一目了然。而台湾公共汽车站的排队,到今天都有异于外夷,盖外夷是排成一条线的,只中国同胞挤成一大堆。车子还没停住,群雄立刻就人海战术,一拥而上,挤得大人跳,小孩叫。贵阁下如果认为这里真是礼仪之邦,循规守矩,恐怕一辈子不但上不了车,还要被封为白痴。假使你勃然大怒,不坐车啦,安步当车,那么,转弯抹角时,问问路试试。好容易找到百货公司,女店员一个比一个火眼金睛,你本要买十六寸领口的,她们就有本领把十三寸的卖给你,胆敢拒绝,晚娘脸立刻出笼。假如你胆大如斗,第二天去退货,火眼金睛马上变成青面獠牙,你能活着逃出,算你三生有幸。

嗟夫,太多的中国人,满身都是倒刺,肚子里全是仇情敌意。爱国之士最喜欢自诩中国是礼仪之邦,我想仅看纸上作业,古书上说的多啦,中国固是礼仪之邦。但在行为上,我们的礼仪却停顿或倒退在一片蛮荒阶段。如果不能实践礼仪,再写三千万本书,再写三千万篇文章,蛮荒仍是蛮荒。

19. 恐龙型人物

八十年代第十愿是——愿大家祛除虚骄,不再装葱装蒜。

吾友赵宁先生,在他的专栏中,指出大多数中国人都生活在自己的影子里,明明是一只小猫的,一看影子那么庞大,就自以为是只老虎,呜呼,赵宁先生诚目光如炬,不过,柏老得补充补充,盖自以为是只老虎,呜呼,那还是日正的影子,如果是日落西山的影子,则不仅仅自以为是只老虎,因为斜照的影子更为庞大,他简直还自以为是头恐龙,一个喷嚏,地球都会震动哩。这种恐龙型人物,满坑满谷,触目皆是,马路上,商场里,房间里,衙门里,以及每一个行业的每一个角落,都会碰到。重则碰得你命丧黄泉,轻则碰得你膀胱发紧,小便频仍。

十二年之前,台北上演一部好莱坞电影(片名已忘之矣,好像是

《圣杯》,不敢确定),最精彩的一段是江湖郎中表演空中飞人。他阁下本来有一套精密设计的装备,那是一对结实的轻金属翅膀,绑在两臂上,就可跟鸟一样满天乱飞。可是当他一上台面,面对着皇帝老爷的隆重介绍,和黑压压一片群众的欢呼,就忽然尾大起来,翅膀也不要啦,一直奔向楼梯,往塔上爬去。害得他那美丽妻子,在后面苦苦地追赶哀号,告诉他没有翅膀不行。江湖郎中不但不听,反而认为连自己老婆都唱反调,都拆自己的台,是可忍,孰不可忍,就暴跳如雷,用脚猛踹娇妻攀登而上的玉手,几乎把她踹下跌死。但她仍尾追不舍,一直到了尽头,江湖郎中把盖子一盖,娇妻只好掩面痛哭。接着是江湖郎中高立塔顶,群众的狂热使山摇地动,他的信心更如火烧,张开双臂,仰面向天,朗声誓言:"没有翅膀,照样可以飞。"于是,姿势优美,凌空而下,只听扑通一声,跌成肉酱。

——跌成肉酱的后果是祸延娇妻,上自皇帝,下至观众,一致认为受了欺骗愚弄,这种跳塔自杀的节目,人人都会,有啥可看的。他们鼓噪起来,眼看就要暴动,皇帝老爷不得不下令要江湖郎中的妻子继续去飞。她当然不会飞,但在枪尖围逼下,只好含泪爬上楼梯,为她丈夫的虚骄,也付出一团肉酱的代价。

这是历史故事啦,现实的场面是,今年(1980)2月,中华航空公司一架飞机,在马尼拉降落时,机长吴黉先生,就有这种膨胀镜头。闻见思先生在台北《中央日报》上说他"艺不高而胆大",恐怕太过于客观,盖在主观上,他已到了江湖郎中阶段,认为没有翅膀,跟有翅膀没有分别,只要信心坚定,就是武功高强。他早已发现降落的高度不对劲,但他的自尊心不允许他重来一次。反而收回油门,放下机翼和起落架,更使用减速板,使飞机下降得更快。等到接近跑道尾巴时,下降的趋势更勇不可挡,鼻轮和两个主轮,三点式同时地重重落地。一声响亮,刹那间翅膀折断,引擎脱落,大火冲天,飞机化成灰烬。四位最倒霉的乘客烧死,三十九位次倒霉的乘客受到轻重之伤。

——吴黉先生一个人虚骄,四十余人罹难。比起江湖郎中只不过夫妻二人断送残生,似乎更价值连城。

就在吴簧先生表演一手之后的次月——3月，司机老爷许万枝先生，也有表演。他开的是游览车，满载国立台湾师范大学堂的学生，作毕业旅行。行驶途中，车掌小姐照例介绍她自己和司机，当介绍许万枝先生时，称赞他是最好的司机。许公龙心大悦，而且为了表示他确实与众不同，就在危险万状的山路上，放下方向盘，举起双手，向大家抱拳，一方面答谢服务小姐的推荐，一方面向大家展示他优美的驾驶技术，已到了神奇入化之境，虽不用方向盘，照样可以开得四平八稳。当他抱拳的刹那，全车人都出了一身冷汗，有的更喊出声音。但许公神色自若，并且对那些喊出声音的胆小鬼，嗤之以鼻（有没有像江湖郎中踹娇妻那样踹了乘客几脚，报上没有记载，不便瞎猜），盖那太伤他的自尊心啦。于是，到了梨山附近，左撞右撞，终于把车子撞到万丈深渊，十七位大学生死亡。

——无论如何，许万枝先生仍是第二流的司机。他跟吴簧先生不同，吴簧先生的虚骄，只断送别人的生命。而许万枝先生的虚骄，却用自己的生命殉葬，他也死啦。

上面几件壮举，柏杨先生都没有亲身参加，只有一件事，我却是荣膺男主角的。那就是，我老人家请吴基福先生诊治眼疾最初的几个月，每天都需要静脉注射。我既不好意思每天往返八百公里去高雄打针，只好把针剂带回台北，在柏府附近找到一家私人诊所，每天前往挨戳。该诊所的那位女护士，秀色可餐，被秀色可餐捉住手臂乱搞，本也心甘情愿，可是她阁下跟许万枝先生的功夫一样，同是天下高手，许先生可以不用方向盘开车，护士则可以不用眼睛注射。她总是一面注射，一面跟她的男同伴猛聊，到得意之处，还咭咭呱呱，笑得前仰后合。我恳求曰："老奶，请你看着点，这可不是要的呀。"她的玉容就像挂着帘子似的，刷的一声拉下来曰："这有啥好紧张的，我闭着眼睛都能注射。"忽然一阵剧痛，我就哎哟，她曰："我打针打了整整十年，从没有出过错，你这个老头，怎么还像孩子这么难伺候。"回到家里，左臂一片铁青。第二天再去，指给她看，她曰："没啥，没啥，用热毛巾一敷就好啦。"只好换打右臂，回到家里，这条不争气的右臂也跟着一片铁青，一个月下来，她谈笑风生不辍，而我老人家的两条胳膊几乎成了两根木炭。

——一个女孩子的虚骄，柏杨先生就得为她赎罪。幸亏我注射的不是含有剧毒的六〇六，如果是六〇六，当场就在她玉足前满地打滚矣。

呜呼，恐龙型人物最大的特征是生活在日落西山斜照下的影子里。眼看太阳就要没啦，但他却觉得一切都是永恒的，一个人只要驾了一阵飞机，就自以为双手凌空，仍能转弯抹角。只要当了几年护士，就自以为可以闭着眼睛就找到静脉血管。

于是一个人只要发了一点小财，他就觉得神通广大，所有的人都得向他朝拜。手里稍微有点权，他就虎视眈眈，随时准备叫对方领教领教他手里的玩意儿。只要出了两本书，他就成了文豪，全世界都得向他欢呼。只要当上一个主管，不管是二三流的或七八九流的，他的能耐就跟着高涨，职位比他低的家伙，都成了猪八戒的脊梁——无能之辈。只要弄到一个学位，不管是青蛙妈死脱，或跳蚤打狗脱，他就以为连同性恋都是权威。只要会说几句英文，如果不在谈话中夹出几个字，屁眼都能憋出黑烟。只要认几个洋大人，那就更不得了啦。更得随时随地亮出招牌。

——至于柏杨先生，自从巷口摆地摊的有一天看我叫敝孙女唱：月奶奶，明光光，打开后门洗衣裳”，赞扬我是伟大的声乐家之后，我就觉得台湾这个小岛简直容我不下，每天早上都把铺盖卷好，准备出洋去当贝多芬的教习（我最近就要写一大文，揭发贝多芬《田园交响乐》十大谬误，读者老爷拭目以待可也）。

中国有五千年悠久的历史和庞大的国土，中国人理应见多识广，充满深厚的气度和胸襟，却有这么多恐龙型人物，在影子里晃来晃去，好像参加恐龙竞技大会，各显各的神通。跟我们深厚的文化背景，如此的相悖，实在叫人越想越糊涂。沾沾自喜和浮夸肤浅，只有使一个人陶醉在自己的影子里，惹人生厌生畏，自己却再不能吸收任何新的东西，再没有长进矣。大多数人都如此，中国殆矣。

至少是近百年来的事,中国人走两个极端,不是沮丧自卑,就是盲目自傲,而很少能有自尊。呜呼,跳出影子,别当恐龙啦,祛除虚骄,应是中国人的第一要务。

20. 现代化的基本精神

八十年代第十一愿是——愿中国人认真。

就在今年(1980)3月份,报上刊出两则新闻,恭抄于后:

其一,"永和讯:老汉执着,为了四元的差距,不惜多花一百倍的钱,硬要证明出租车跑表不准,提出诈欺告诉。五十七岁的男子吴增忠,日前自汐止镇长安派出所,搭乘一辆〇四——三一五三号,日发车行,由陈誉奇驾驶的出租车,返回永和。至永和戏院门前下车,见车表跳了一百九十六元,加上过桥费共为二百零一元。吴某见状,即表示跑表有问题,而陈司机坚持自己的跑表标准。为了证实谁是谁非,吴君于是要陈君将车停妥,两人又叫一辆〇四——七五四九号出租车,直驶汐止长安派出所。然后重新计表,循当初路线,重返永和戏院,结果跳表为一百九十二元。与陈司机差四元,也就是少跳了一次。吴君为了四元差距,不惜花了四百多元车资,加以证明,然后告陈司机诈欺。陈司机向警方表示,他的车是二千二百西西,又是跑胎,与一般一千二百西西不同,况且一路上曾超车多次,路程自然会稍多。而且最后一次跳表,是刚要停时跳的。警方认为诈欺证据,似有不足。"

其二,"板桥讯:一桩小小的违章建案,因为检举人锲而不舍,于八年间,一共检举了四十次以上,致案情不断升高。除承办人员被处分外,连同附近的违建,亦可能被县府拆除。本案检举人刘黄歆歆,于73年间,向台北县政府检举新店文化路三十一巷九弄二号一楼住民钟君,利用法定空地,私自增加客厅、厨房、储藏室等违章建筑,请台北县政府依法取缔。但台北县政府并未积极处理。77年开始,刘黄歆歆转向台湾省政府检举,而且将台北县政府及新店镇公所经办人员,也牵扯进去,指该违建能够领到镇公所的杂项执照,及其后面建筑物非法扩大建筑基地,系有关人员枉法包庇的结果。台北县政府调查:钟君的房屋,系与附近十幢四十户公寓共同使用一张建筑执照,于70年兴建,71年完工,其中有一部分未按照核准配置图样施工。台北县政府发给使用执照,显然不合规定。另钟君违建,新店镇公所发给杂项执照,亦与规定不符。因之责令新店镇公所吊销钟君违建执照,及追究承办人员责任,并通知新店镇公所及新店警察分局依法查报。至于未按图施工部分,因时逾十年,对当时法令,已无法重查,暂免追究(柏老忍不住插嘴,这鬼话说得幼稚,十年前的法令,向档案夹子里一探头便知,怎么会"无法"乎哉,明明鼓励有钱大爷,只要瞒得久,拖得长,违法就成为合法矣)。由于台北县政府处理得太慢,处理的结果又不能满意,刘黄歆歆乃不断地向台湾省政府检举,共检举四十次以上。台湾省政府最后的指示是:有关违建部分,应依法处理。未按图施工部分,应由台北县政府依发照当时有关法令径行处理。刘黄歆歆在检举书中强调,她不断检举本案,是为了端正政风。台北县政府将来的措施,是否可以使她满意,不再检举,犹在未定之天。"

前一则新闻刊出后,报上就有正人君子写文,讥讽吴增忠先生"小题大做""庸人自扰""神经病兼莫名其妙"。后一则新闻在编辑老爷的标题上,可看出人们的直觉反应,标题最后两行曰:"县府与镇所承办人都被拖下水""附近四十家违建户亦跟着倒霉"。意思很明显,承办人都清白无辜,硬被刘黄歆歆女士"拖"到泥浆里。而违建户本来快乐非凡的,也硬被刘黄歆歆女士检举的要无家可归。噫,贼老爷正在小馆大吃大喝,警察老爷可千万别动手,一动手就是"拖"他下水,叫他倒霉矣。

——写到这里,想起一桩房地产生意,吾友曹某某先生于1977

年间，在台北永和镇福和桥头，定了一栋房子。落成之日，他不知道安分守己，竟请了一家建筑事务所派人去量面积，这一量就倒抽冷气，原来比图样少了好几坪。建筑商最初大跳大叫，又找了些身上雕龙画凤的道上朋友，出来摆平。可是吾友硬是干上啦，建筑商平生还是第一次遇到这种不开窍的家伙，只好自认“倒霉”，退钱了事。

这就叫人想起一个古老的故事矣。吾友孔丘先生，想当年困于陈蔡，饿得奄奄一息，附近有家观光饭店，教弟子仲由先生前去讨碗残菜剩饭。掌柜的曰：“我写一个字，你若认识，我就免费招待。”仲由先生曰：“我是圣人门徒，不要说一个字，就是十个字，都包下啦。”掌柜的写了一个“真”字，仲由先生曰：“这连三岁娃儿都知道，一个‘真’字罢啦。”掌柜的曰：“明明白痴，还说大话，小子们，给我乱棒打出。”仲由先生狼狈而逃，禀告一切，孔丘先生曰：“无怪你会挨揍，等我前去亮相。”掌柜的仍写一个“真”字，孔丘先生曰：“这是‘直八’呀。”掌柜的大惊曰：“名不虚传，你的学问果然大得可怕。”酒醉饭饱之后，仲由先生悄悄问曰：“老头，你可把我搞糊涂啦，明明是‘真’字，怎么变成‘直八’啦。”孔丘先生叹曰：“你懂个啥，现在是认不得‘真’的时代，你一定要认‘真’，只有活活饿死。”

呜呼，二十年代时，胡适之先生有《差不多先生传》。四十年代时，美军在成都有“马马虎虎俱乐部”。这正击中中国人的心窝，可能是在酱缸里酱得太久缘故，中国人不但习惯于“差不多”和“马马虎虎”，而且对认真的人，最初是惊讶，然后是嗤之以鼻，再然后说他是神经病；最后则索性恨他入骨，一口咬定他“小题大做”“百般挑剔”“惹是生非”；再最后，泛政治的帽子出笼，他遂成为“别有居心”的国家蠡贼兼社会败类，只好追随仲由先生后尘，活活饿死矣。吴增忠先生为了求证司机是不是诈欺，不惜花费一百倍的银子，这正是认真精神，每一个人都有此认真精神，出租车就永远不敢捣鬼（柏老特别声明，我并不认为司机捣鬼，停车前跳表，是常见的事）。刘黄歆歆女士以长达八年的时间（正是中国对日本侵略，焦土抗战的时间），去维护法律的尊严，那更是认真精神，和因认真精神而延伸出来的,不向邪恶屈服,要把是非弄清楚的倔强精神。

吴增忠先生和刘黄歆歆女士,已为台湾人立下一个榜样——奋斗的榜样,认真的榜样,这正是现代化所需要的基本态度。不妨瞧瞧世界,没有一个强大国家的国民,是不认真的,不敬业的也。只有落后地区,才出现差不多和马马虎虎。等到大多数中国同胞都有认真精神,中国才能够迈上现代化富强之境。否则的话,再多的工厂,再多的高楼大厦,都没有用,势将一直停留在粗糙的泥坑里,永远不能进入精密的轨道。

一个月之前,一位洋大人在台北跌进排水沟,他向台北市政府要求赔偿,报上刊登新闻,柏杨先生就亲眼看到有些朋友摇头:“什么话,什么话,简直是欺负中国人呀。”嗟夫,那不是欺负中国人,而是教育中国人,为中国人上了一课——怎么去据理力争。如果说四块钱是小事,一间违建是小事,一个倒栽也是小事,则啥是大事?一个人在小事上都不敢坚持原则,择善固执的人是好事之徒,温柔敦厚遂成了懦夫的遮羞布,也成了认真的哭丧棒矣。

无论如何,别叫孔丘先生再叹气啦。“直八时代”让它死到十八层地狱,代之而兴的应是仲由先生的“认真时代”。如果再麻木不仁,悠悠忽忽,恐怕灾难还要层出不穷,一直层出到大家都伸腿瞪眼。

21. 返老还童

八十年代第十二愿是——愿孙淡宁女士的幼儿园,早日开办。

孙淡宁女士是香港的权威记者之一,来台湾几次之后,心惊肉跳,不由得大慈大悲,发下心愿,要办一个幼儿园。她办的幼儿园,不是“我们小手拉小手”幼儿园,而是“我们老手拉老手”幼儿园。呜呼,使她阁下之所以兴起如此凌云壮志的,有五气焉。

一曰“僚气”。这是最使人头大如斗的气，盖官坛之上，有些官老爷，只要有一点点小权，面孔就像害有坐板疮的屁股一样，实在难看。难看并不是致命伤，吾友包拯先生也是不苟言笑的，只要存心为国家办事，我们依然尊敬。问题恰恰在于，这些官老爷为顶头上司办事第一，为自己办事第二，而把政府的事放到第七八九十。于是，见了大家伙连骨头都成了掬水轩的贵妃酥糖，既脆又甜，香浓可口。见了小民则戏台上卖豆腐，架子可大啦。正因为他整天忙着用架子维护他那并不存在的尊严，所以也就特别的累，累得再没有精力去理会小民的事矣。

一曰“酸气”。跟官坛上的僚气一样，文坛上则普遍出产酸气。文化人——包括种种之“的”：写文章的、唱歌的、跳舞的、画画的、拉提琴的、弹钢琴的，以及演电视的、演电影的。只要有一点点小知名度，就浑身发酵，认为小民都应该焚香膜拜。焚香膜拜稍不够劲，则统统是凡夫俗子兼有眼不识泰山。而对于除了自己一窝之外的其他文化人，统统瞧不起，一高兴或一不高兴，顺手招来或顺口溜出，一大串奇疾恶名，就栽到对方头上。结果是有的投靠豪门，以黄马褂自居。有的印出几本书，就自封为大狮。有的有地盘有门徒有打手，安营扎寨，顾盼自雄，自然而然地成了山大王。

三曰“混气”。这种突出的社会众生相，也使孙淡宁女士难以消化。举目所及，她看到了太多的混世精。有老混世精焉，多一事不如少一事，天塌啦有大个子顶着。有小混世精焉，整天都想天上会掉下一个宝座，而且恰恰掉到屁股底下，坐个结实。有男混世精焉，唯一的兴趣是这里有他，那里也有他，摇臀哈腰，乐不可支。有女混世精焉，脸上刺着“良家妇女”金印，周旋于权贵之间，希望得点青睐，拣点破烂。噫，餐厅里人山人海，就是一幅画面，男女攒动，好像明天就要绑赴刑场似的，今天能快乐就快乐，能坑人就坑人。不要说百年大计、十年大计啦，连一年大计都觉得太长。

四曰“洋气”。这也是最突出的社会众生相之一，包括媚洋之气，和洋自媚之气。中国人古老的毛病就是远来的和尚会念经，现在这毛病更深入骨髓。百行百业，洋务占第一把交椅，只要在美利坚一泡（在英吉利一泡可不行），或曾经跟洋大人握过手，或被洋大人拍过肩膀甚至光荣地被踢过一脚，眼刀就开始上撩，视土豹子蔑如也。回国之后，即令教书，至少也得到大学堂教，否则就是奇耻大辱。事实上，他们也确实有这种身价，盖远来的和尚不但会念经，就是当有钱大爷的保镖护院，简直能影响衙门的决策。盖有些中国人天生奇骨，必须沾点洋大人的边，才心服口服。

五曰"戾气"。这是一种恐怖的气质，可不是说孙淡宁女士在街上挨过扁钻，而是，上自坐办公桌的朋友，下到商店站柜台的老奶，在面对面大银幕镜头上，永远听不到使人生感到温暖的一句话："我有什么可以效劳的？"往往都是先瞪尊眼，然后一脸不耐烦，多回两句，就好像在他家放了火一样，得到的多半是仇深似海的反应。结果处处冲突，事事争吵，谁的嗓门大谁胜，谁的胳膊粗谁占上风。两个陌生人碰在一起，立刻就成了一个小型的火药库——每人肚子里都装着炸药，一碰就炸。如果没有炸，一定是其中一个忍气和声，自甘被宰。

上述五气，不过是孙淡宁女士所谓的大气，小气恐怕两个巴掌都数不完。呜呼，人之初生也，呱呱坠地，白胖可爱，一岁二岁牙牙学语，六岁七岁进了学堂，不仅是赤子之体，更是赤子之心，连墙角死了一条毛虫，都会垂泪，如果小猫小狗寿终正寝，就更伤心欲绝，每一个儿童都纯洁得像一堆白云。可是长着长着，也就怪啦，就跟蝌蚪一样，一会多了两只脚，一会多了两条腿，一会皮肤粗糙起来，一会心狠如铁，见了能吃的就吃，跟往昔一点都不一样。读者老爷遇到上述五气的那些嘴脸，你能想象得出，他阁下当初也是一个多么可爱可亲的小娃娃乎哉。从一个可爱可亲的天真无邪，变成现在这种面目可憎，原因是啥？他们为什么会变？或是谁叫他们变？有时候固是社会把他们折腾得不得不变，但至少有一半的责任，应该自己承担。盖并不是每一个老头，都一定会丧失赤子之心也，只在于赤子之心被私欲壅塞——赤子之心越少，人性跟着也越少。吾友希特勒先生就有他纯真的一面，心爱的金丝雀死啦，他就哭成了泪人儿。可是这可爱的情操只昙花一现，就被兽性撕碎，屠杀起犹太小民，使他成为世界上最残忍的披着人皮的畜牲之一。孙淡宁女士在台湾接触到五气人物，比希特勒先生还差十万光年，似乎用不着担惊害怕。但这种人物，如果多如牛毛，影响可就大啦。那将把中华民族逐渐地拖下一个没有公理正义，没有仁慈祥和的毁灭深渊。

所以，孙淡宁女士一心一意要办一个幼儿园，她的伟大设计是：把四十岁五十岁以上，一些自以为不同凡品的小家伙和老家伙，分期地送到幼儿园里，教他们洗尽铅华——所谓“社会地位”啦，“学问”啦，“财富”啦，凡后天得来的玩意儿，统统抛掉。大家挤在一起，重新过儿童生活，教习当然不是漂亮的保姆——以防像柏杨先生这种老不正经之辈，轻举妄动，丢人献眼。而是请一些正在小学堂念一二三年级的孩子出马，教老头们“饭前洗手，饭后漱口”“爸爸妈妈真伟大”“青菜豆腐最营养”。从儿童身上发掘出来人性的美好，把后天身上披挂的一些零件，像船底寄生的蛤蜊蚌壳一样，洗刮得干干净净。

这是一种返老还童的伟大教育工程。在佛教世界里，人翘了辫子，前往阎罗王那里报到，冥途漫漫，年幼的思父思母，年长的思妻思子，年老的思儿思女，大哼则想起他的权，大狮则想起他的名，大鼓则想起他的钱。自然悲悲切切，肝肠寸断，到了奈何桥头，已走得口干舌渴，有一家咖啡店在焉，那咖啡不是真咖啡，而是“迷魂汤”，一杯下肚，就把过去忘了个一滴不剩。然后投胎转世，重新做人。这个例子似乎不太恰当，盖迷魂汤是使人忘记一切，而幼儿园是使人回到他的童年。不过其使人有一个彻底的转变，则是一也。祛除后天的私欲，显现出来固有的儿童般的厚道，和无忌无猜人性的本来面目。

问题是，幼儿园跟吾祖柏拉图先生的理想国一样，只能纸上谈兵，无法真刀真枪地干。柏杨先生曾向孙淡宁女士催了又催，催得她招架无力，落荒而逃，现在不知道逃到啥地方去啦。吾友耶稣先生曾有言曰：“凡是承爱天国的，若不像小孩子，断不能进去。”我们倒不希望进天上的天国，只希望进地上的天国——民主、法治、富强、和平。

假设孙淡宁女士感觉到千头万绪，无法下手。则只有仰赖国人的自觉矣，酱缸日深，再陷下去，将如何自拔哉耶？一想起来，就汗流浃背。

踩了他的尾巴

提　要

《踩了他的尾巴》主要部分是柏杨至新加坡、马来西亚、香港、美国以及欧洲旅行访问的闻见思感，意指“踩了酱缸蛆、糨糊罐、绊脚石、文化内外打手”的尾巴也。柏杨对读者说：“御览之时或御览之后，如果你觉得既出汗又着急，儿女情短，英雄气长，中国还有救。如果你忍不住也要叫声如雷，甚至暗起杀机，要对我老人家捕而宰之，那就说明中国人的痛苦还没有个完，大家慢慢受吧。”

柏杨的旅行写作，主要是人文的观察，其中最重要的是对照性，思绪经常回到自己的地方，时而赞叹，时而批判，不改其爱深责切的笔意。

序

巨著《踩了他的尾巴》，现在隆重问世，自1980年12月到1982年2月，在台北《中国时报》上发表的专栏，全部收集于此。时间上，以中国囫囵吞枣的算法，有三年之久；以西洋小家子气算法，则恰一年三个月，才写了这么一点，未免有点不好意思。好像我已大富大贵，可以养尊处优，不屑再爬格纸矣。其实非也，一年三个月中，我去了一趟新加坡、马来西亚、香港，又去了一趟美国，最后又去了一趟泰国。去泰国时，旅美杂感还没有写完，乃效法官场里的“和稀泥学”，虎头蛇尾，虽然还有千言万语要说，也就闷住，不了了之。

“踩了他的尾巴”者，踩了酱缸蛆、糨糊罐、绊脚石、文化打手的尾巴也。各文发表后，只听叫声如雷，足见踩得很重。读者老爷如果天纵英明，最好再买一本陈丽真女士所编的《柏杨·美国·酱缸》同时御览，盖未完的结，都在里面。御览之时或御览之后，如果你觉得既出汗又着急，儿女情短，英雄气长，台湾还有救。如果你忍不住也要叫声如雷，甚至暗起杀机，要对我老人家捕而宰之，那就说明台湾人的痛苦还没有个完，大家慢慢受吧。

是为序。

1982年6月于台北柏杨居

1. 甘露寺老军

《柏杨专栏》已停笔了四个月，编辑老爷大怒曰：“老头，你的尾巴可是越来越大，忘记当初双膝下跪，苦苦哀求的镜头啦。”呜呼，“尾巴越来越大”这句话，似乎有点耳熟，想了一阵，才想起来，在我把具有女性芳名，而实际上是一位臭男人的读者老爷，称呼为老奶时，就曾被他阁下干过这么一记，余痛犹存。编辑老爷拾人牙慧，重新祭出，不算好汉；而且又猛抖“想当年”不可告人的底牌，毫不留情，除了使我长叹人心不古外，还有啥办法也。其实，写与不写，与尾巴的变异无关，而是实在“太忙太忙”，除了眼病纠缠，不良于视外，主要的是我日理万机，难以分身。大人物都有这种苦恼，并非我一人如此。就像隔壁那个杂货店老板，很显然的对我老人家年高德劭、名震天下的英勇形象，就没啥深刻信仰，总是借口我欠债不还，到门口骂阵。其实，那都是去年春天的事啦，俗不云乎：“过去的都让它过去吧。”有啥可讨的。但我仍不得不天天摩拳擦掌，兵来将挡，水来土掩，累得上气不接下气，哪有精力再爬格子乎哉。

所以虽然编辑老爷这么猛吼，我仍像吃了铁秤锤，不为所动。一直到了前天，才忽然发现有点可疑的迹象，编辑老爷驾莅柏府，一进门就兴高采烈曰：“老头，你真帮了个大忙，自从你的专栏结束，本报销路大增，由一百二十万份，跳到一百五十万份啦，可喜呀可喜，可贺呀可贺。”说罢此话，我正要前倨后恭，他已跨出门限，扬长而去。不由得芳心大乱，浑身发毛。记得在洋大人之国，也有一位专栏作家，虽然老板一再劝他外出度假，他硬是不肯，问他为啥，他曰：“报纸如果没有我的专栏，而销路大跌，我于心何忍？”老板保证报纸绝不会大跌，专栏作家曰：“那就使我更担心啦。”嗟夫，柏杨先生如今面临的反而是“大增”场面，则危机就更严重，不但要糟，而且恐怕连汤都没得喝的。于是，今天一早，我就在门口挂上“免战牌”，先叫小铺老板歇歇舌头，然后找纸找笔，热闹起来。《伊索寓言》上说过一个故事，一头大象过独木桥时，把桥板压得咯吱咯吱响，它阁下身上一位跳蚤先生，向大象先生叹曰：“你瞧，咱俩把它压成这个模样。”噫，柏杨先生仓促赶场，就是拔这个尖，向一些不明底蕴的朋友夸口，我这个跳蚤是如何的吨位奇重，一篇下来，《中国时报》就猛涨了三十万份。听者虽然不信，而言者一口咬定，也有唬住人的时候。

问题是，虽然雄心壮志，却实力不从心。人类都有一种职业上的倦怠症，对于他那一行干的久啦，就免不了不胜负荷之苦（有些官僚在官场上团团转，乐此不疲，事属例外）。我老人家自 1950 年 1 月起，提笔上阵，到现在 1908 年 12 月，捏指一算，整整写了三十一年，千言万语，早都写光，老狗再变不出新把戏矣。硬是要变，一块砖头扔过来，就得头破血出兼四脚朝天。贵阁下看过京戏《甘露寺》乎，刘备先生过江招亲，赵云先生保驾，诸葛亮先生授给他锦囊妙计。二人按计行事，一到南京，先行拜见乔阁老，献上金银财宝，又灌了一大盆米汤。乔阁老当时得到消息，说是太后老奶明天在甘露寺摆下御宴相亲，如果看中了刘备先生，就收他当女婿，如果看不中眼，孙权先生已在两廊埋伏下刀斧手，一声令下，刘备先生就要人头落地。乔阁老拿人钱财，为人消灾，就派了一位老军前去通风报信。老军到了行馆，告赵云先生曰：“老哥容禀，明天甘露寺御宴相亲，刘皇叔可要外穿锦袍，内着铠甲，给他来一个防而不备，备而不防。”（最后两句话，文法奇异。）赵云先生一听，当场赏了他一锭银子。老军走到台角，心里想，只这么几句话，就值一锭银子，那小子准是块呆木头，等我再去说上一遍，岂不又是一锭？拿定主意，再行求见，告曰：“老哥容禀，明天甘露寺御宴相亲，刘皇叔可要外穿锦袍，内着铠甲，给他来一个防而不备，备而不防。”赵云先生曰：“知道啦。”老军只好告辞，走到台角又想：“他阁下一定没听清楚，一锭银子事大，等我继续努力。”于是，仍是老话，告赵云先生曰：“老哥容禀，明天甘露寺御宴相亲,刘皇叔可要外穿锦袍,内着铠甲,给他来一个防而不备,备而不防。"赵云先生已被轰炸了三次,有点冒火,但仍耐着性子答曰:"刚才你已说过啦。"老军再走到台角,自言自语曰:"这是怎么回事,他难道耳朵里塞了驴毛,没听清楚呀。"又转回头,第四度向赵云先生叮咛曰:"老哥容禀,明天甘露寺御宴相亲,刘皇叔可要外穿锦袍,内着铠甲,给他来一个防而不备,备而不防。"赵云先生气冲斗牛,袍袖一拂,吼曰 :"翻来覆去,还是老套,你有完没有完?"老军大吃一惊,跑到台角,诧曰:"这家伙不像是荆州来的,倒像是非洲来的。"

呜呼,第一个用花比女人的是天才,第二个用花比女人的是蠢材,盖讥其只在旧圈圈里打滚,没有创新的能力也。柏杨先生爬格纸,一爬就是不折不扣的三十一年,即使被困黑牢,仍照爬不误;著作虽不能说等身,至少也等屁股。我老人家的学问固然大得可怕,但也全掏了个滴水不剩。纵是玉皇大帝,三十一年来,天天派出天兵天将,有去无回,也终于有一天,灵霄宝殿上,只剩下他阁下一人坐冷板凳。柏杨先生如果不赶紧回头是岸,老想那一锭银子,惨事就会从戏台上搬到戏台下,说过的话又说一遍,谈过的事再谈一次,甘露寺老军的嘴脸,栩栩如生,而读者老爷就是赵云先生,最后忍无可忍,终会吼曰:"好老头,你就会'外穿锦袍,内着铠甲'呀。"性情慈祥的,不过袍袖一拂;性情凶猛的,可能再顺手抄起一根柳条棍。我老人家既不敢骂你是非洲来的,只好蹲在墙角哎哟,懊悔不迭。于是,左一思右一想,与其将来劳你张牙舞爪,不如现在见好即收。

吾友高信疆先生,曾在一个座谈会上,提出"作家折旧率",这是有史以来文学评论家最突破性的发明。一辆崭新汽车,只要开一公里,就折旧一成。十万公里后,折旧一半。超过百万公里,就成了扔到野地都没人要的废铁。作家也是如此,读者老爷的欣赏水平不断提高,而作家老爷如柏杨先生之流,老狗如故,变来变去,左写右写,仍是"老哥容禀,明天甘露寺,御宴相亲,刘皇叔可要外穿锦袍,内着铠甲,给他来一个防而不备,备而不防。"命运就跟跑过百万公里的老爷车一样,恐怕是非打入十八层地狱不可。此所以六十年代的作家,继续执笔的很少;五十年代的作家执笔的,更绝无仅有,似乎只柏杨先生一直挣扎踢腾,固然是天纵英明,但也是因为饿得发慌,泼皮大胆。

鸣呼,生活逼人,明知不妙,仍要前闯。从前张恨水先生写完《啼笑姻缘》,鉴于《续红楼梦》《再续红楼梦》的覆辙,指天发誓,在报上正式宣布说,绝不写《啼笑姻缘续集》,但他不但写了续集,还写了三集,形势比人强,使他欲罢不能。柏杨先生只有一点跟他不同,他阁下是为了有人恐吓他,他如不写,别人就要代写。而我则安如泰山,没人动我的念头,使我觉得大事不好,不得不增加脸皮厚度的,乃与肚皮有关。饥寒交迫之下,连抢银行都干,何况卖卖文哉。这跟借钱有异曲同工之妙,只要有人敢借给我,我就敢借;只要编辑老爷一天心软面嫩,一时磨不开,我就咬住不放。《儒林外史》上马二先生有警句曰:“如果不念文章,做事业,哪个给你官做?”柏杨先生套而言之曰:“如果不爬格纸,写杂文,哪个给我饭吃?”

反正八十岁留胡子,大主意自己拿。折旧虽然折旧,我还是以全新的进口货亮相,读者老爷总不好意思真的拂袍找棍吧。谁要铁面无私,真的拂袍找棍,那就太不够朋友啦。

2. 住手!

台湾宝岛上,只有两个人认识侯仰民先生,一位是我柏老,一位是杨纳福。我跟杨纳福先生小学堂时同班同学,可是杨纳福先生来台之后,官拜将军之职,身统大军,威风凛凛,而柏杨先生却猛爬格纸,只会招灾引祸。杨纳福先生从小循规蹈矩,不知体罚为何物,而柏杨先生几乎是天天挨板子,哭叫之声,使全班垂涎。

我老人家从小就喜欢算术,小学堂三年级时,女教习在黑板上出了一个题目,谁都不会,只有我老人家会,教习就把她手里用的粉笔作为奖赏,使我对算术更兴趣高昂。想不到五年级时,侯仰民先生——就是天天向我下毒手的元凶,担任我们的级任兼教算术,于是噩运来临。偶尔一次,我算错一题,他阁下就把我叫到讲台之上,狠狠打了五下手心,把我对算术的兴趣,打得无影无踪。而这"五下"也就成为挨打国宪法,每次一律五下。因为每天都有算术,每有算术,都要缴一次习题,每次习题,我准有错,他阁下在"都是为你好"的招牌之下,名正言顺兼理直气壮地,每天都大动干戈。我也曾力争上游,可是,他阁下的板子太厉害啦,使我对算术由恐惧而厌恶,成了恶性循环;我越不会,他越打;而他越打,我越不会;除了长期保持双手红肿半寸的世界纪录外,到了今天,连九九表都背不熟。偏偏各级学堂入学考试,都是非考算术不可的,算术的魔爪遂抓住我终身不放。我不但在功课上力争上游,被侯仰民先生打得走投无路之后,也曾想尽方法,讨他的欢心。有一次,他练习篮球,一连投进两篮,我拣到球,不敢自己去投,可怜巴巴地再传给他,谄笑曰:"请投进第三个呀。"这句话不知道犯了他哪条筋,他翻脸曰:"你怎么敢侮辱老师?跟我来。"我像一只待宰的小羊,浑身哆嗦地跟着到了他寝室。他一面轻松潇洒地玩弄那个可怕的板子,一面斜眼问曰:"你说,打你几板?"我心里凄凉地喊,最好不要打,但我不敢出口;又想讨饶,也一时磨不开。可是他阁下一直追问,我只好回答,猝然曰:"随便。"我的意思只是请他阁下定夺,可是他立刻暴跳如雷。喝曰:"我就是打你这个'随便'。"这次却没有按照宪法行事,他的板子照我手上、背上、腰上、屁股上,飞舞而下,最后,我只好双手抱头,蹲在墙角哀号。

那时,柏老才十三四岁,童心中就立下血誓,我要报复。可惜,我没有报复得成,并不是我宽恕了他,而是当我四年后考进高级中学堂,人强马壮,回乡找他比武的时候,他阁下已翘了辫子,不禁兴起伍子胥先生听到楚王芈弃疾先生翘了辫子时,那种失望之叹。去年(1980)年底,杨纳福先生还问我曰:"如果侯仰民还活着,你会不会对他动粗?"我曰:"从前会,现在当然不会,一拳下去,准吃人命官司。”他曰:“那么,你不恨他啦。”噫,这算啥话?我岂止恨他,而且恨他入骨,我虽不动粗,但我会唾他的脸。

呜呼,体罚固然使一个人身体受到创伤,施行体罚时那副凶恶的嘴脸,更使一个人心理受到创伤——是一种鲜血淋淋、永难愈合的创伤,它可能改变一个人的性格,或改变一个人的人生方向。对于侯仰民先生,我老人家本来应该做圣人状,宣称我已原谅了他的,一则是他早已完蛋啦;二则是我正好趁水和泥,使聪明才智之士瞧瞧我真是温柔敦厚呀。何况侯仰民先生那时刚刚初级师范学堂毕业(初中程度),年纪也不过二十一二岁,还是一个未成熟的大孩子。可是,我不原谅他,每一想起他攒眉怒目、情断义绝的青面獠牙,三百六十五日如一日地,殴打一个哀哀无告的穷苦孤儿,我就咬牙切齿。

就在柏杨先生咬牙切齿之际,忽然传出一连串奇闻。公立台湾师范大学堂接受台北市政府教育局的委托,调查大家对体罚的意见,提出报告说,百分之九十一的教习,百分之八十五的家长,及百分之八十的学生,都认为只要不造成伤害,适当的处罚是应该的。这个调查表示,开揍的和挨揍的,跟赤壁之战周瑜和黄盖一样,两情相悦,一方面愿打,一方面愿挨。台湾心理学会和台湾心理测验学会的联合年会上,也提出讨论,与会的若干侯仰民型的朋友,在学院派魔术名词的云雾中,要求把现代课堂,恢复成为古代刑堂。而身为台湾省政府主席的林洋港先生,跟柏杨先生的命运恰恰相反,在台湾省议会中,现身说法,说他小时候读书,就是因为教习把他打得哭爹叫娘,他才获益良多。公立阳明医学院教习刘家煜先生,还要建议“教育部”,认为教习对学生,可以作适当的干活。

最精彩的还是台北《自立晚报》记者杨淑慧女士的一篇特稿,标题是:“爱心乎?体罚乎?运用得当最为重要。只要避免学子误入歧途,教育当局何需硬性规定。”文中有一段流芳千古的话,她报导曰:“据了解,台北市某著名国民中学一位男老师,他的‘教鞭’和‘教学’同样有名,上课的第一天即在教室中安置好藤条(柏老曰:好一个大刑伺候的场景)。然后和学生约法三章,每次考试距离标准成绩几分,就打几下。结果,这位老师的班级,成绩总是特别好(柏老曰:也就是升学率高)。他的大名全校响叮当(柏老曰:他如果在讲台摆上铜铡,大名叮当得恐怕能响到伦敦)。学生都期望让他教(柏老曰:这得作一个科学调查才算数,不能用文学的笔法)。许多毕业后的学生怀念的竟是'排队打手心'(柏老曰:刚考上联考的老爷老奶,还可能有此一念。以后下去,恐怕不见得)。足见实施体罚与否,并不重要(柏老曰:在该响叮当的教习看,恐怕是实施体罚十分重要),重要的是体罚所带来的意义。"

这段文章是酱缸文化的特有产品,远在1068年宋王朝,这种产品就已经上市。当时皇帝小子上课听教习讲书,是坐着的,教习却像跟班的一样站在一旁。宰相兼皇家教习王安石先生尊师重道,建议应该也赐给教习一个座位。消息传出,酱缸立刻冒泡,大臣之一的酱缸蛆人物吕诲先生,好像谁踩了他尾巴似的嚎叫起来,提出杀气腾腾的弹劾,曰:"王安石竟然妄想坐着讲书,牺牲皇帝的尊严,以显示教师的尊严。既不知道上下之和,也不知道君臣之分。"

呜呼,古之时也,有些教习以站着伺候为荣。今之时也,有些学生以"排队打手心"为荣。记得二十世纪一十年代,中华民国建立之初,一个遗老爬到县衙门前,露出雪白可敬的屁股,叫他的家人打了一顿板子,然后如释重负曰:"痛快痛快,久未尝到这种滋味矣。"这比打手心的涵义,就又进一层。

百思难解的是,奴性在中国何以不能断根乎哉?中国文化中最残酷的几项传统,其中给女人缠小脚、阉割男人和体罚,都已被革掉了命。"教育部"严禁体罚,是它所作的少数正确决定之一。想不到在二十世纪八十年代,竟面临挑战。问题是,羞辱就是羞辱,只有奴性深入脑髓的人,才会身怀绝技,把羞愤硬当成荣耀。有侯仰民这样的人不足奇;有吕诲这样的人,有甘于"排队打手心"这样的人,才是中华民族的真正危机。如果这种羞辱竟能变成荣耀,则世界上根本没有荣耀矣。被羞辱而又其乐陶陶,如果不是麻木不仁,就是故意打马虎眼,包藏祸心,再不然,准是天生的奴才或奴才坯。

主张体罚的朋友,强调只要有爱心就行。呜呼,爱心,爱心,天下多少罪行,被披着爱心的美丽画皮。父母为女儿缠小脚,为了她将来好嫁人,是爱心。"君父"把小民打得皮破血流,为了"刑期无刑",也是爱心。试问一声,教习对学生,一板子是爱心,十板子一百板子还是不是爱心?如果把侯仰民先生从坟墓里弄出来,包管他会坚持他出于爱心。报上说,教习把学生三个耳光打出脑震荡,他同样也会坚持他是出于爱心。分际如何划分?内涵又如何衡量?爱的教育中绝对没有"修理学"镜头。至于"适当",啥叫适当?谁定标准?谁去鉴定?又用啥鉴定?"只要不造成伤害",事实上,任何体罚都造成伤害。好比说,只要不造成伤害,就可把手伸到火炉里,这话比轮胎漏气的声音还没有意义。任何人在开揍时,都要先行肌肉扭曲,目眦俱裂。而这种邪恶的神情,和眼中冒出的凶光,还没有动手,就已造成伤害矣。再加上所展示的绝对权威的感情蹂躏,像叫孩子自动伸手代打,那根本没有爱,只有恨——双方面互恨,因为那是一种人格上的凌辱。

一旦学生们对"排队打手心"都不在乎,羞耻心便荡然无存,体罚也失去被认为"好"的一面的意义。考试有标准答案,不合规格的就要受到暴力镇压,孩子们的自尊、灵性和最可贵的想象力,恐怕全部斲丧。至于有百分之二十九的教习,因为"教育部"严禁体罚,就"心灰意冷,不管教学生"。一个从事教育工作的文化人,如果不准他施展把学生打得鬼哭神号的手段,就束手无策,怠工弃守,"教育部"应请他们卷铺盖走路,介绍去赌场当保镖。

柏杨先生没有力量反对百分之九十一、百分之八十五,以及百分之八十。但我老人家可要向那些不甘受辱的学生老爷,提个秘密建议,如果打到你头上,你虽不能起而抗暴,但你应该跟柏杨先生对侯仰民先生一样,记恨在心,来一个大丈夫报仇,十年不晚。有些好战分子的教习,可能发狠曰:"我就是打啦,十年后见。"对这种地头蛇,你就应该更永矢不忘,给他来一个真的十年后见。

然而,这并不是柏老的主要意思,主要的意思是,这次调查结果,愿打的跟愿挨的,所占比率竟如此之高,使人沮丧。夫教育的目的在培养人性的尊严和荣誉,而今大家居然有志一同,都醉心于摧毁人性的尊严和荣誉,可说是教育二十世纪八十年代十大丑闻之一。说明酱缸的深而且浓,即令政府出面帮助,有些人仍难自拔。也说明我们教育畸形发展,已到了倒行逆施的地步。越想越毛骨悚然,嗟夫。

3. 一代比一代好

敝大作《住手!》刊出后,接到不少读者老爷来信,纷纷——却不是纷纷响应,而是纷纷龇牙。其中一对,一开头就尊称我“伟大的柏大教育家”,不禁大悦,原来伟大的教育家得来如此容易呀,可是看了几行,就觉得唾沫喷面,形势不妙。信末署名“反对你看法的国中老师”。信写得很长,照抄于后。我想,百分之九十一教习赞成体罚的理由,大概都包括在里面矣。

信上曰:

不知你今年高寿?也不知你当过老师没有?拜读你1月8日的文章,实在令人失笑。是想借题发挥,赚些稿费,或只因早年被严师打得焦头烂额,就如此气愤不堪。我认为,在这十几年(即国中成立后),没当老师的人,实无权说出大话的。

想当年,本人也是接受正常教育的,也曾被老师打过(只是不像你那么不幸),学生时代,个个纯洁,遵守校规,一直到大学毕业,多数人加入了教育这行业。可是整个情况已不如从前了,优秀生仍有,但恶劣者更甚,他们讲脏话,在课堂中突如其来的对老师的羞辱,当面叫老师绰号,考试只会选择题,其他皆空白,他们已没有什么自尊、尊严、荣誉可言,只是背着书包来学校晃一晃,下午又回去。而我们当老师的必须忍受一切,叫你绰号,就当没听到,没敬礼也视若无睹,实在没精力加以管教,因“教育部”规定不准体罚呀。我们只好忍、再忍,把气闷在肚子里。为何有百分之九十一的教师同意体罚?因为他们身受其苦;为何有百分之八十五的家长也同意?因为他们忙着工作,孩子变坏,自己无力管教,只有让老师当刽子手;为何有百分之八十的学生也同意?连孩子们自己都同意了,你却替人沮丧,真是可笑。因为他们认为自己有错——而且是连续的错,必须接受体罚。例如,“目的”,学生写“目地”,叮咛好几次,罚他写一百遍,月考一出来,仍写“目地”,难道你会笑嘻嘻地跟他说“很好,很好”吗?其实我们是要体罚那百分之二十的坏蛋,难道老师都会毫无理由地抓了人就乱打吗?只有你才不幸碰上侯仰民。我们又不是神经病,怎么不知道轻重呢。你只会拿少数的严师为例,就要把身历其境的人的感受推翻吗?再问你:如你现今也是身历其境的人,敢问你该如何管学生?愿再拜读你的大作。

教育的畸形发展,到了倒行逆施的地步,体罚是小事,该发议论的应是教学的异常,升学班不用参加庆典,整天关在教室里考考考。技能科目不上,却做主科的辅导课,什么技能都不会。更绝的是,连体育课都不上,下午又留校念到晚上七八点钟。担任这些班的老师,才是教学认真的老师,这样毕业的学生,在路上碰见,也同样不认识你是什么老师。教育变成这样子,你知道吗?本人已累了,不愿多写,由校赶车回来,已六点多,未吃饭先拜读你的大作,实在不敢苟同,疾笔草此,语无伦次,把自己的感受写出,只希望你能了解真实情况,再动笔不迟。你应该先调查,为什么老师、家长、学生,都同意体罚的原因,才能客观地写,不能只凭幼时的气愤,就做如是的见解。你知道大众传播对学生有多大的影响吗?十几年前学生的纯洁,已不复存在。现在学生恶劣的表现,我们也感慨万分,这是进步吗?千言万语,不知如何述说,也欠缺你的生花妙笔,只好本着“良心”,继续担任教育工作。我,一个微贱的国中老师,对体罚的看法是:对好学生我们不会乱打,也舍不得打。而对坏学生的爱心,就是体罚。所以你不该理直气壮地反对,除非你能再写一篇告诉我们当教师的该如何做？

如果你没当过老师，或者没教五年的经验，那么欢迎你加入我们的行列，请亲自来国中试试看，愿你的文章能客观点。

这封信显示出这位国民初级中学堂教习的激动，他要求柏杨先生“客观”，可是他却站在极端主观的立场发言——因为他阁下恰恰的正“身临其境”。多少年来，“客观”二字成了糊涂虫的神秘法宝，动不动就念念有词，祭了出来；对凡是持有相异意见的人，统统咬定他不客观，而且认为只要一口，就可咬死。信上曰：“在这十几年来，没当老师的人，实无权说出（反对体罚）大话的。”呜呼，观剧跟投票不同，投票必须在当地住若干年月，而观剧就不然啦，他可以随时提出他的批评，演员们不能说，你没演过这出戏，有啥资格开簧腔呀？柏老有很多当中小学堂教习的朋友，他们都反对体罚；试问一声，反对的跟赞成的并列，谁是“主观”？谁是“客观”？谁是“大话”？这位国中教习竟然敢肯定他的“主观”就是“客观”，一旦加到学生身上，要想学生心服口服，恐怕只好靠蛮干动粗矣。

国中教习指出，百分之八十的学生都同意挨揍，而柏杨先生却十分沮丧，使他觉得“真是可笑”。这应该是原则问题，纵然百分之百写下同意挨揍的血书，我们都誓死反对。《民法》上规定：“自由不得抛弃。”甘愿被囚，法律都不允许。同样道理，我们认为人性尊严不得侵犯，也不得抛弃。四世纪晋王朝时，有“儿口承唾”节目，有钱大爷一咳嗽，身旁的穷小娃就张开大口，咕噜一声，咽下有钱大爷的尊痰。我们虽在千载之后，仍忍不住悲愤呐喊，如果有人认为我们的悲愤呐喊，“实在可笑”，因为穷小娃自己都同意了呀，就没啥可说矣。

国中学生一代不如一代的看法，跟柏杨先生的看法，尖锐相反，我一直认为一代要比一代好。即令学生一代比一代差，教习也会同样一代比一代差，啥客人吃啥菜，有啥可埋怨的也。事实上，下一代比上一代要活泼、顽皮，想得更多，不屈服性更强，这正是中华民族茁壮的生机。我相信有些学生老爷口吐脏言，叫教习绰号。但孩子们只要一进小学堂，他就非立刻学会脏话不可，本没啥稀奇，如果脏得过度,自有非体罚的校规可以使用。而叫叫绰号,更能显示孩子们的想象力和观察力,不能给别人取一个恰如其分绰号的学生,准是一个呆头鹅。好吧,即令这些行为罪大恶极,难道靠大动干戈就能阻吓得了乎哉。我敢赌一块钱,连上帝亲自出马,都阻吓不住。至于写错字,把“目的”写成“目地”,这位国中教习千方百计,都收不到效果,认为只有打手心打屁股,好像体罚是包治绝症的神仙一把抓,只要一剂下肚,脏话没啦,绰号没啦,笨蛋也霎时英明盖世。噫,柏老学习算术的兴趣就是被打跑了的,贵阁下麾下的学生老爷,如果经常皮破血流,恐怕他一辈子都达不到“目的”,只能仍停留在“目地”上混。至于学生一出校门就不认识教习,难道靠臭揍,就认识了哉。收效当然会收效的,但只不过收效一时,一旦毕业,恐怕不认识的场面,更要惨烈。

这位国中教习,大刀一劈,把学生一分为二。百分之八十是“好学生”,百分之二十是“坏学生”。刚才还宣称学生自己都同意挨揍的,不知道是“好学生”同意,还是“坏学生”同意。“好学生”同意,是慷他人之慨;“坏学生”同意,那就是自认为非被打得自尊心全毁,就改不了。对这种可怜的贱骨头,我们不应该再迎风纵火,或推波助澜,而更应该耐心拯救。不过主要的是,“好”“坏”的标准是啥?由谁定这标准?由谁判断这标准?侯仰民先生教算术,认为柏老坏极坏极,可是国文教习“老核桃”——我们上给国文教习刘月槎先生的绰号,他太老啦,满脸皱纹。他却认为柏老好得不像话,几乎要把女儿许配给我。这结论由谁决定?难道各发一把牛耳刀,要他们决斗取胜乎哉。

国中教习又曰:“我们又不是神经病,怎么不知轻重呢。”这可跟神经病无关,连亲爹亲娘,气得两眼冒火时,打亲儿亲女,都有失手的时候。所以孔丘先生告诫小子们曰:“小杖则受,大杖则走。”问题是,亲儿亲女敢溜,学生敢溜乎耶?不溜还好,一溜恐怕更使教习暴跳如雷,怎么,你抗命呀?你瞧不起我呀?你还不知道承认错误呀?打得将更英勇。年纪轻轻的国中教习,有啥凭据证明每一个都知道轻重？台湾省立玉井高级中学堂教习王煜先生罚学生陈国荣跑步跑死，嘉义县立大林国民中学堂教习钟献元先生殴打学生陈英贤重伤住院，高雄市立盐埕国民中学堂教习庄金水先生把学生骆宗名打出脑震荡，桃园县立复兴国民小学堂教习刘邦彬先生用麻绳把学生黄天惠绑起来九小时，用竹鞭抽打。这几位教习难道都是神经病哉？一时气冲斗牛，把不住“适当”的分际罢啦。来信的国中教习，他已认定某些学生是“坏蛋”，认定某些学生“已没有什么自尊、尊严、荣誉”。在这种认定下，爱心早已荡然无存，只剩下无穷的轻蔑和嫌恶，一旦下手，恐怕把持不住。“教育部”不准体罚，固然是为了保护国家的幼苗不受摧残，也同时是为了保护教习不致官司缠身。“良心”只能自省，不为作为伤害别人时的金刚罩护身符。

这位教习，和这类教习，既已推出“打坏学生的爱心就是体罚”的伟大发明，所以柏杨先生没有本领告诉你阁下如何去做。只能告诉你，对“坏学生”的爱心，不是体罚，而是更加倍的爱心。假使这点办不到，犹如一个不信神的人不适合当牧师一样，没有爱心的人，也不适合担任教育工作。

4. 夺床斗争

中国宫廷，是世界上最肮脏、最淫乱和最黑暗的宫廷。在中国宫廷中，只有皇帝一个男人，他为了自己的性欲发泄，用政治力量，遴选天下最漂亮的老奶，集中在一个大围墙的大院子（皇城）里，由他兴之所至，想怎么乱搞，就怎么乱搞。中国传统的学术思想中，没有人权观念，更没有女权观念。在一般臭男人眼中，女人不是人；在皇帝老爷眼中，女人更不是人，而只是他陛下一人包下了的专用娼妓。宫廷之内，皇帝担任的是大嫖客角色，也担任随时都会翻脸的无情杀手。

政治权力一直为帝王服务，儒家学派同时也一直为帝王服务——为帝王们这种六亲不认的淫秽兽行，提供理论基础。五经之一的《礼记·婚义篇》，就规定帝王们除了一位大老婆“皇后”之外，还应该拥有小老婆群，在公元前十一世纪周王朝鼎盛时，小老婆群至少有一百二十人，包括第一级“夫人”三人，第二级“嫔”九人，第三级“世妇”二十七人，第四级“御妻”八十一人。

——凡是帝王，都喜欢并崇拜儒家学派，这是最大的原因之一。盖儒家学派的主张，每一样都使当“陛下”的老爷或小子，从心理上到生理上，产生一种发麻般的舒服。盖连随便奸淫妇女，都能制造出一种庄严的画面，使它灿烂夺目。像三位“夫人”的职责，竟是“坐论妇礼”，九位“嫔”的职责，竟是“掌教四德”，俨然神圣不可侵犯，其实不过供大家伙床上娱乐罢啦。帝王既然龙心大悦，誓死拥护儒家于上，摇尾系统自然如疯如狂，誓死拥护儒家于下。

这种情形，到了公元六世纪末至七世纪初隋王朝宫廷，和七世纪中至十世纪末唐王朝宫廷，更变本加厉。小老婆群的位号和人数，花样翻新，艳香扑鼻，使当权的皇帝老爷，更心花怒放。隋王朝第二任皇帝杨广先生时，他的小老婆群共分二十级：第一级“贵妃”，第二级“淑妃”，第三级“德妃”，位比亲王。第四级“顺仪”，第五级“顺客”，第六级“顺华”，第七级“修仪”，第八级“修容”，第九级“修华”，第十级“充仪”，第十一级“充容”，第十二级“充华”，位比宰相。第十三级“婕妤”，位比部长。第十四级“美人”，第十五级“才人”，位比省长。第十六级“宝林”，第十七级“御女”，位比州长。第十八级“采女”，第十九级“承衣”，第二十级“刀人”，位比县长。

唐王朝宫廷小老婆群的编制，更上层楼，另有不同，初期曰：第一级“惠妃”，第二级“淑妃”，第三级“德妃”，第四级“贤妃”，位比亲王。第五级“昭仪”，第六级“昭容”，第七级“昭媛”，第八级“修仪”，第九级“修容”，第十级“修媛”，第十一级“充仪”，第十二级“充容”，第十三级“充媛”，位比宰相。第十四级“婕妤”，位比部长。第十五级“美人”，位比省长。第十六级“才人”，位比州长。第十七级“宝林”，位比郡长（太守、知府）。第十九级“采女”，位比县长。

——中国唯一的女皇帝武曌女士，她最初在皇宫中的地位是第十六级“才人”，低微卑贱，连皇帝的金面都难得一见。皇后倒是可以见的，每天都要战战兢兢，排队排班，前往参拜问安，跪在地下，不叫她抬头不敢抬头，不叫她站起不敢站起。

可是，到了第九任皇帝李隆基先生时，继承了皇帝特有的乱伦特权，于745年，把儿媳杨玉环女士按到床上，来一个霸王硬上弓，收归已有之后，封她“贵妃”，于是小老婆群编制又有变动。曰：第一级“贵妃”，位比亲王。第二级“惠妃”，第三级“丽妃”，第四级“华妃”，位比宰相。第五级“芳仪”，第六级“芬仪”，第七级“微仪”，第八级“昭仪”，第九级“修仪”，第十级“充仪”，位比部长。第十一级“美人”，位比省长。第十二级“才人”，位比州长。第十三级“尚宫”，第十四级“尚仪”，第十五级“尚服”，位比郡长（太守、知府）。

皇帝老爷就利用这些密密麻麻的位号，控制小老婆群。使那些如花似玉的老奶，没有第二个选择，只有全神贯注地使出浑身解数，包括种种自辱人格的行动，和恶毒的陷害别人的阴谋，去博取那个唯一的臭男人的一夜之欢，以企求升迁，最终的目的当然是升迁到皇后宝座。于是，激烈的“夺床斗争”——文明一点，可称之为激烈的“宫闱斗争”，就跟专制制度下的政治斗争一样，凶恶惨烈，杀机四伏，宫廷中遂充满了失败者所遭受的沉冤血腥。而这些，小民们不知道，盖儒家系统的史笔，根据“为尊者讳”原则，沉冤血腥已全被淹没，粉饰出的面貌，是一个太平盛世；贵阁下有没有看过电影电视上的古装宫廷剧乎，皇帝老爷固都是非常忠厚可亲的也。事实上，在宫廷中，一位美女的沉冤血腥，正是另一位美女的胜利崛起，新当权派就踏在旧当权派尚未凝结的血渍上，欢欣歌舞。我们听不到哭声，只听到这种欢欣歌舞。

柏杨先生在《皇后之死》中，曾对宫廷大老婆和小老婆群的这种沉冤血腥，从公元前二十三世纪，到公元十九世纪，四千二百年间，做一系列的研究。而许啸天先生,这位已去世的饱学前辈,他专就隋唐两个王朝的宫廷,做专题全面报导,固包括沉冤血腥,也包括欢欣歌舞,对其中内幕,细细掀开。

在隋唐王朝宫廷中,最可注意的有两位人物,一是隋王朝的杨广先生,是一个典型,他有绝顶的聪明和绝顶的能力,所以隋王朝钢铁般,任何人都推不翻的政权,他只消十年工夫,就把它推翻。大多数男人都是性的奴隶,杨广先生尤其厉害,他生命的目的跟一条蟒蛇没有区别,只求跟越多越不嫌多的美女做爱。另一位是武曌女士,也是一个典型,属于两栖动物。最初以女性的身份当皇后,最后以男性的身份当皇帝,她发动的夺床斗争,凌厉而可怖。她对中国文化最大的斲丧,是明目张胆地任用特务(酷吏)治理国家。这两位人物都付出他们的代价,男家伙绞死,女家伙气死。但是他们都把他们领导的政权,连根铲除,更引起千千万万人民死亡。他们固然满身罪恶,但陷他们于罪恶而不能自拔的,还是中国传统的宫廷制度。

中国传统的宫廷,实际上就是酥胸大阵。西汉王朝末年的宫廷,小老婆群和宫女数目达四万余人,隋王朝宫廷的小老婆群和宫女,数目更多到无法统计。杨广先生在天下名胜地方,都有皇宫,每一座皇宫都建筑在千万小民的尸体和血泪上。唐王朝宫廷小老婆群和宫女的数目,也不断增加,终于增加到小民的纳税钱不堪负荷,群起抗暴。

构成酥胸大阵的,有两大支柱,一是如山如海的美女,另一是庞大阵营的宦官。隋王朝亡于美女太多,唐王朝亡于宦官太有权力。宦官是中国传统文化最丑陋的产物之一,灭绝人性和良心。儒家系统的大哼大狮之辈,很少敢于攻击宫廷的美女如云,因为那妨碍到皇帝老爷的兽欲横流。不但很少攻击,有时候还媚态可掬的,用正式公文书(奏章),要求皇帝老爷努力增加小老婆群的人数。同时,也从不敢攻击宦官制度(偶尔的只敢攻击宦官的个体),盖宦官是小老婆群的副产品,目的只在防止那些貌如天仙的老奶,红杏出墙。如果有谁要求取消,怎么,你叫俺当皇帝的戴绿帽呀,就要人头落地。

隋王朝属于瓶颈政权,它的任务只在引导唐王朝出场。唐王朝是中国最伟大的王朝之一，只有秦王朝、两汉王朝和清王朝，可以跟它媲美。但它无法摆脱宫廷的荒淫、杂交和暴虐。包括唐王朝在内的中国帝王总数，共五百五十九人中，只不过产生三位伟大帝王，其他的帝佬帝崽，大多数都被酥胸大阵埋葬。

我们十分佩服许啸天先生把隋唐王朝宫廷，写得如此详尽。夫宫廷是蛇蝎之地，一旦泄露“禁中语”，即令他是皇亲国戚，也要处决。所以外界所知的，寥若晨星。但纸永远包不住火，正史上关于这一部分的资料，可靠性很低，因为“讳”的禁忌使他们如此，必须靠野史的帮助，而野史又往往流于“想当然耳”。许啸天先生从如此贫瘠的混乱史料中，发掘出宫廷内幕，是一件沉重的工作，也是一件伟大的贡献。

事实显示：夺床斗争在中国政治权力中枢，具有决定性的地位，敏锐地影响全国小民。宫廷中每一个美女的笑声，和每一次皇帝的喜悦，每一次淫棍娇娃的踌躇满志，都是小民们一片无助的哀号。

5. 逾淮而橘

——新马港之行，我见我闻我思我写之一

台北常出现一种奇异的场面，每逢洋大人来访，记者老爷或朋友老爷，还没有寒暄几句话，就抽冷子问曰：“客官，你对我们这里印象如何？”洋大人愣了一阵之后，指天发誓，说台北样样都好，而且好得不像话。于是两情相悦，成为生死之交。

柏杨先生这次赴东南亚一行，观光上国，先到新加坡，再到马来西亚，经香港而返。每到一地，无论记者老爷和朋友老爷，谈着谈着，也总会冒出同样问题，曰：“老头，你对我们这里印象如何？”回台北之后，老节目也一再上涌，不过成了：“老头，你对他们那里印象如何？”这才发现，这种脱口而出、千篇一律的问话，实在咄咄逼人。我可不是怕坦承不讳,冒犯了谁,只是觉得,不过走马观花地看了两眼三眼,而竟敢大言不惭,横发议论,未免越发胆大包天。

然而,虽然明知道胆大包天,仍不能不胆大包天,盖观光了一趟上国,总不能瞎聋兼备,视而不见,听而不闻吧。印象可能和事实不符,但也可能因触目心惊的缘故,而一语中的。这可不是暗示我也要一语中的啦,而只是说,记者老爷和朋友老爷既然问我印象,我就回答印象。如果印象错啦,责不在我,而在于你,谁叫你乱问乎哉。

新加坡共和国最使人吃惊的,是他们的交通秩序,井然有条。从台北这个翻江倒海的滚油锅里,一下子到了新加坡,就跟想当年麦哲伦先生,绕过南美洲,一下子到了太平洋一样,简直是到了世外桃源,忍不住额手称庆,抓耳挠腮。呜呼,新加坡车辆是靠左行驶的,这对像柏杨先生这种年龄的老头,无啥稀奇,盖在三十年代,我阁下正壮年之时,中国也是靠左行驶的也。直到四十年代,美国军援经援,大量涌入,而他们汽车方向盘是位于左边的,中国才改为靠右行驶。所以柏杨先生跟年轻人不同,台北的年轻人到了靠左行驶的国家,往往有一种"撞上啦,撞上啦"的恐怖心之感,提心吊胆,花容失色。只我老人家久经沧桑,镇静如恒。

无论靠哪边行驶,只要遵守交通规则,就永远不会撞上。新加坡的车辆照样也会闯祸,但它们的交通秩序,却仍是第一流的。驾驶朋友很少变换车道,即令变换车道,也都谨谨慎慎,不到万不得已,绝不超车。不像台北街头呈现的那种游龙戏凤身段,左穿右插,前面只要有一公分空隙,后面的车辆就恨不得杀将过去。新加坡不但很少变换车道,很少超车,也很少按喇叭。我一直以小人之心,度君子之腹,怀疑新加坡汽车准都是没有喇叭的。直到有一天,趁主人不备,偷偷地按了一下,"嘟"的一声,吓了一跳,才算放心。

维持交通秩序唯一的方法是公平的重罚,盖公平的重罚是法治之基,也是法治之母。一天早上,《南洋商报》总经理陈满贵先生,载柏杨先生暨夫人进城吃绿豆爽——没有启程之前,朋友耳提面命说,如果不吃一顿"肉骨茶",简直白去。其实不吃一顿"绿豆爽",才是白去,尤其对一个中国北方佬而言,肉骨茶能腻死人,而绿豆爽则如金浆玉液。且不说绿豆爽,只说开车进城,新加坡政府规定,上下班期间,车辆要坐满五人,不足五人,就罚银子,不但罚银子,累积若干“点”之后,还要吊销执照。一路上我和老妻两个乡巴佬,絮絮不停地向陈满贵先生问长问短,问东问西,问得他阁下晕头涨脑,不久他就捶胸跌足,急曰:“大事不好,糟啦糟啦,准被路边女警察记下号码啦。”我安慰他,或许那女警察被飞沙迷了眼也说不定,然而仍不能稍舒他的愁眉。事到今日,不知道灾情如何,实在为他牵肠挂肚。

——附带报告一则新闻,台北朋友担心柏杨先生到了新加坡,一定会坚持传统文化,乱丢烟屁股,准被罚得卖裤而归。却料不到异人天相,我在新加坡从没有乱丢过一次,实在找不到烟灰缸,我就按灭后装回烟盒,彬彬有礼,无不起敬。

在新加坡也看不到闯红灯和争先恐后镜头,台北一辆汽车在没有红绿灯地方转弯时,如果能等三秒钟不骂大街,就可领“谦让美德奖”矣。总是像尾巴着了火似的,能进一寸就进一寸,能进一分就进一分,节节前逼,视死如归。至于有红绿灯地方,左右绿灯刚眨第一眼,黄灯还没亮哩,迎面的红灯如故,就一马当先。这种奔丧式的开车,是台北特有的壮观,在新加坡可从没有遇见过,也从没有听说过。有几次,《南洋商报》总编辑莫理光先生,开车送我们回酒店,在酒店前转弯时,即令深更半夜,他仍停下来呆等绿灯,我叫曰:“老哥,冲呀,冲呀!”他却像吃了定心丸。使我这个滚油锅出身的尾大人物,大惑不解。同是中华人,何以成了新加坡共和国的公民,就守起法来啦。嗟夫,新加坡人口已超过二百四十万,而国土却不超过台北市,竟建设得一尘不染,人行道上安步当车,车河有条不紊,人都不知道哪里去啦,每一条马路都是林荫大道,青翠蓊郁,好像一个空旷的乡村市镇,使得那个可爱的袖珍国度,袖珍得更加可爱,成为中华人在海外建立的第一朵奇葩。回顾台北一片烟雾弥漫,忍不住鼻孔冒烟。

马来西亚联邦首都吉隆坡的交通秩序,是我的另一个吃惊,吃惊的是他们的安全带。如果考一考台北开车的朋友,即令他有三十年的奋斗经验，我敢跟你赌一块钱，问他安全带是啥，恐怕都得伸脖子瞪眼。不要说台北、高雄、台南之类大都市，就是常跑高速公路的朋友，也从没有谁披挂安全带的。这次出游回国时，一位朋友开车到桃园机场相接，夜色苍茫，大雨倾盆。——我们在香港上机时，尚十分炎热，大多数旅客只穿衬衫，看我老人家大衣臃肿，无不掩嘴葫芦，使我无地自容。可是一到台北，寒风冷雨，衬衫朋友冻得唇白脸青，哆嗦个不停，乃人心大快。且说上了朋友的车，我劝他把安全带系好，他当作耳旁风，唠叨得紧啦，他好像受了奇耻大辱，跳高曰："老头，你刚喝了两口印度洋的水，脑袋就作怪，瞧不起我技术呀。好吧，下车下车，爬着回去吧。"害得我苦苦求饶。大概要报我劝他系安全带的一箭之仇，猛地一松离合器，我的前额就几乎英勇地撞到玻璃窗上。

吉隆坡驾驶人或坐侧座的人，一定要绑个结实才行，不要说上了公路，就是闹市，以二十公里的速度前进，也得全副武装。偏偏我自出娘胎以来，从没有听见过有关安全带的学说，所以每次上车，都忘个净光。《新生活报》总编辑吴仲达先生，每次都提醒曰："绑上，绑上。"有一次，在欢迎欢送场面下，热闹哄哄地入座，他阁下以为我当然绑上啦，而我阁下天经地义当然没有绑上。半途被他发现，哀号曰："老头，你知道警察捉住要罚多少银子？把你老骨头卖掉都不够。"可是，严重的不在于绑上，而在于跳下。每次下车，我都一跃而出，一跃而出的结果是被安全带猛地拉回，好像一个被捆在老虎凳上的囚犯，遂号声连天。朋友们终于天良发现，叹曰："你们中国人不守法惯啦，无可奈何。这么吧，你也不必丢人现眼啦，只要把它放到胸前，做个模样算啦。"这才使我脱离苦海。

由吉隆坡的安全带，想到台北的安全帽。安全带在吉隆坡行得通，安全帽在台北却行不通。事实上是，两地政府都在保护驾驶人生命的安全，两地人民却有两种不同的反应：马来西亚联邦中，中华人占三十巴仙以上，他们遵守不渝；而台湾全是中华人，却有人大骂政府扰民。又是老话，都是中华民族的后裔，为啥逾淮而橘，而留下来的却非一枳到底不可。这里面的感想太多，学问也太大，可谓一言难尽。

6. 中国人·中华人

——新马港之行，我见我闻我思我写之二

大家一提起日本人的“大东亚共荣圈”，都会生气。日本人可以说是世界上最愚蠢的侵略者，认为仅靠开枪开炮，就可以“八弦宏宇”。不过，我们也得承认，日本人对亚洲国家的了解，远超过各国对自己的了解。十九世纪三十年代，日本人对中国东北，比中国还清楚。对马来西亚、新加坡，比英国还清楚。对印度尼西亚，比荷兰还清楚。对菲律宾，比美国还清楚。以致日本佬愤愤不平，认为有权收归己有。

日本人为了打邻国的歪主意，而去苦下研究功夫，使人跺脚。如果抛开这一点，而仅就他们对邻国研究的精神，和了解的深度，却使我们脱帽，不但脱帽，并且汗流浃背，自顾形惭。盖对别人打歪主意，固然需要了解，就是要跟别人做朋友，同样也需要了解。第二次世界大战时，美国参战，大批美军开到英国本土，美国小伙子和英国大姑娘，难免一见钟情兼不可开交。习惯上，英国人接吻是左颊先上的，美国人接吻却是右颊先上。为了避免两鼻相撞危机，美军司令部下令他们的阿兵哥跟英国女孩子先礼后兵时，要入境随俗，左颊先上。不过结果并不理想，当两军接触，进入战况之际，仍然发生两鼻相撞节目。原来英国妇女团体为了敦睦国际友谊，也下令给老奶，要她们改为美国式的右颊先上。这跟男人世界右手握手一样，一个人忽然伸出左手，恐怕是握不成。如果我们到了一个用左手握手的国家，就必须先行了解他们，才能一拍即合。

不了解别人，不但吻接不成，甚至连朋友也交不到。可是多少年来，中国人对外国一直处于朦胧状态，对在外国的中华人，更朦胧得厉害。我们唯一自以为最了解的国家美利坚，也不过皮毛。而对其他国家，像百年世仇的日本，抗战打了八年，死人千万，结果仍然“既不知己，又不知彼”。对于唇齿相依的一些邻邦，所知的更属于瞎子摸象。柏杨先生到新加坡的第三天，《南洋商报》派了一部车子，要载我们贤夫妇去郊区长长见识。我一听“郊区”，就忍不住要笑，这么一个小岛，还有郊区呀。但我没有笑出来，不是礼貌使我不便笑，而是被朋友铁青的脸色吓得把露出的大牙急忙用嘴唇包住。朋友问曰：“你们中国人以为新加坡只有两条街，是吧。”我立刻说不是，他瞪眼曰：“好老头，还不招认。”我只好招认好像似乎听谁这么说过。呜呼，这不能怪我，大多数中国人，尤其是钟摆式人物——钟摆式者，摇晃在自傲与自卑两极端的人物也，整天蒙着被想仙女散花，不开眼兼不开窍，我老人家不过其中之一罢啦。然而接着就是回到台北后的第三天（也是第三天），一位元老辈大亨，拍我的肩膀曰：“听说到了新加坡就跟到了中国任何城市一样，对吧。”当然不对。他不管我正要张口回答，又开腔曰：“听说新加坡百分之九十是中国人，对吧？”当然更不对，他大概看我神气有点邪门，急改口曰：“我的意思是，在新加坡，到处都是中国人。”我曰：“老爷容禀，我在新加坡所看见的，除了观光客外，到处都是新加坡人，却没看到一个中国人。哎呀，倒是看到了两个，一个是女明星，一个是女明星的妈，在那里淘金哩。”这回轮到他阁下神气有点邪门啦。大概认为我的回答不符合他预定的答案，遂收回拍在我肩膀上的贵手，悻悻而去。本来以为这次开口借钱，准不落空，结果被我的老实话砸了锅。这又怎么能抱怨他哉，我老人家从前固也是这么胡思乱想的呀。

我们必须弄清楚，中国人和中华人不同，就跟英国人跟盎格鲁撒逊人不同一样。再迷糊的英国人，都不会把美利坚人认为是英国人。里根总统先生一旦去伦敦访问，舰队街的报纸，如果报导曰：“英侨里根回国观光，对祖国各项进步，留下十分深刻的印象。回到侨居地后，当仍一本热爱祖国的初衷，继续为侨社服务。”恐怕纽约市的帝国大厦,都会冤沉海底,以示奇闻。然而,中国人心里却一直奇痒难熬,只要是中华民族的苗裔,管你是哪国人,统统装到自己口袋里,仍把他硬当成中国人。于是,大家一股脑成了“华侨”——在外国侨居的中国人。

呜呼,中国人是法律的,中华人是血缘的。称为中国人,必须具备中国的国籍,不管你是中华人,或是突厥人。而具备其他国家国籍的中华人,绝对不再是中国人矣,只能称他们为“中华裔”“中华人”。仿佛是这样的,已不能说华语的,是“中华裔”;还说华语,而且向中华文化认同的,是“中华人”。

——为了和“中国人”“马来人”“印度人”对称,又为了我老人家不喜欢单音节发音的缘故,擅自把“华人”改为“中华人”,敬请参考。

——中国人、中华人,这种称呼在英文里就不发生问题,管你是中国人也好,中华人也好,一律 Chinese。柏杨先生这次访问了两个国家,华文报纸有志一同,称我是“台湾作家”,避免用“中国作家”,外交形势使然,他们有他们的立场。只有英文《海峡时报》称我是“Chinese 作家”,我才兴高采烈地庆幸恢复了本来面目。盖 Chinese 固可当中华人解,亦可当中国人解也。

柏杨先生到新加坡,稍后再到马来西亚首都吉隆坡,华人朋友(注意,可不是中国人,而是中华人),全部用标准的华语(再请注意,可不是用“国语”,新加坡共和国和马来西亚联邦的国语是马来语),对我热情如火之余,往往曰:“欢迎老头来我国访问。”其中还有一件插曲,吉隆坡一家畜牧杂志老板叶顺泉先生,在向我“欢迎老头来我国访问”之后,忽然拍大腿曰:“前年我去曼谷,那边华人一句话一句‘我国’,他妈的真别扭,可是今天我却向贵老头脱口而出。因为事实上,这是我的国家呀。”呜呼,这种认同是天经地义的,一个美国籍的盎格鲁撒逊人,向英国人说我们美国如何如何,不是天经地义是啥。

他们的国家是他们效忠的新加坡共和国和马来西亚联邦,他们的国土是他们世代定居的新加坡岛和马来半岛。只有精神恍惚的中国人一口咬定他们是“华侨”,再一口咬定新加坡共和国和马来西亚联邦是他们的“侨居地”,而这正是中华人最厌恶和最恐惧的。他们几代下来,刻苦耐劳,兢兢业业,好不容易在那可爱的国度里生根。远在千万里外的中国人,却情不自禁的把他们拔出来放到地面上。套句流行的黑话:不知道“是何用心”也。

有人说,中国用的是属人主义的国籍法呀,好啦,抬出“法”就好办。时代不同,属人主义的国籍法应该修改,至少应该增加它的弹性,不能对大的不敢碰,专找小的捏。除了自己闭起门下笔时舒服舒服外,恐怕还贻害无穷。闹到最后,别人对中华人曰:“原来你们都是华侨呀,啥时候离开俺这个侨居地,回你们的祖国去呀。”这比“英侨”里根先生,以及“德侨”基辛格先生面对这种场面时,可糟得多。

7. 屋顶上的提琴手

——新马港之行,我见我闻我思我写之三

中国人和中华人的区别,又可举出一个例证,那就是以色列人和犹太人绝不相同。以色列人可以认为天下所有的犹太人都是同胞,但不能认为天下所有的犹太人都是以色列人。西方国家很多犹太人身居高位,甚至掌握兵马外交大权。以色列人如果心痒难支,认定他们都是“以侨”,那才是自己搬石头砸自己的脚,而且因搬的石头太大之故,以致自己的脚也被砸得稀烂。七十年代初期,中东战争时,吾友基辛格先生跑来跑去,排难解纷,跟阿拉伯世界搞得如亲如友,跟以色列却怒目相视,《华盛顿邮报》曰:“以色列不应对基辛格抱太大希望,基辛格固然是犹太人,但不幸的他却是美国国务卿,他不能违反美国利益。”斯时也,以色列人把基辛格恨入骨髓,示威游行,包围他的住处,要他快滚,有些年轻朋友还扬言要干掉他。可是他们从没有急火攻心地骂他“忘本”“数典忘祖”“连你的老祖宗都卖啦”。如果换到中国,敢跟你打一块钱的赌,早脱口而出。

然而,犹太人自从被逐出巴勒斯坦之后,分散各地,虽然不通音讯,却有一种神秘的力量,把他们的心,紧紧地连在一起。无论在啥地方,犹太人总是处处照顾犹太人的,基辛格先生不过不敢明目张胆偏向以色列而已。以色列人也不是呆瓜,当然心里有数,所以喊滚喊杀,努力跳高,不过表演给阿拉伯人瞧瞧,以加强老基的谈判力量罢啦。

以色列名义上虽然是“复国”,事实上却跟新加坡、马来西亚、美利坚、加拿大一样,硬是一个移民的国度。建国之后,来自世界各角落的移民,虽然全是犹太人,可是,从美国来的犹太人,说英语,本领高强,核子弹都会做;从德国来的犹太人,说德语,自命不凡,既办厂又开店,看见别人饿死都不眨眼;从阿曼来的犹太人,说阿拉伯语,脑筋简单,生活落后,连站班排队都不会,见了抽水马桶奔走相告。

——六十年代初期,柏杨先生有位朋友前往罗马公干,中途在以色列停留三天,一位移民局官员告曰:“附近有个中国村,全是你们中国人呀,还不去瞧瞧乡亲?”朋友大喜若狂兼半信半疑,跑去一看,原来是从中国来的犹太人,讲的是华语(对不起,事实上讲的只是上海话),正在那里互相“阿拉”“侬”,吃豆浆油条哩。见了吾友,就像见了他们同胞,一拥而上,好不热闹。

这些言语不通,风俗习惯不同,思考方式和知识水平,又相差十万公里的犹太人,当他们“大难来时各自飞”,飞到世界各地,虽经过可怕的漫长岁月,却一直心心相印,互不相忘。当他们五十代六十代的后裔终于再团聚在一起时,竟能迅速地恢复原状,就靠一种神秘力量。

不管你喜欢不喜欢犹太人,对他们磁性的凝聚认同能力,不得不五体投地。正是那种神秘力量,使他们像海豹一样,只要一闻气味,就融洽地挤在一起。美国有部电影《屋顶上的提琴手》,为我们解答了这个谜,该片演的是帝俄时代一个犹太村庄,男主角是一位以卖牛奶为生的贫苦老头，膝下有五位掌上明珠。他阁下强壮风趣，正直豪爽，对每件事都坚持传统，可是，他却没有酱在传统里，经过一番“从另一方面想”的结果，总是让步。直到有一天，他最心爱的小女儿要嫁给一个俄国青年时，他最初也曾习惯性地反复思考曰：“站在女儿立场，她爱他，他也爱她，小夫妇相爱就够啦，爹娘不是正要儿女幸福乎哉，她没有错呀。”然而，紧接着，他矍然曰：“不能再从另一方面想啦，再想又要让步啦，再让步犹太人的最后防线就要完全崩溃。”他脑海里浮出小女儿五六岁时，从茅屋奔出来迎接他，扑到老爹怀里，父女欢呼的镜头。然后，老头拭去眼泪，断然拒绝，拒绝当然失败，他就跟小女儿断绝关系。当他们全家移民美国，小女儿哭哭啼啼前来送行，他痛在心头，却不肯向孩子再看一眼。

这部电影显示的不是老头顽固，更不是所谓代沟，而是一个犹太人的神圣责任，为维持种族的生存，不惜任何牺牲地坚持原则。高质量的人和一个庸俗的人，在这上显出分野。老头几乎对每件困扰，都放弃犹太人的传统，只在整个犹太民族存亡的关键上，犹太人不跟非犹太人结婚，犹太教徒不跟非犹太教徒结婚，宁愿断送父女之情。

——民主政治和现代家庭，建立在互相容忍和互相妥协上，但容忍妥协不是无止境的。如果犹太教女儿大批嫁出去，非犹太教的媳妇大批涌进家门，这个在任何地方都居于绝对少数、绝对劣势的民族，早被吞没了矣。像满洲人被吞没一样，会消灭得无影无踪。到了二十世纪复国时，即令上帝亲自发号施令，他们也复不成，盖去哪里找犹太人乎哉。

中华人跟犹太人，是世界上两大奇异民族。中华人坚韧得像神秘的橡皮糖一样，在强大的压力下可以被压得成为薄薄的一张纸，甚至比纸还薄，简直透了明，但它不破裂。可是一旦伸展起来，却可以从帕米尔高原拉到亚速尔群岛，不但不断，阁下走路不小心碰到它，还可能绊个斤斗，栽掉两颗门牙。使中华人结合在一起的，不是宗教，而是华文华语。如果撒旦先生大发虎威，念起咒语，从犹太人身上抽去犹太教，从中华人身上抽出华文华语，那就跟从混凝土大桥抽去钢筋一样,稀里哗啦一声响亮之后,跌成一片流沙,随水而去,再也黏不成原状矣。

华文到现在为止,仍保持方块形式,这种现代人用起来头大如斗的方块字,在中华民族凝固的历程上,扮演过决定性的角色。公元前八世纪到公元前四世纪春秋战国时代,公元四世纪到公元六世纪大分裂时代,欧洲列国并立的形态和意识,已经完成。可是一旦统一,立刻产生向心力。而查理曼帝国也好,神圣罗马帝国也好,都想重建统一的欧洲,结果全都化作一场春梦。盖当时欧洲用的是拼音字母,各地拼出各地言语,文字五花八门,再大的政治力量,都无法糅合。而中国却用的是无法拼音的方块字,方言再多,缺少拼音字母工具,大家只好将就凑合,使用艰难的方块字矣。借着文字统一,遂使中华人心理上有一致的归属。

——写到这里,忍不住要急吼吼声明,我们只是强调方块字历史性贡献,犹如强调张飞先生丈八蛇矛历史性的贡献一样。囫囵吞枣地说,过去没有方块字,就没有中华民族,但并不是说方块字迄今仍法力无边,犹如并不是说张飞先生丈八蛇矛迄今仍法力无边一样。人类已到了电子时代,一种不能打字,不能进计算机,不能断字连字,不能自行发音,不能念出写法的文字,不是好文字。这个问题大啦,属于另一个范围,将来再表。

凡中华人所到的地方,都有华文。文字不能孤立存在,必须靠灵活的言语(三十年代,“世界语”流行得如火如荼,据说确实易学易懂,可是因为没有活言语支持的缘故,现在已没人提矣,哀哉)。所以华语也同时是中华人感情的归依,从前谚曰:“人不亲,土地亲。”现在中华人遍及天涯海角,则是“人不亲,言语亲”矣,就是受点骗、吃点亏,仍然一见如故,先天的有一种凝结认同感情。这种先天的凝固认同剂,是维系中华人相依为命的主要因素。

《屋顶上的提琴手》有几句歌词,曰:“提琴手站在屋顶上,听起来真是发疯。只因为这里是我们的家园,我们每个人都是这样的屋顶上的提琴手,试着去捕捉愉快而单纯的曲调,而不摔断脖子。你可能问,既然这么危险,你爬那么高干什么?我回答你,因为这里是我们的家园。至于用什么保持平衡,我告诉你一个字,那就是'传统'。"

传统可以改变,可以抛弃,但不是盲目的,它有它的最后堡垒,犹太人最后的堡垒是宗教种族,中华人最后的堡垒是华文华语。堡垒一破,全体都要抱头鼠窜。中华人要想获得自尊和受人尊重,需要"屋顶上提琴手"的忍耐、让步、修正,和最后的坚持。

8. 踩了他的尾巴

——新马港之行,我见我闻我思我写之四

华文和华语是中华人的凝结剂,然而,华文华语内在的缺点,却也同时阻碍中华人的发展和团结。

有一种情形,不知道读者老爷注意到没有,假使有一天,中华人的国家忽然间平地一声雷,削平群雄,统一世界,建立世界政府,跟想当年秦王朝削平群雄,统一中国,建立中国政府一样,水到渠成,华语当然成为世界语。可是,依柏杨先生观察,我们现在用的方块华文,恐怕并不能顺理成章地跟着成为世界文,盖华语易学,而方块华文书写的复杂和辨识的困难,占世界第一,任何一个半路出家的朋友,包括中华人在内,都不得不望字兴叹(不要说别的,仅只查字典,十找九不见,就能精神失常)。现在来华留学的西洋学生,越来越多,有英国学生老爷焉,有美国学生老爷焉,有法国学生老爷焉,有加拿大学生老爷焉(在这里我们可得强词夺理,"老爷"的意义也包括"老奶"),他们的华语差不多都流利非常;不仅流利,而且标准;不仅标准,而且还可以讨论更深层面。有一天,我老人家好不容易领到稿费(你知道讨稿费真难),就去附近小馆,祭祭肠肚。正低头猛吃,听见隔壁一群年轻人正哇啦哇啦猛谈李耳先生的道家哲学,不禁大惊,盖这年头哪个小子还去搞那玩意儿乎哉。然而,等到那群年轻人餐毕出来,我的惊骇程度,立刻增加两倍,原来他们竟然全体碧眼黄发。

有位在国立台湾师范大学堂语言中心当教习的朋友说,从我老人家的两倍大惊上,足以证明我孤陋寡闻,少见多怪,盖这种现象比老奶穿高跟鞋还不稀罕也。洋大人到台北,用不了半年,就能把华语说得天花乱坠,可是,面对方块字华文,大多数都成了谚语所形容的:"洋人看戏——傻了脸啦。"如果再叫他们用方块字华文写点啥,像写封"妹妹我爱你"情书之类,那简直是一场苦刑,仅只把"一栋房子"式的方块字硬塞到格纸里,就足以使他们自叹薄命。

近代世界文化史上有两位伟大的巨人,在他们择善固执的金腕之下,对两种艰难的文字,予以改革,一位是土耳其共和国国父凯末尔先生,他用超时代的远见,抛弃跟方块字同样艰难的阿拉伯字,改用拼音。另一位则是新加坡共和国总理李光耀先生,他慧眼万里,坚持方块字华文简体化。

——新加坡共和国所用的简体方块字华文,多少年来,使台湾若干畸形朋友,一提起来就血压上升。柏杨先生临离新加坡时,新加坡女作家青青草(蔡淑卿)女士,托柏杨夫人带了几篇她在该国发表过的小说,给台湾女作家丹扉女士拜读。丹扉女士拜读之后,认为是第一等奇文,就转托台北几位编辑,希望转载,以饱中国读者眼福。于是不久之后,她阁下跑到柏府,面无人色曰:"编辑老爷最初满口答应,等到定睛一瞧,就好像谁踩了他的尾巴,号曰:'新加坡不应该用简体字呀。'老头,你说怎么办?"柏杨先生只听了一半,就觉得天旋地转,几乎一头撞到墙上。天下竟真的有这么多发高烧人物,还没在镜子里看清自己的长相哩,就干涉起别国的内政来啦。呜呼,如果不是懵然无知,则定是啥时候害了大头症。我老人家可是没办法,唯一的办法是,把他吊到大树上,叫他望望野眼,瞧瞧海阔天空。

——六十年代时,也曾发生过同样镜头,台北热闹哄哄,正大力推行方块字华文横写"从右到左"运动(这是人类有史以来最奇异的运动之一),偏偏"从左到右"横写"日本航空"的大字招牌,高竖中山北路该公司的大楼之上，迎风而立，好不惹眼。发高烧朋友已烧得神智不清，拼命跳脚兼破口大骂，有的还报请警察局取缔，好像国家存亡，在此一举。最后，日本老爷骇曰："哎呀，你们吃了啥药啦，连我们日本字如何排列，也要管啦。"

五十年代初期，曾任驻印度大使的罗家伦先生，一时鬼迷心窍，出面提倡简体字，那时民智未开，一小撮体温二百度的朋友，纷纷反抗，帽子如雨，杀声震天，罗家伦先生只好见风转舵，鸣金收兵。六十年代之末，柏杨先生也曾胆大包天，写了几篇，而且聋子不怕雷，更进一步地提到拼音，结果不但败下阵来，还来一个全军覆没，唱《绿岛小夜曲》去矣。详细情形，众所周知，不必细表。现在八十年代矣，华文仍酱在"从右到左"原地，更别说简化拼音啦，既有人手执钢刀，专门跟中华垂危的文化过不去，我老人家还是慎言慎言，否则就真成了四人帮口中的"死不悔改的走资派"，可能加工回炉。

——新加坡共和国的简体方块字华文，一律从左到右横排，使人感动。柏杨先生热血澎湃地盼望，如果新加坡能从简体方块字华文，再作最后冲刺，改为拼音华文。那对中华民族前途，甚至对世界文明，都是一项功勋盖世的光荣贡献。

华语自身最大的缺点是方言太多，如果选举方言最多的国家，中国准独占鳌头。公元前二世纪秦王朝统一当时已知的世界后，只想到了推行标准文字，似乎没有想到推行标准言语，所以中华语里的方言，千奇百怪，叹为观止。任何一个使用同一文字的国家，都没有这么多乱七八糟，各说各话的发音。随便举个例子，同样一个"我"字，北平市人念 woo，福建省人念 woa，陕西省人念 er，宁波县人念 ala，后来日本帝国老爷顺手牵羊把它弄去作为他们的日本字，索性念"瓦特哭兮"。呜呼，英文里的"我"，任凭天南地北，山前水后，都得异口同声念"艾"，没人念"瓦"，也没人念"额"，更没人念"阿拉"，印度共和国老爷偷了去，也只能念"艾"，怎么念也念不出"牛顿哭兮"。

——柏老忍不住又要插嘴，有些朋友认为必须等到方言消灭，标准言语普及之后，才可谈到用拼音文字，否则各人拼各人的，就成了我们前述的 woo、woa、er、ala，甚至 woatakusi，那才是自己制造分崩离析也。这话猛一想有理，可是仔细一想，似乎恐怕是捧着胸脯过河，担心过度。拼音文字先决条件是：一种字母，一种拼法。“我”只能拼 woo，不能搞出 woa、ala，更不能搞出 woatakusi，如此这般，方言自然式微，标准华语自然普及，这比鼻子生在脸上还要一清二楚，不知读者老爷以为如何乎也。

任何一个英语人都得把“我”念成“艾”，假使贵阁下忽然听见一位新德里朋友把“我”念成“牛顿哭兮”，恐怕你也得跟着哭兮。然而，面对着中国人中华人的洋朋友，只要会说华语，他就得哭兮个没完，不仅外洋朋友如此，中国人中华人自己面面相对，哭兮的场面也层出不穷，有时候逼得尿急，不得不用英语交谈，洋大人看到眼里，只好拍案叫绝，叹为世界十大破落户奇观之一。

柏杨先生小时候，有天逃学，逃到乡下河沟捉鱼，就碰到一项哭兮场面。一位骑脚踏车中年汉子，气喘如牛地把我唤到跟前，掏出厚厚的一本巨形折子。折子者，左右开弓的记事簿也。上面横写得密密麻麻（那可是从左到右），他叽里呱啦了一阵，眼看我要表演哭兮，就熟练地翻出一页，指一行字，字曰：“请问距前面村子，还有几里？”我是天才儿童，当然识字，就喊曰：“三里。”现在该他哭兮啦，急指另一行字，字曰：“一二三四五六七八九十……”我指“三”，他又急剧翻动，又指一行字，字曰：“有无医生？”我报以点头，他脸上大喜，再指一行字，字曰：“谢谢。”这才跨车而去。直到今天，我都不知道他阁下是何方人士，也不知道他干啥，当时是不是害了盲肠炎。

另一个场面发生在我老人家三十岁妙龄之年，在上海一家轮船公司，买票前往青岛，伏案填表时，一位笑容满面的阿巴桑，手拿表格，向我唤曰：“阿哥……”我只听懂这个“阿哥”，以下的话，就是无字天书。很显然地她来求我帮她填表，可是双方都无从下口，她看我羞愧交加，一脸白痴之相，叽咕一阵，朝其他人多的地方走去。不由生出无限感慨，同是中国人，何以距离如此之遥远也。

9. 言语浓于血

——新马港之行,我见我闻我思我写之五

人类的肤色和长相不一样,已是一大奇事。而又各说各话,更是奇上加奇。以柏杨先生之尊,就弄不明白当初是怎么搞成这样子的。我于五十年代第一次去日本时,一下船就大吃一惊,盖到处哇啦,全是日本话,不但老头老太婆说日本话,连三岁娃儿也说日本话,倾盆而出,字正腔圆,搞得我无法插嘴。这次我老人家在马来西亚联邦首都吉隆坡飞机场,等候前往槟城班机时,就曾热闹一阵。盖尊肚忽然作怪,去了趟毛坑,公事办毕,回到候机楼一瞧,大事不好,柏杨夫人影踪全无,准是时间已到,上了飞机,先行走他娘啦。当下一个箭步,就要夺门而出,被一位黑脸的马来人官员一把捉住,开始唇枪舌剑。他说的马来话我不懂,我说的中华话他也不懂,狗急跳墙,英语出笼,说了半天,他不懂如故。这也不能怪他,盖我的英语,不但他不懂,连我也不懂。然而不懂没关系,叫我过去就行,偏偏他既要看护照,又要看机票,那玩意儿都在柏杨夫人身上,我怎能掏得出来乎哉。唾沫横飞既无效果,眼看就要比划几拳,死婆娘这时候姗姗露面,把我救出重围,咬牙曰:"你打架打到外国来啦,还差半个小时哩,慌张些啥?"我吼她不该走开的,她曰:"这倒稀奇,连去洗手间也要你批准呀。"我还要发疯,她泣曰:"老头,求求你,不要再土头土脑好不好?"

呜呼,这不是土头土脑问题,而是言语不通问题,谁叫世界上有那么多乱转弯的舌头乎哉。我老人家当时就定下宏愿,如果那么一天,当选上帝之职,法力无边,我就吹口仙气,教全体人类都说一种言语。

——不过,人类所以各说各话,好像就是现任上帝决定的,《旧约·创世记》曰:"那时(开天辟地后不久),天下人的口音言语,都是一样的,耶和华说:‘看哪,他们是一个强大集团,用同一言语,团结起来,以后无论做什么事,都会成功的了。我们下去,变乱他们口音,使他们的言语,彼此不通。’”如果这是真的,柏杨先生一旦继任宝座,包管对他阁下这项古老决定,全盘推翻。

——问题是,不要说统一人类千万种言语啦,就是想统一世间两种行车方式,都不容易。各国现行行车规则,共分两类,一类靠右,一类靠左,柏杨先生打算先办一件事,就是建议由两边各派一个代表,抽签决定,再不然来一场决斗,也很轰轰烈烈,靠右朋友胜啦,大家车行都靠右,靠左朋友胜啦,大家车行都靠左。现在这种各凭高兴的两分法,既无道理,更乱视听。

华语里的不同方言,造成中华民族内部隔阂的程度,不亚于各国不同语言造成各国间的隔阂。吾友丘吉尔先生曰:“血浓于水”。柏杨先生认为仅靠“血”恐怕“浓”不起来,应该是“言语浓于血”。即令是父母子女,老爹老娘说匈牙利话,儿子女儿说埃塞俄比亚话,“血”的功能也要大大减低。

人人皆知有关筷子的一项寓言,这寓言出自吐谷浑汗国一项真实史实。老可汗把儿子们唤到跟前,叫他们折断一根筷子,再折断两根筷子,都易如反掌,但当他们折断一把筷子时,却眼如铜铃,盖一把筷子坚硬得好像一根铁桩也。方言足以使中华民族血淡于水,不但成不了铁桩,反而成为一根根游离的脆弱的筷子。

方言是一种言语的浪费,也是一种生命的浪费。学会一种言语,而且能用该言语思考,最聪明的人也需要五年或六年的苦苦修炼,不幸遇到言语白痴如柏杨先生者流,即令寒窗十载,也等于读到大象肚子里。去年时节,我随柏杨夫人回她母校所在地——宜兰,一位本地朋友,酒酣耳热之际,厉声问曰:“我且考你,你会不会闽南话?”闽南话,在新加坡共和国、马来西亚联邦,称为福建话,我急忙顾左右而言他,他曰:“别打太极拳,说两句听听。”刚说一句,就露出马脚,他喝曰:“好老头,你来台湾三十年,怎么不会闽南话?准是瞧我们不起?”嗟夫,这真是天大冤枉,会不会本地方言,只跟方便不方便有关，跟瞧不起有啥关也，硬罩帽子，我就一百个不服加一千个不服。我老人家在甘肃、四川、湖南、辽宁，都住过些时日的，如果到一个地方都要猛学一个地方的方言，那就啥事都不要干啦，仅学方言就得活活累死。我如果不会普通话，而坚持我的家乡话，把"袜子"念"窝"，把"梯子"念"丢"，把"棍子"念"格栏"，贵阁下耳朵恐怕能冒出烟来。

方言的负担，能把中华人压得吐血，在新加坡和马来西亚，中华人除了要学自己所属的方言外，还要学其他各种方言；同时还得学马来语、英语、泰米尔语。嗟夫，一个中华人孩子，仅在言语上，就得"三更灯火五更鸡"，断送不少大好光阴。环境逼他们不得不成为"言语天才"，可是正因为人的精力有限，除了少数头脑特别灵光的朋友，大多数只能通而不精。尤其中华文难以书写，遂使中华语跟着没落。新加坡虽然中华人占绝大多数，但即令中华人之间，中华语也不能通行无阻。一天傍晚，柏杨先生暨夫人，乘坐特别为观光客而设的三轮车，前往中国城一游，那位车夫老爷就只会福建话(闽南话)，别的啥都不会，跟老妻有说有笑，我却呆若木狗，而我们固同是中华儿女也。

新加坡政府正推行华语运动——请注意一点，推行华语运动，可不是推行华语，而只是推行华语标准发音，弃绝方言。这项运动如果成功，当使中华人生命不再被糟蹋，从多如牛毛的方言中解脱出来，喘一口气。同时建立起来中华语的可靠性和权威性，使它更有资格成为世界上重要言语之一。新加坡政府毫无顾忌地公开向方言挑战，使我们充满了感谢和敬意。我们最大的愿望是，世界上每一个中华人，都能用中华语文，沟通心灵。

面对着英语和马来语强大对手，标准华语——北京话，在受过教育的中华人中，还可以通行的缘故，在于他们的华人学堂，都用北京话授课，我们向当初做这项正确决定的先贤，致无限追思。只有香港呈现特殊风光，香港百分之百是中华人，柏杨先生到了香港，自以为可以通行无阻，料不到那里竟是清一色的方言天下。除了广东话，就是广东话，恰巧老妻出了车祸，躺在床上哼哼，没人担任翻译，害得我老人家寸步难行，连出租车都不敢坐。据说若干年前，还要精彩，盖全世界只有香港一地，中华人学堂仍用方言授课，可谓中华民族发展史上，一大奇观。广东朋友比英国佬还要牛，认为不会广东话的家伙，简直是化外之民，以致连英国尖头鳗，都得认输，跟着“谋蛮台”起来。可是，无论怎么说，广东话只是一种方言，必须居于次要地位，中华人才能完整。在我当选上帝，法力无边之前，盼望有一天能看到香港华人学堂也用北京话授课，那才是中华人千秋万世之福。

不过，广东朋友这种执着、强硬，像韧带一样的坚持精神——抗战之前，日本人称之为“广东精神”。我们虽誓死反对广东话第一，却由衷佩服这种精神，每个中华人都用这种精神保护标准中华语，中华人才不致沦落为林立的筷子，才有可能成为永折不断的铁桩。

血浓于水，言语更浓于血，八亿人口说同样的话，诚如耶和华所说：“他们成一个强大集团，用同一言语，无论做什么事，都会成功。”我们祝福我们自己。

10. 骨肉情深·相依为命

——新马港之行，我见我闻我思我写之六

前些时，英国查理王子前往美国访问，在白宫跟美国总统里根先生促膝谈马，电视上还看到有位老奶向他阁下行宫廷屈膝礼镜头，实在过瘾。可是，柏杨先生却忧心忡忡，唯恐怕殿下老爷冒出一句，说他是来“宣慰旅美侨胞”的，那就糟啦。他虽然始终没有说出这句话，但我老人家仍然忍不住打电话到伦敦，给在那里大学堂当教习的张国龙先生，问问英国报纸上可有这种节目。是他夫人徐慎淑女士接的，大骇曰：“老头，你可是刚抢了银行，钱撑着啦。”倒不是钱撑着啦，而是糨糊撑着啦。假使查理先生不是英国王子，而是中国王子，报上“宣慰侨胞”的文章,准大雨倾盆,你敢跟我赌一块钱乎哉。可惜英吉利非礼仪之邦,竟不知道“宣慰”一下他们“侨居”在美利坚的“侨胞”,惜哉。

孙中山先生曾曰:“华侨是革命之母。”二十世纪三十年代之前,他们确实是华侨,因为他们身属中国国籍,手拿中国护照。可是四十年代之后,东南亚各国纷纷独立,像印度尼西亚共和国,还经过大小百余血战,才把自封为主子的荷兰朋友赶出大门。华侨逐渐地变成华人,成为新兴独立国家的公民,不再是流落天涯地角的中国游子,而是嫁出去的中国女儿矣。女儿在夫家——那块美丽的国土上,生根开花,茁壮结实,继续繁衍中华民族的苗裔。身在中国的兄弟姐妹,不应该再猛嚷她可只是暂时在那里歇歇脚的呀。那不是待女儿之道,而是待敌人之道,只有对敌人才这么用尽心机,去努力拆散她们的家庭。

海外的华侨和华人,对娘家的贡献,太多太巨。可是当他们需要娘家照顾的时候,娘家却只能搓着双手,不着边际地信口开河,教他们少安毋躁,等咱们强了再说。有时候还厚着脸皮,要他们再继续“有钱出钱”“有力出力”。一些靠色相的演员老爷老奶,以及一些会画两笔的朋友,更千方百计前往献宝淘金。中华人不得不应付应付,于是一个个脑满肠肥,满载而归。这些臭男女不但不感激零涕,反而洋洋得意地摇着大舌头宣称,他们是去“宣慰侨胞”的呀。遇到来中国观光的华人,大官小吏一有机会,就板起鸭子屁股面孔,训勉他们回到“侨居地”干啥干啥。查理王子如果听说世界上有此奇观,恐怕真要后悔不迭没有跟进亮相。

柏杨先生在新加坡和马来西亚的时间很短,却模糊地有个印象,每位中华人心里似乎都埋藏着一种隐忧。夸大地说,心里似乎都有一种不安全的恐惧感。中国的强大是他们最大的盼望,可是中国人被酱得太久,偏偏一时强大不起来,这是一个难解的困惑和一个沉重的打击。我们身在中国的兄弟姐妹,再忍心把他们推到进退维谷的“侨胞”“侨居地”之境,未免不当人子。

这种隐忧——不安全，甚至恐惧，可不是神经衰弱，多愁善感，而是从热泪中成长的。中国之外，世界上唯一的以中华语文授课的南洋大学堂，被悄悄地取消，以及印度尼西亚不准华文书刊进口，就是两响使华人颤栗的钟声。已故的英国殖民地官员巴素先生，曾叹息曰："当一个十九世纪的中国人，真是一场苦难。"现在二十世纪已快打烊，我们还是同样叹息曰："当一个二十世纪的中华人（Chinese），真是一场苦难。"前途布满荆棘，中华人像一个娘家无权无势，而又受尽公婆妯娌白眼的小媳妇，有说不尽的委屈悲愤。

没有人知道这种委屈悲愤的心情继续发展下去，结局是福是祸。柏杨先生在马来西亚联邦首都吉隆坡和第二大城槟城，各有一次讲演，都提出同一的建议，那就是，不要抱怨。这可不是冲凉水澡的人劝屁股坐在火炉上的人不要抱怨，而是同受煎熬的患难朋友，互相勉励。我们除了看现象外，应该更深入地研究造成这现象的原因。两个星期前，一位学生老爷光临柏府，请我老人家指示机宜。盖他的女朋友跟走马灯一样，一个月就换一个。我曰："你这么换法，不怕累呀。"他哭丧脸曰："不是我换她们，而是她们换我。尤其姗姗，老头，你见过的呀，我那么爱她，也只维持了三个月，就另行高就。"接着把一群老奶攻击得连个蚌壳都不值。呜呼，要叫别人爱自己，必须自己先可爱，同样的，要叫别人尊敬自己，也必自己先值得尊敬。我要他先莫怒发冲冠，仔细想想自己为啥落到如此地步。只一味砸镜子兼骂大街，不能改变容貌，改变容貌必须心里先改变才行。学生老爷的性格古怪得像一头吃了癫痫药的毛驴，不要说老奶不爱他，连我这个老头也不爱他。中华人对其他民族受到特别保护，当然感到屈辱和不公平。但只抱怨，并不能改变事实，反而有换来更屈辱更不公平的可能性。事实上，不必把保护的功能估计过高，尤其是畸形的保护，会丧失竞争能力，那并不绝对是福，历史上这种事情多得可装满两架波音七〇七飞机。

去年（1980）夏天，柏杨先生在台北跟一位前来台湾冒险的丹麦女大学生相遇，相遇并不是一老一少如火如荼地爱上啦，而是在她身上得到启示。她曰:“你们中国青年真有福气呀。”我一听就生气曰:“老奶,谁不知道北欧国家社会福利好得要命,吃我们豆腐干啥?莫非得了油嘴滑舌毛病,可要介绍个针灸医生?”她曰:“你说得不错,我们国家福利好,比你们好百倍以上,即令失业,失业金也足够过你们这里中等家庭的生活水平。但也正因为如此,还有谁肯当傻瓜,咬牙瞪眼地干活乎哉。你们青年面临着无穷尽的挑战,有他们奋斗的目标。大多数丹麦青年前程都已被国家安排好,注定了的。而大多数中国青年前程都是未知数,经过遍体鳞伤之后,可能震撼世界。”

嗟夫,中华人的不安全恐惧感,不应是环境艰难,或得不到保护,而应是少数中华人自己不争气——不团结,不认错,不自尊。所以中华人应以更开放的心灵去爱,爱同血缘同语言的中华人,爱自己所属的国家,爱共同生活在同一土地上的其他民族,包括马来人和泰米尔人。随便举一件事,作为例证,中华人尊脑里仍顽强地保留着“好铁不打钉,好男不当兵”的古老观念,这是一个可怕的错误,既然爱你所属的国家,就应该保卫所属的国家。中华人一天不能荣耀地参加武装部队,就不能证明他的效忠,永不能受人尊敬,盖没有一个地方喜欢只享受权力而不肯尽义务的人。

一位在欧洲住了二十年,又在美国住了二十年的老友,曾捶胸曰:“中国人到哪里都是中国人。”这话贬多于褒,含意沉痛。不知道贵阁下注意到没有,一个日本人是一个呆瓜,两个日本人是一个联盟,三个日本人就会成为一个强大兵团。而一个中国人却是世界上最聪明的动物(君不见,中国留学生,在洋大人学堂里,总是独占鳌头)。两个中国人就不行啦,成了双头马车,你要走独木桥,他偏走阳关道。三个中国在一起更糟,立刻就成了是非之地,感情用事,拼命窝里斗。噫,这才是中华人的真正危机。这种危机如果消失,不要说消失啦,仅只在程度上减轻一半,外在的任何危机,都不过只是一种激励,一种向更美好景地跃进的跳板。

一连五篇,都在谈中国人和中华人,似乎下定决心——酱缸文化用语是“别有居心”,把新加坡共和国和马来西亚联邦的中华人,跟中国人之间,一斧劈开,劈得越远越好。有这种想法的朋友,一定吃了太多的大蒜。新加坡《南洋商报》主编杜南发先生,告诉我一件事。有一次,他去探望被安置在某一个国家海滨的越南逃亡难民营,隔着一条铁丝网,兵老爷手执刀枪剑戟,在那里把守兼两边吆喝:一边吆喝杜南发先生,一边吆喝难民,不准他们接近铁丝网谈话。一位中年妇人带着她的女儿,蹲在沙滩上,在那里写字,杜南发先生定睛细看,只见反复写的是"中国人""中国人",眺望未毕,妇人和女儿就被营区官员驱走。这故事使我们肝肠寸断,但也说明,中华人分散到各个角落,所属的国家不同,遭遇的命运不同,可是,血浓于水,言语浓于血,中华民族的心,却永远结合在一起,灵犀相通,密不可分。白居易先生诗曰:"时难年荒世业空,弟兄羁旅各西东。田园寥落干戈后,骨肉流离道路中。吊影分为千里雁,辞根散作九秋蓬。共看明月应垂泪,一夜乡心五处同。"正是全世界中华人(包括中国人)心情。我们要做的是,怎么化伤感为喜悦。希望新加坡共和国、马来西亚联邦,跟中国的关系,像美利坚跟英国的关系一样,骨肉情深,相依为命。

11. 自断命脉

——新马港之行,我见我闻我思我写之七

中国同胞对文明国家版权的尊严,仍在朦胧阶段。——十八世纪时,中国同胞对文明国家国旗的尊严,也曾同样朦胧过。严格地说,现代文化的茁壮成长,大部分建立在版权的尊严上,版权没有保障,文化就会萎缩。一位工人老爷,在工厂干了一天,筋疲力尽兼气喘如牛,前去领饷,准备给害病的孩子买点药,给挨饿的老妻买个馒头,出纳先生却拿出字据曰:"哎呀,你已经领过了呀。你说啥?你没领?笑话,笔迹是你的,图章是你的,签字也是你的,你想要赖呀。”走到门口一瞧，一位海盗朋友正在数银子哩，上去一把抓住，海盗朋友号曰：“我给你传名了呀，在俺那条船上，谁不知道你是工厂第一把好手。”

天下竟有这种艳遇，那位工人老爷恐怕当场就得晕倒在地，气绝身死。准有人说这不过是个虚构的故事，以娱嘉宾罢啦。好吧，我们就介绍一个真实的。一位文化人好容易写了一本书，跪求一家出版社给他出版，指望弄点版税，给害病的孩子买点药，给挨饿的老妻买个馒头。该书一举惊人，销了百余万册，作者好不快活，跑到出版社，正要张口，只见书却原封不动堆在墙角，出纳先生愁眉苦脸在那里叹气，而海盗朋友却在门口猛数银子，文化人的结局恐怕好不过前述的那位工人老爷。不过，问题不同的是，这种艳遇如果发生在工人身上，准会有人挺胸出来打抱不平，搞得山摇地动。而发生在文化人身上，却没人多看一眼。自己嚷嚷的话，反而被人嗤之以鼻，连八年前的老痰都嗤出来。盖酱缸文化是不准文化人谈钱的，而只要文化人“清高”——屈死都不能哼。文化人应有的最低权益，没有任何保障，不讥讽你已够皇恩浩荡啦。认为你的孩子病死、老妻饿死，都不值得你去据理力争，力争便不是所谓的“读书人”矣。

柏杨先生在新加坡曾逛了一家华文书店，一位漂亮店员老奶发现我老人家就是柏杨老爹之后，眼疾手快，抱出一大包敝大作，下令签名，理直气壮曰：“签了名的书好卖。”签名就签名，我在调查局连置自己于死地的口供上都敢签名，岂怕书上签名乎哉。可是拿起来一瞄，就抵死不从，盖一本一本又一本，全是翻版。店员老奶曰：“他们肯翻你的版，是你老头的光彩呀。”我曰：“我不要光彩，只要喂饱肚子。”她大不高兴，在书堆里左挑右挑，挑得忽冬忽冬乱响，最后挑出了十几本真货，扔到桌上曰：“好啦，签吧。”战战兢兢签罢告辞，她头也不抬，连个谢字都没有。

然而，我这个大义凛然的嘴脸，不久即行崩溃。到了吉隆坡，读者老爷老奶也如法炮制，举到尊脸上的，除了一两本外，其他几乎全是海盗朋友的杰作，我发现如果再坚持的话，有被拉下裤子，瞧瞧尾巴有啥变化的危机。不过虽然一面照签,仍一面心痛。槟城的情形一样,不必细表,细表的是到了香港,吾友陈国钧先生陪我逛了半天书店,倒是每家都有敝大作的,可是敝大作也几乎全是海盗朋友的娃儿,只好化悲愤为力量,决心每种翻印本都买上一册,带回纪念,并作为已成了“大文豪”的铁证,叫巷口那个不肯赊账的小铺掌柜的开开眼界。可是跑到厕所数了数银子,就宽大为怀,不跟他们一般见识啦。盖如果真的每种一册,就要当场破产,逼得在香港跳楼殉书,未免欺人太甚。嗟夫,翻印杂文,还可理解,像大块头的《中国人史纲》,千余页精装书,竟然出现纸张和装订迥然不同的两种盗印本,从何理解也哉乎。对这两种盗印本,我倒是每种买了一套,带回台北柏府,现在就供在案头之上,以便触目心伤。

版权毫无保障,是中华文化交流的瓶颈,无法突破。台北星光出版社去年(1980)曾以四折的自杀价格,把《中国人史纲》运到香港,跟海盗朋友硬拼,但四折(运费白送)也要港币二十八元。而香港平价书屋定价只港币二十元,还八折优待,仅十六元,这场战争怎么打法哉,结果抱头而回。香港总经销店最初要求每次新书,都寄五千册,第一二次寄出,消息还好,等到第三次寄出,却原封照退,盖海盗朋友在台北是有伏兵的,只要新书上市,立刻买上一本,航空寄往,等到台北辛辛苦苦地送审、打包、申请、报关、上船,气喘如牛地运到香港,翻版书已卖了一个月,而且早遍布新、马、菲律宾,以及美利坚,原版书根本插不进去。总经销店曾要求每次新书,必须等运到香港一个星期之后,才可在台北上市,台北求现心切,不肯答应(其实答应也未必有啥作用,伏兵到装订厂顺手牵羊,也是一样)。书商既然大败,可怜的爬格纸动物的血汗版税,不得不跟着泡汤,哀哉。

台湾书刊交流到海外,最大困难是前述的海盗朋友翻版。翻版书同样精美,而价钱又便宜一半,纵是傻瓜都不会专找贵的买。其次的致命伤是,肉包子打老虎——我可没说肉包子打狗,千万别把账记到我头上。台湾出版商也有吉星高照,在海外有生死之交开书店的。接到该店订书单,大喜若狂,照单寄书,以为万无一失。想不到的是,只要书一上船，十拿九稳地就成了上述的肉包子打老虎的局面，一年半载，没有下文，偶有下文的，也只提添书不提钱。写信请求结账，就跟挖他屁眼一样，电话讨债，更属罪恶滔天。于是，不但书没啦，运费还得倒贴。最可悲的是，连朋友也没啦。不寄书时，友情还在，一旦寄书，友情从此勾销。柏杨先生回台北之后，急如星火催星光赶紧往海外发展呀，星光老板林紫耀先生拿出账单请我御览，两年前寄出的书，到现在都石沉大海，音信全无，他阁下向我瞪眼曰："你叫我卖儿卖女，去干化友为敌的勾当呀。"

贵阁下读过《七侠五义》乎？一位海盗朋友，困在一个孤岛上，连一群喽啰在内，都饿得东倒西歪，盖他老人家捉住过境民船，连船夫一并宰掉。恶名传出，船都绕道而逃，他只好群起倒毙矣。后来经名人指点，不但不宰掉船夫，捉住后反而跟船夫三七分账。两方一勾结，船夫有利可图，不但不绕道啦，还自动把"肥羊"送上大门，海盗朋友的水寨，从此兴旺。

这故事给我们的启示之一是，海外书商似乎都在干宰掉船夫勾当。开书店当然卖书，如果觉得卖书是桩可厌可耻的行业，满可改行卖飞机原子弹，既然屈就，就不应自断财路。而事实却又偏偏如此，其中道理，就是把我老人家的头皮剥啦，我仍是怎么想都想不通。

——怎么想都想不通的怪事，另外还有一件。上个月末，几个不识相的债主下了最后通牒，我就去星光出版社，看看能不能预借一点银子。正老板林紫耀先生本来笑脸相迎的，一提借钱，尊脸就像帘子一样，刷的一声，拉了下来，先抱怨敝大作简直卖不出去，再抱怨最近几家倒闭的书店几乎拖垮了他，然后咳声叹气说心脏不好，受不了刺激。正在心慌意乱，副老板林紫茂先生，在旁冷笑曰："出版社的血，都给你们这些作家喝光啦。"这话可是当着全体店员说的，过往神明圣鉴，我要有一个字杜撰，就天打雷劈。呜呼！自从盘古立天地，再大胆的有钱大爷，都不可能发出这种谠论。怔了一阵，迷迷糊糊被赶到大街之上，几乎去警察局自首我就是行刺林肯的凶手。

林紫茂先生竟然发明了这种足可以得金脚奖，作家倒转过来喝出版商血的学说,则海外出版商认为宰掉船夫,照样可以当王。他们的学问,一定同样莫测高深,使神经正常的朋友吃惊。既有林紫茂先生之类内忧,又有海盗朋友之类外患,局外人又视为没啥,文化人之不绝种,天也。

在文化血缘上,新加坡、香港,以及马来西亚的中华人社会,跟中国是一体的,犹如美国跟英国是一体的一样。美英两个文化的交通管道,像长江大河,畅通无阻,美国人绝不会把罗素先生的作品盗印,英国人也不会把马克·吐温先生的作品翻版,更不会只做沙锅捣蒜式的生意。可是,华文间的交流管道,却受到自己的摧残,国民质量和商业道德,以及法治精神,竟相差如是之巨,这样下来,终有一天,双方文化交流会完全断绝,鸡犬之声相闻,老死不相往来,中华人跟中国人之间,漠然成为两个世界。呜呼,再多的物质贸易,不能培养出手足之情。政府官员似乎正在全神贯注物质输出,在外洋卖了两架电视机,赚了十块钱不到的外汇,便沾沾自喜。要知道,一架电视机卖啦,就从此了断,而输出一本书,影响更为深远,同样的也有外汇收入,而更关系着中华民族前景的万年之基。

砍断中华人间的文化血管,可不是外人干的,外人正在一旁冷眼旁观,看着一个民族的堕落。而是中华人在自掘坟墓,不知道谁肯照顾一下也,小民已尽了吃奶的力气矣。

12. 安乐死

——新马港之行,我见我闻我思我写之八

在马来西亚联邦首都吉隆坡,柏杨先生碰到了"安乐死",可不是我恶贯满盈,要御驾崩殂啦,而是参加了一项由《新生活报》主办的"安乐死座谈会"。座谈会由该报主编韩爱璇女士主持,所到各路人马,除了本地各层面人士外,还有来自香港的科幻小说家倪匡先生。这至少说明，马来西亚中华人社会，已受到这个问题的压力。在中华民族传统文化中，一提起“死”，就丑态毕露，认为不吉祥兼不吉利，既跺脚而又吐唾沫。如今忽然要“安乐死”啦，简直五雷轰顶，老套出笼，曰：“丧心病狂，道德沦亡。”

倪匡先生是强烈支持安乐死的，他认为人有权利求生，就有权利求死，求生和求死的权利，都不可剥夺，不管你是宗教大师，或是马路旁修摩托车的，都没有资格插嘴。如果法律剥夺，就应修改法律。《马来亚通报》专栏作家游枝先生，也强烈支持安乐死，他认为有些病人家属承担不了沉重的医药费，病人本身也愿意放弃医治，同时医生又没有办法起死回生，就应该结束这个绝望的生命。

柏杨先生更强烈支持安乐死，除了照单全收，完全同意他们的见解外，另外还有一项理由，那就是，安乐死是一种人道，是一种大慈大悲、救苦救难的菩萨心肠。远在五代十一国时代，闽帝国皇帝王延均先生，一病不起，眼看结账。首都（福建省福州市）防卫司令官（皇城使）李仿先生，知道机不可失，就把王延均先生最宠信的尾巴之一李可殷先生杀掉。

——闽帝国宫廷，是中国最最使人作呕的宫廷，集脏乱之大成，不是东西脏乱，而是人物脏乱。王延均先生的老婆，身为皇后的陈金凤女士，跟李可殷先生通奸，而这位奸夫又拼命打李仿先生的小报告，李仿先生恨惧交加，就来一个先发制人。

杀了皇后的姘头兼皇帝的幸臣，问题可大啦，至少比杀一条猪的问题大。王延均先生一气之下，病竟好了一半（噫，他这时候如果一气而死该多好），坐上金銮宝殿，亲自调查李可殷先生的死因。李仿先生一瞧，大事不好，索性一不做，二不休，集结他的部下，进攻皇宫。王延均先生抵挡不住，急忙躲到床底下，叛军叫他爬出来，他不爬出来，乱枪齐下，他陛下只好爬出来，浑身鲜血，满布创洞，头不成头，脸不成脸，在地上翻滚哀号，要求超生。宫女们不忍他这般翻滚哀号，就照他脖子上一刀，人头落地。

我们介绍这故事，只是介绍他的结局，史书上曰：“闽主（王延均）闻变，匿于九龙帐下，乱兵刺之而出。闽主（王延均）宛转未绝，宫人不忍其苦，为绝之。”人生最大的痛苦是绝望的痛苦——求生不得，求死不能的痛苦。杀了皇帝，是灭九族的罪名，可是宫女们却“绝之”，只不过“不忍其苦”的一念之慈。反对安乐死的朋友，如果处于宫女之境，不知道有啥反应，是也“绝之”乎？抑像剥皮的刽子手一样，眼睁睁看着他陛下“宛转”到死乎？人性善恶，在此分野。

三年之前，台北一位美国籍青年鲁塞尔先生，在一场严重的车祸后，身负重伤，他的家属要求荣民总医院拔掉氧气管。于是社会上圣崽嘴脸像雨后狗尿苔一样，纷纷出笼，龇牙说，人不应杀人，即令受本人和家属委托，也是犯法，犯法就要锒铛入狱，没啥可客气的。荣民总医院医生老爷大吃一惊，赶忙解释说，鲁塞尔先生送到医院时已经死啦。鲁塞尔先生送到医院时是否真的已死，并不重要，重要的是拔掉氧气管措施。柏老认为，拔掉氧气管时，他阁下恐怕是还没有死，如果已经断了尊气，医生老爷自会拔掉，何用亲属要求乎也。不过有一点是明确的，他已回生乏术，如果不拔掉氧气管，他可能继续活，但只是植物性的活，肉体虽然继续成长，精神却人事不知。

王延均先生如果是古代安乐死的例证，鲁塞尔先生则是近代安乐死的例证，说明安乐死是必要的，而且充满了高度爱心。

去年（1980）美国雕刻家乔罗曼女士，因害了砍杀尔，决定采取行动，先为自己的死亡写了一篇报导，寄给《纽约时报》，然后择定日期，和家人及少数知交，共进晚餐，餐桌上不完全是啜泣，还有爽朗的欢笑。然后她吻别她的女儿，同丈夫走进寝室，舒舒服服洗了个热水澡，穿上她最喜欢的粉红色睡衣，用香槟酒吞下大量安眠药，与世长辞。我们真羡慕她，她成功地拒绝接受痛苦——癌症末期，那种像服了武侠小说“挫骨散”似的挫骨痛苦。可是，洋大人之国也有道貌岸然之徒，有些医生、宗教家，跟不少的社会大众，因为没有看见她在病床上骨瘦如柴、头发全脱、牙齿掉尽、双目无光、拼命喊哎哟的凄惨镜头，而大失所望。在恶毒的意识上，披上学术外衣，反对曰：“生命本身就是一种尊严，自戕是对生命的不忠实。”呜呼，正因为生命本身就是一种尊严,所以才用安乐死保持这种尊严,在屈辱的痛苦中,安乐死是唯一对生命忠实的手段。辗转哀号三天三夜,直到力竭惨死,有啥尊严?有啥忠实?僵尸一样,一躺就是十年二十年,任凭摆布,有啥尊严?有啥忠实?连累亲人家破人亡,老老少少蹲在街头喊“大爷大奶赏口饭吃吧”,又有啥尊严?又有啥忠实?

记得发生在非洲的一件拓荒故事。一个白人资本家老板,被叛变他的当地工人捉住,要用人间最残忍的刑罚——“船刑”对付他,那就是要把他仰面朝天的四肢绑到船上,各种昆虫,包括苍蝇、蚊子、蟑螂、壁虎等等,闻到他拉出的屎尿味道,如山如海地爬到他身上细嚼烂咽,大概要两个星期之久,他那声震四野的惨叫,才能停止。白人老板情急智生,宣称他发明了一种奇药,抹到脖子上,刀枪不入,如果饶他不死,他就献出该宝。工头龙心大悦,但用啥方法证明奇药有效乎哉,白人老板自愿用他的脖子做试验,有效开释,无效包退还洋。结果是喀嚓一声,脑袋搬家,害得受骗的工头,在他的部落里,从此抬不起头。这位白人老板一定十分凶恶,才惹起群众的严厉报复,但他这种做法却是极大的智慧,保持了人性的尊严,忠实了他的生命,盖上帝给他生命,不是叫他把它糟蹋到“船刑”上的也。

柏杨先生曰:“没有受过苦刑拷打的有福啦。”在座谈会上,马来亚大学堂学生老奶叶宁女士,说她不知道苦刑是啥,我老人家正在吸烟,当时就抓住她的玉臂,要烫她一烫,吓得她又蹦又叫。幸亏被人拉开,才算没上演拷掠节目,否则她当场对安乐死就会大彻大悟,顶礼供奉。人生苦到极致,唯一的安慰和盼望就是“绝之”。人类有权利拒绝痛苦,尤其有权利拒绝绝望的痛苦,这权利不容任何人假冒为善的去侵犯。

痛苦不仅限于肉体,有时肉体虽没有感觉,但痛苦更深。就在座谈会上,我想到台北的王晓民女士,她在一场车祸后,即昏迷不醒,由动物变成植物,由一个人变成一棵树——而且是一棵倒下来的树,迄今十八年矣,一直像一棵树一样被放到病床上。但她却没有真正的跟一棵树一样的安静,身畔总得有人照顾,照顾她屎尿,照顾她吃饭——也就是喂她吃饭,给她洗澡、擦身、换衣服,还要不时的为她翻身。最近几年来,王植物女士忽然生痰,更要每天二十四小时不断地给她抽痰,稍微一迟,她就发烧,咬牙出声,体温升高,浑身抽筋。兄弟姐妹都先后离去,只剩下被拖累得筋疲力尽的父母,而父母又一年一年衰老,全家只靠老爹退休俸,半年约四万元的微数(黄金不过一两半),来维持早已典尽卖光,告贷无门的全家生计,日夜守养一个只会拉屎撒尿生痰的僵尸,却束手无策。正是"流泪眼对流泪眼,断肠人看断肠人",而泪已枯,而肠已碎。无数人叹息说,这是一个悲剧。事实上,悲剧还在后面,一旦老爹老娘去世,世间又有谁接班伺候这个苦命的孩子耶?那些对"伟大母爱"的赞美,只是廉价的声音,虽可以信,却不可以靠。不要说去世,就是二老病倒,又有谁为这苦命的孩子换尿布,端屎盆,或不停息地为她抽痰?只有一个方法可以拯救她,那就是安乐死。让她去吧,庄严地去吧,平安地去吧,她已忠实地履行了她的生命,责任已尽,她如有知,也不会这么折磨她自己,更不会这么折磨她父母。

马来西亚中华人社会,已注意到安乐死的价值,中国人却不敢面对,使此一惨绝人寰的现象,继续十八年之久。嗟夫,在文明国家,鸡鸭都不可倒提,而我们却允许对人残忍。古代还有宫女为受苦的人"绝之",现代人却袖手旁观。我们不需要"画皮人物"咬文嚼字,我们需要的是人道人性的肃穆,和大慈大悲,救苦救难的道德勇气。

13. 新加坡华文文学选集

——新马港之行,我见我闻我思我写之九

这次新马访问,是上天赐给我的一个机会,使我能着手一桩久藏胸中的心愿,那就是,编纂两套巨著,一为《新加坡共和国华文文学选集》,一为《马来西亚联邦华文文学选集》。

我们一直殷切地盼望和坚决相信，新马跟中国的关系，将来一定会发展到像美利坚跟英国一样的关系。事实上，在文化方面，这关系已存在百年以上，而且日益密切。不过也跟初期的美英关系同一模子，两国之间的文化交流，一直是单行道。美国建国之初，连小学堂的课本，都采用英国文章，如狄更斯先生的《块肉余生记》之类。美国人说话崇拜牛津腔，文学更不能独立，以致英国佬倌始终一口咬定美利坚虽然庞然大物，富甲天下，却不过暴发户而已，仍是一个没有文化的国家。直到霍桑先生的《红字》出版，美国才开始有美国乡土气息，属于自己的伟大小说。再到马克·吐温先生现身，作品倒流到英国，美国文学才更进一步地完全脱离英国文学，独创一格，开辟了跟英国文学并驾齐驱的广大天地。

新马的情形，太相仿佛，跟中国间的文化交流，虽在百年以上，却仍然也只是单行道。即以最近十年为例，台北报纸早上印出，当天上午，新马各报驻台北的钦差大臣——特派员或特派记者，就把副刊上几位名作家的稿件，乱刀剪下，航空寄往。新加坡有五家华文报，马来西亚有十二家华文报（大约是这个数目，不敢确定）。各报编辑老爷接到后，连一眼都不多瞧，就急如脱兔，一头撞进排字房。翌日各报就同时出现同一作品，好像台北爬格纸动物神通广大，竟能一稿数投。整年累月下来，有时候就难免发生天下奇观。好比吧，有一次，文章里忽然冒出一句“本报主编高信疆”，而高信疆先生却是台北《中国时报》的主编，再也想不到“泛槎于海”，魂飞万里之外。盖时间仓促，来不及细看，不是编辑老爷偷懒，而是一细看就超过截稿时间，明天别家报纸都有，只俺一家报纸独缺，岂不是学艺不精，丢脸砸锅乎哉。

这种情形是一面倒的，去年（1980）新加坡《民众报》曾用大量篇幅，提出抗议，认为这么大量采用外国稿件，不但有伤自尊，而且扼杀本国作家的创作兴趣。但形势并没有好转，以致两国对台湾作家和文学作品，了如指掌。柏老在台北动身之前，新加坡《南洋商报》曾举办了一个小型座谈会，谈柏杨先生“这个人”和敝阁下所写的种种敝大作,看他们研究的精密和讨论的深入,不禁汗流浃背,原来我老人家竟是如此这般的呀。对台湾其他作家,若三毛女士焉,若张系国先生焉,对香港作家,若金庸先生焉,若倪匡先生焉,都一一洞察肺腑,敬慕有加。

然而,中国的台湾文化界,对新马文坛,却跟白痴一样,毫无所知。柏杨先生是比较幸运的一位,早在五十年代,就给吉隆坡的《蕉风月刊》写过稿,对异国情调,首先接触。稍后主编《一九六六年中国文艺年鉴》,还辟出一章:《马来西亚联邦及新加坡共和国华文文学概况》,特别报导。无论感情上和实质上,我似乎比大多数中国作家,更跟新马亲近。可是我所了解的仍只限皮毛——了解皮毛还是吹大话,可以说稍比白痴好一丁点。没有同样历程的其他文坛朋友,难怪一个个闭塞得像一块干屎橛。

造成单行道,尤其造成持久的单行道的原因,主要在于新马文学作品在台湾发表的太少。六十年代之前,绝无仅有。七十年代之后,因为前往观光上国的朋友渐多,偶尔带回来一篇两篇。可是,在印刷术发达的今天,文学作品不但靠质,更要靠量。不要说一篇两篇,就是十本八本,在浩如烟海的书报杂志中,往往发表或发行的当天,就几乎同时淹没。所以新马的作品,迄今还没有引起强烈的共鸣。对新马文坛而言,这是不公平的,在中华文化大传统的洪流中,新马作家们辛苦耕耘的成果,没有得到应得到的尊敬。对中国文坛而言,这是不利的,台湾对新马知道的太少,对真正同文同种的著作,竟没有引进中国,这是一种损失,一种过失,和一种耻辱。

——关于"同文同种",似乎是日本人发明,专门用来玩中国人的。每逢要下毒手的时候,就祭出这句咒语,迷糊中国人的心志。呜呼,中日两国,同文固属勉强,同种尤其荒谬,主要的是没有一点同文同种之情。只有中华人跟中国人,才是真正的同文同种,如果我们自己不珍惜,谁还为我们珍惜乎哉。

然而,把新马文学作品引进台湾,最大的障碍还是水平问题。这就跟当年英国瞧不起美国文学一样,直到马克·吐温先生作品倒流英国之后，人才辈出，美国文学突飞猛进，在英文文学中造成泰山压顶之势，英国佬倌妒火中烧，一面攻击幽默算屁，一面嗤曰："你们美国连个像样的诗人都没有。"美国人后来终于出现了埃默森先生和惠特曼先生，英国人气呼呼的鼻孔冒烟，但并不检讨自己没落，只自叹命运不佳。同样道理，台湾很多六窍全通的朋友，一百个不相信新马文学作品有啥可拿到台面上的。事实上，四十年代和五十年代，确实不济，新加坡作家吴天先生很早就公开承认这种现象，并提出"南洋没有伟大作品产生"课题，在新马触发热烈讨论；金丁先生认为主要原因在于新马作家不认真，不认真就是不敬业，而这正是中华民族的老毛病。可是婴儿会成长，树苗会茁壮，美国的英文文学已压过英国，新马的新生代作家辈出，现在虽然还没有发展到骑在台湾文学头上，使我们妒火中烧，既嗤鼻又冒烟的程度，但他们却是毫不客气的已经成熟。在市场方面虽然似乎仍落后二十年，跟五十六十年代的台湾相似；当时台湾有文化沙漠之誉，现在沙漠已成绿洲，而新马却沙漠如故。但在创作水平方面，却跟台湾八十年代的水平相埒，甚至更为超过。我这可不是拍马屁，天下最愚蠢的笨蛋都不会拍文化人的马屁，既拍不出权，也拍不出钱，而是句句实情。尤其到新加坡的当晚，翻阅一些该国的作品，第一个反应就是大为紧张，感谢耶稣基督和观音菩萨，待我不薄，如果他们生在台湾，准把我老人家挤掉，那可要饿死人矣。

——使柏杨先生紧张的作家和作品，我不在这里介绍，等选集出版后，读者老爷拜了读，你会给他们一个公正判断。也会对我说的，加以考验。

于是，多少年朦胧心愿，化为行动，决定着手编纂两国华文的文学选集。这可不仅是为新马作家效力，主要的还是为台湾文坛引进高质量作品和注射新的生命。就在第二天拜访新加坡《南洋商报》时，提出这个野心。发行人黄锦西先生、总策划钟文苓先生、总编辑莫理光先生、主编张道昉先生，毫不犹豫地恩准所请，全力支持，慰勉有加。就在第三天晚上，文坛泰斗方修先生等，降贵纡尊，驾临我所住的美仑酒店聚会——也可以堂而皇之宣称是举行了第一次编辑会议,决定以作家为单位,内容分为小说、杂文、散文、诗、史料五大部分,大概二百万字之间,出版二十五开本五巨册。就在这次聚会上,我们虽没有对天发誓,却有一个共同认识,互相提醒,要包括新加坡共和国全部第一流作家和第一流作品,绝不挂万漏一,不管任何派别——假如有派别的话,全部一网打尽。

以上是新加坡情形,可以说十分顺利。可是马来西亚部分,仍悬在半空。我在马来西亚跟在新加坡停留的时间相同,只是马来西亚的地方太大——有十个台湾大,而我却去了一趟云顶,去了一趟马六甲海峡,又去了一趟槟城,时间分割得粉碎,所以只跟大马作协秘书孟沙先生谈过一个梗概,回来后也去过信,迄未接到回音。使两个文学选集同时问世的计划,无可奈何取消。但雄心固不死也,等新加坡部分出版后,当再着手马来西亚部分,或许请吉隆坡《南洋商报》像新加坡《南洋商报》一样帮忙,或许请其他愿促成这件事的朋友们支持,那时驾轻就熟,当容易多矣。

14. 感谢·误会·致歉·祝福

——新马港之行,我见我闻我思我写之十

新马港之行的时间虽短,却再一次地证明人生温暖,尤其对于铁窗十载的"历尽沧桑一老头"而言,简直恍如隔世。在新马两国,我十分陌生,冒险而往,既没有庙堂作家那样,有官衔或社团周到安排,又没有影星歌星身价,有经理人跟班老爷照应,完全是闭着眼睛猛闯。想不到受到热情款待,使我有一种好像是当了匈牙利亲王的感觉:惊喜交集,无限感谢。

当初新加坡《南洋商报》和新加坡著作人协会邀请函来时,只是一份简单的邀请函,啥都没提。夫啥都没提者,就是食宿自理,啥都不管。可是事到临头，总编辑莫理光先生以下，和实业家蔡民泉先生，在机场候至深夜相迎，又派专人专车，日夜相陪，并且立刻亮出底牌，全部都包，使我老人家天良发现，脸红脖粗。盖这趟观光上国，同行的除了老妻外，还带着两位无法无天，正在大学堂念书的女儿，以及一位外柔内刚，颇不好惹的义妹。这不能怪我，他们若早讲明全包就好啦，绝不敢像蝗虫一样，倾巢而出。在吉隆坡下机时，马来亚《通报》《南洋商报》和大马作协诸友，在酷热下已枯候良久，互相自我介绍，如遇故人。之后《通报》各单位主持人老爷，同样车轮相陪。包括乘直升机往返云顶，乘班机往返槟城等等，也都全包。《通报》发行人周宝梅女士，为了敬老尊贤，还打开一瓶存了二百年之久的名酒，而我偏偏是个旱鳖，点滴不入的，临时急练既来不及，只好便宜了倪匡先生的尊肚，痛哉。到了香港，我的学生陈玉仪女士，也包了个彻底。我是一直进了跑马场她的包厢，经过名人指点，才发现她竟是香港的巨富，有钱得要命。她那没有英文字母的两字车牌的车子，往酒店门口一停，上上下下就对我老人家瞪眼起敬，好不过瘾。新马朋友曾警告曰："香港人情可跟新马相差五千里，比纸还薄。你可别一厢情愿，认为会对你跟这里一样好。"事实证明那是一篙子打落一船人的说法。临行时，陈玉仪女士送到机场，问曰："老头，你可记得二十五年前往事？"我紧张曰："啥往事？"她曰："那时我正穷困，你把香港稿费单寄来，叫我代领，然后送给我。"呜呼，"一饭千金酬漂母"，感人深矣。在港时参观吾友何关根先生的香港烟草公司，他念我十年牢狱，家破人亡，惠赠一笔足以把我吓得跳到桌子上的巨款，老妻吹大气曰："且听奴一言，我们在台北过得满阔的呀。"何关根先生曰："文化人再阔，也阔不到哪里去。"老妻曰："这么大的数目，不能接受，因为我们将来绝对无力回报。"何关根先生曰："说这些话，徒浪费时间。"为了不浪费时间，我就赶忙抢过来装进荷包，为此老妻颇有点瞧我不起的趋势。

此外，锥心感动的还有从未谋过面的读者老爷和读者老奶，那么热情相待。新加坡《南洋商报》举办的会场上，刘淑真女士为了瞧一眼柏老的长相,特地从海峡彼岸,越过国界赶来,可惜只跟她谈了两三分钟的话,但心头永记。吉隆坡大马作协会场上,有些朋友远从北方的怡保,乘飞机坐火车驾临,会场挤不下,就在门外大叫大闹,使我几乎怀疑是一场幻梦。到槟城,完全为了"不去槟城等于白去马来西亚"一句话,大马作协主席北方北先登门堵住,捉往韩江讲演。香港朋友对我同样温暖,但不纵容。金庸先生、董千里先生、孙淡宁女士、张彻先生,对我有关嬴政大帝的见解,就在金庸先生的盛大赐宴上,轰然大怒,群起围剿,直到我回台后,还纷纷在报上撰文跳高。《明报》大将陈非先生于凌晨二时,破门而入,像审问囚犯似的采访,也属新闻界一奇。其他,蒋芸女士细心为老妻治疗背伤,孙宝玲女士叫黄霑先生把我们老两口押解到她的摄影社,拍下无数张俨然御照。唐菁先生和李时蓉女士带我千里迢迢去青山道拜访盲读者杨伟枝先生。杨伟枝先生双目失明,但他在点字书上读到敝大作后,靠录音带交往多年。相见拥抱,一时激动,不知说什么才好。赵雅芝女士和野火先生,更追到机场,殷殷惜别。只有倪匡先生,我们是在香港会合,一齐到新马的,这位科幻大师,似乎跟我有仇,一路上他一直咬牙宣传我月入大批银子,说得多啦,连我自己忍不住信以为真,好不高兴,可是回到台北,债主纷纷临门,悲哉。

这次南行,除了参观了一下云顶和古九龙城,可以说啥都没有看见,只沉湎在欢欣鼓舞的友情之中。老妻虽没有倾国倾城的貌,却有多愁多病的身,竟累得万疾俱发,最后她阁下还索性隆重撞车,百药罔效,轮椅而归。回台北后,躺到地板上哼哼了三个月,差点被她教书的学堂赶出大门。只柏杨先生老当益壮,健步如飞,盖心存感激,为了报答朋友们和读者盛情,万死不辞。

可是,一路之上,仍然发生不少跳到黄河都难洗清的误会,如果捂住嘴巴,不嚷嚷出来,就是进了棺材,也不瞑目。

第一件事,关于新马华文文学选集。我最初的意思是编纂新马华文文学大系的,在我这个老脑筋里,"大系""选集",没啥了不起差别,盖"大系"也是选择性的也。却想不到引起轩然大波,回台北后不久,朋友把一些抨击的报章,陆续寄来,不看尚可,一看之下,犹如五雷轰顶。盖突然发现,我所面对的竟是世界上最丰富的想象力。其中刊在新加坡《民报》,由新加坡文艺研究会柏节先生写的一篇文章,最杀气腾腾。柏节先生曰:"柏杨是一个台湾人,是一个外国人……竟然从天而降,摆出了名作家姿态,就想君临新马文坛,送你一个秋波。我们绝对不会承恩。"这可真是撞天冤枉,说我"君临"新马文坛,比说我"君临"美利坚白宫,还要骇人听闻。文化和友情的交流,没有人会蠢到要人承恩,恰恰相反,因为引进新马高水平华文作品到台湾,如果必须承恩的话,应是台湾承恩。柏节先生又曰:"柏杨如果不具有任何特殊的政治目的,那么,他对这件事(对台湾有利的作品才选),将以怎样的态度来对待它呢。"呜呼,我牢狱十载,孤寒一身,迄今仍朝不保夕,却忽然把我提升到"特殊政治目的"层面,实在有点横柴进灶。柏节先生又曰:"我们反对我国的文学大系由外国人编选……最多不过再一次地让一批不了解我们的人,去胡闹一番,强奸一番而已。充其量,让他们有计划、有目的为我们制造出几个倾向台湾,为台湾人的利益努力的作家。"酱缸文化中泛政治思想,又冒出来啦,无论干啥,都千方百计往上猛罩政治大帽。难道天下没有纯友情和纯文化的行动乎哉。但更主要的是,柏节先生恐怕没有想到,一旦新马华文文学作品,在更广的区域发行,"制造"出来的,将是千千万万倾心新马文学的读者。柏节先生又曰:"咱们不要这些外国人来分散、刺戮我们的作品。不要这些不了解我们的外国人来评鉴我们的心血结晶,有正义感的人一定要反对这项有企图的工作。"连外国人"评鉴"的权利都企图剥夺,似乎已超过理性范围。任何一国人,包括新加坡人在内,如果要编一部或一万部中国文学大系,或台湾文学大系,我们绝不会认为他们在"分散""刺戮"我们的作品,我们只会伸出热情的双手。最后,柏节先生祭出秘密武器,煽动政治干预,他呼吁新加坡共和国政府,"贤明的执政当局,及早采取行动,以维护国家文化主权不致被外国人所牵制,彻底杜绝黑色的文化毒手再一次伸向我们"。已经发展到借刀杀人矣,我们就无话可说。其他文章,比较缓和,但有一点意见是一致的,那就是,编“大系”不可以,编“选集”可以,现在我们已改为“选集”矣。一心一意“有计划地”想借这部选集,使两国文化界更和谐更亲善。不料会是这样开始,好在柏杨先生在灾难中成长,不会为这些误会,而心灰意冷,相信只要是真情,心灵终必融化为一。

第二件事是,回到台北之后不久,马来亚《通报》朋友寄来一份槟城的《华商报》,怒笔眉批曰:“老头,你可要说个清楚,莫叫我们背黑锅。”盖《华商报》头条特号大字标题,且围上死人讣闻专用的黑框,赫然曰:柏杨在马被绑架。身为肉票的我,不禁大骇,好在副题轻松:《通报》要占为己有,文化界大吐苦水。其中一段曰:“马来亚《通报》安排……柏杨来到吉隆坡,竟然占为己有,当作私人财产。大马电视台原本想安排上电视,作为一项讨论录像,派人去跟《通报》接洽,结果吃了闭门羹,因为《通报》不肯放人。……大马华人文化协会本来也打算设一个午宴招待柏杨,顺便邀请他举行一项座谈会,也告知难而退。大马作协的一个午餐会……《通报》负责人竟然强拉了柏杨上云顶赌场,弄到诸理事自己招待自己。许多记者或读者到处找柏杨,始终找不到。”自动招认的是,《通报》并没有硬拉我上云顶,而是二位可怕的女儿闹着要上云顶,二老只好奉陪。怪不得云顶回来后,《通报》社长周宝源先生向我怒目而视。当时流言已起,而我固不知也。

谨在这里致万分歉意,向《通报》朋友,向电视台朋友,向大马文协作协朋友,向记者和读者老爷老奶,请求原谅,柏老绝非膨胀动物。想不到同样误会,在香港又爆了一次。香港笔会设宴那天,柏老没有光临;群贤大气,立刻再度发生检查尾巴,看看大了没有的危机,诚罪该万死。但责任要由笔会秘书蓝海文先生来负,因当天跟另一项早已约好的聚会冲突,到港前就陈情在案矣,而他比我还要贵人多忘。不过要打屁股的话,还是打我的屁股,由我哎哟。万方有错,错在老头。笔会第二次设宴,我可是狂奔而往的,希望能赎罪于万一。

新马港之行,来去匆匆,各地朋友和读者,永不会知道他们的友情和爱护，对我是多么重要，使我认识到一个平凡的作家，竟会受到这么深挚的关切，觉得有太多的事情要做。情如青山，借此一角，寄上无限的感谢和无限的祝福。

15. 礼仪之邦

——美国之行，杂感之一

一个旅客，无论到啥地方，都会碰到一种场面，握手言欢的故友新知，总要睁着大眼拷问曰："阁下，你对我们这里，有啥印象？"其实口供早已埋伏在他尊肚里，只等你自动招认出来罢啦。答案如果使他称心满意，"好得不像话呀"，当然笑容满面。如果拒绝合作，口吐真言："对不起，贵处太脏太乱，下次打死我也不会再来。"恐怕你能活着出大门，就算福如东海。

柏杨先生今年(1981)夏天，曾往东天朝圣——跟吾友唐僧老爷西天取经的方向，恰恰相反。非我敢跟唐僧老爷别苗头也，而是自从二十世纪降临以来，无数中国人的荣华富贵，都靠去过美利坚这个筹码。我虽年迈色衰，但雄心勃勃，仍要急起直追。不过，少年人有的是青春年华，可以停下来在那里慢慢镀金，一旦完工，回国即可大阔。我老人家剩下的日子不多，只能因陋就简，在美国泡那么一泡，虚晃一枪，立即班师回朝，目的只在向一些不开眼的朋友亮亮招牌，过过老瘾。

——这几天正四处打听，像我这种泡那么一泡，虚晃一枪的老年才俊，算不算"归国学人"，如果不算，弄个"归国侨领"头衔也行！据说反应不好，一位地位崇高的朋友带来口信，叫我买包巴拉松下肚，以免尾巴大得难受。呜呼，我岂好名也哉，实在是两者有一，必定后福无穷。

美国太大，一位朋友的儿子形容曰："大到使人吓一跳的程度。"

幸亏他没有去过中国大陆，如果去过中国大陆，恐怕非得吓两跳不可。柏老短短两月，在吓一跳这么大的国家中，东南西北，跑了一圈，当然走马看花。但正因为走马看花，每到一个码头，至亲好友的拷问，也都非常激烈："老头，你对美国有啥印象？"

呜呼，一定要问我的印象，那么，我的印象是：美国是一个礼仪之邦。依照目前的市场行情，我应该把美国批评得一无是处，才是高手。但一个人想昧尽天良，也不简单，想了又想，仍要坦承不讳，认为美国实在是一个货真价实的礼仪之邦——一个使中国人自顾形惭的礼仪之邦。

一个国家和他的人民，是不是拥有深度的文化和高度的文明，不能看他们的书，而要看他们的行为，尤其要看他们的礼仪。交通秩序是最敏锐的第一线接触，美国交通秩序有条不紊，早已誉满天下，但我仍恨不得头顶香炉，一步一拜。最使我老人家瞪眼的是斑马线，夫斑马线本是无情之物，画在美利坚的道路上，却发出神圣不可侵犯的光芒。套句武侠小说上的话："从前听人说过，我还不相信，今天可是真的亲眼看见啦。"初到旧金山时，朋友来接，正逢上班时间，"车如台风马如疯"，他阁下头也不抬，拉着我就过斑马线，我老人家心里想："好小子，不过在你家投宿两天，能吃几两银子，值得假装青光眼，把我诱到陷阱，借刀杀人呀。"我就哀号挣扎，寸步不行。想不到那些台风车群，好像被孙悟空先生施了定身法，定在白线之外，含笑挥手，让我们通过。僵持了一阵，直到我鬼鬼祟祟飞奔过了马路，它们才再继续前进。非我冥顽不灵也，实在是事情离奇，无法置信。

美国是一个没有汽车就等于没有腿的世界，无论到啥地方，都得朋友接送，不接送就只好在家里稳坐钓鱼台。在美期间，只有迈阿密和凤凰城，举目无亲，由洋老爷洋老奶开车，其他码头，统统由中国朋友开车。他们都是热爱祖国的有志之士，可是开起车来，却把中华传统文化，忘了个一干二净，努力"崇洋媚外"，遇到斑马线，竟然不敢直闯，反而也照洋大人习惯，缓缓停住，坚持行人第一。这种镜头使我浑身都不自在。更不自在的，遇到"停"字招牌，不管是不是深更半夜，也不管是不是寂无人影，他们竟能真的“停”之，鬼头鬼脑地东张西望之后，然后再开。偏偏“停”字招牌到处都是，于是我们也跟着到处都“停”，停得我火冒三丈，台北哪有这种花招也。有次田景山先生开车，我曰：“老哥，你停了又停，看了又看，脖子累不累呀。”他曰：“这是政府规定，怎能不遵守？”我喟然叹曰：“你来美国才不过十八年，就变成呆瓜，将来如何得了。”

美国比台湾大三百倍，可是喇叭声几乎绝迹，只有在某种情形下，才会听到。一种是结婚大典。古代中国流行闹新房，现代美国流行闹喇叭，车群对蜜月花车，前呼后拥，声震天地，过路车辆也猛按喇叭祝福。一种是提出警告，告诉你有东西掉啦，车后灯不亮啦，或是警察老爷叫你停下来，接受倒霉的罚单。还有一种，属于“不忘本型”，这一型比较有学问。在波士顿时，吾友陈志清先生开车，一面开一面发表演说，曰：“老头，你走遍了美国，可听见有谁按喇叭的？”一言未了，“嘟”的一声，我大惊曰：“你这算干啥？”他瞅了我这个白痴一眼，生气曰：“连这都不懂，这是不忘本呀。”盖台湾开车，一向是以喇叭取胜的也。走着走着，遇到红灯，他直越过白线才停，我又大惊曰：“这又算干啥？莫非又是——”于是两口声，一齐号曰：“这又是不忘本。”嗟夫，读者老爷在台湾街头，不妨观看四方，有几辆车子停车时不越过白线的哉。很多中国朋友便是如此经常“不忘本”的，一则发扬发扬传统文化，一则也满足满足思念乡土，缅怀祖国的幽情。

——有个插曲，报告读者老爷得知。在迈阿密时，一天傍晚，吾友比尔先生送我回农庄，忽然有辆旅行车斜刺里杀将过来，他阁下急忙煞车，我往前一栽，几乎把安全带挣断（若非安全带，吾头危矣），喊叫之声未停，该旅行车已超过了另一辆，再折回右线。比尔先生大概气昏了头，口不择言，龇牙曰：“准是一个浅泥斯。”我大怒曰：“没有认明正身，怎能血口喷人，追上去瞧瞧。”追到红灯，定睛细观，不由大喜，喊曰：“洋老哥，他可是个墨西哥佬。”总算为国争回这点荣誉。然而，从他阁下脱口而出，可看出洋大人对中国人的印象，“不忘本”的中国人,恐怕为数不少。

一个人的教养和全民的质量,在人际关系第一层面的接触上,完全显现出来。贵阁下还记得《镜花缘》乎,唐敖先生到了“君子国”,对礼仪之邦的定义是:“圣圣相传”“礼乐教化”“八荒景仰”。其实他阁下不过见了商店买东西时童叟无欺一件事,就五体投地。而在美利坚,童叟无欺早已稀松平常,不仅仅价钱上不欺,服务态度更使人叹为观止。柏杨夫人在拉斯维加一家小店,看上了一件小褂,言明十二美元成交,货银两讫,正要包装,发现右腋下有块米粒大,仿佛可以看得见的黑斑。老妻曰:“哎呀,这是啥?”店员老奶拿起来,映着日光细瞧,歉然曰:“确实是一个汗渍,用水洗可能洗掉,但也可能洗不掉。你如果同意的话,我去问问老板,看是不是可以减一点价钱。”接着冬冬冬冬跑上二楼,再冬冬冬冬跑下,说可以便宜两美元。

这件事对我来说,无疑当头一棒。盖在台湾被店员虐待,已成习惯,一旦春风化雨,真忍不住上去抱住那老奶亲个嘴。如果换了台北,或换了香港,一场警匪枪战的节目,铁定地盛大推出。死婆娘竟然有胆量吹毛求疵,店员必然横眉怒目,迎头痛击:“怎么,你说啥,黑斑?笑话,我怎么看不见?就是有黑斑,在胳肢窝底下,有啥关系,你是举起胳膊走路的呀?要挑眼早挑眼,买主还有老实的,现在发票都开好啦,你想退货?减价?莫名其妙,以后买东西时先背地里数数自己的家当,银子不够时少充阔佬!怎么,你不服气呀,我们是五千年传统文化的礼仪之邦,向来宾至如归的,你敢不如归呀?噘嘴嘟囔,好像谁欺负你似的,我们这么大的公司,还在乎你那点碎银子。你们这些文化太浅的外国土包子,我也懒得去报官。反正一句话:买不起,算啦,拿来。”

拉斯维加是纯观光的赌城,百分之九十九都是旅客,而这些旅客又百分之九十九一生中只来一次两次,坑这些人绝无后患。但他们却仍跟其他地方商店一样,亲亲切切,正正派派。“礼”已周到,“仪”亦昭然,嗟夫。

16. 由沙粒看世界

——美国之行，杂感之二

两天之前，柏杨先生接到纽约环球航空公司(TWA)旅客服务部执行助理蓝森女士一信。

且向读者老爷报告怎么会接到她阁下一信的，小孩没娘，说来话长。我和老妻前往美国的行程，好像马戏班子，早在台北安排停当，某月何日，某日何处，都铁板敲钉。盖暑期正逢旅游季节，再加上人地生疏，恐怕临时挤不上飞机，就流落街头，逐户讨乞矣。我们本定8月16日由波士顿乘环球班机飞凤凰城的，因8月15日纽约有事召唤，所以由波士顿提前两天，坐火车折回纽约，改为8月16日由纽约飞凤凰城(同一个班次，同一架飞机，只不过少坐一段路罢啦)。为了这点小小改变，至亲好友，一共打了四五次电话给环球，左叮咛，右拜托，临行前晚，老妻又来一次，环球柜台老奶拍胸脯曰："老太婆，你们这两张票有没有个完，别再烦啦好不好。"在电话筒上，真的似乎隐约听见该老奶擂她酥胸的声音，自以为天塌啦都万无一失。想不到16日那天，前往机场，班机混乱，人潮汹涌，排队还没有排到入口，一位黑脸老爷已宣布客满。上去交涉，说了个天花乱坠兼据理力争，结果仍是客满。原来被 stand by 朋友，硬生生 by 掉啦。黑脸老爷不但不想办法增加一个座位(蹲在走廊也行，坐在美丽小姐的大腿上也行)，反而怪我们来得太迟。身在异国，不敢耍赖，只好狼狈而逃。

——stand by 本可译为"靠边站"的，可是自从有一次占了小便宜，发现译成"靠里站"更有教育意义。盖我们二老到了纽约后，想去看看尼加拉大瀑布，纽约朋友七嘴八舌，都没想出当天往还妙计，似乎还不如我们这个远来的和尚会念经，经过诗人谢先生的漂亮夫人一指点,老妻当晚就打电话给共和公司,定了两张来回票。第二天一早,爬起来直飞水牛城。本来要过境去加拿大回头望月,看个淋漓尽致的,偏偏关卡那位白脸老爷,一口咬定我们没有"威杀",不准入境。我老人家发誓有入就有出,绝不深入不毛,可是不行,连举起拳头在他脸上晃了晃也不行,最后只好在美国这边闹了一阵。下午三时,已游览了个净光。如果等到原定的晚上九时再走,当中六个小时干啥?恰好下午四时有班机飞纽约,不过由晚间班提前下午班,要补缴八十美元。八十美元就八十美元吧,以柏老现在阔的程度,八十亿美元我都不在乎。决心一定,遂去机场 stand by,在柜台外站着 stand by 不够体面,二老就打马虎眼,乘虚而入,潜到候机楼坐下来 stand by。三十分钟后,柜台老爷喊我们的御名,在机票上不由分说盖了章,巨手一挥,叫我们上机。我这个人比猪八戒先生都要老实,当下对老妻曰:"你应该问一下,怎么没要我们补缴银子呀。"老妻目露凶光,吼曰:"你闭闭嘴好不好,祸从口出,多少事都坏到你这张嘴上。"一语惊醒梦中人,虽然挨骂,仍然大喜。别瞧柏杨先生对年轻朋友,总是训勉不可贪非分之财的,不过顺应时代潮流,专门做输出之用,以表示道德学问罢啦。遇到机会,照样暗下毒手。但还是写出来免费供应给初游美国诸小子,stand by 时,千万挤到候机楼坐着 stand by,也别死心眼乱问收不收钱。

言归正传,我们是在纽约肯尼迪机场被 by 掉了的。

这种事如果发生在台湾,by 掉啦也只有 by 掉啦,顶多骂骂大街,终于偃旗息鼓。到凤凰城后,洋朋友一听,气冲牛斗,曰:"岂有此理,为什么不提出抗议?他们应该赔偿损失呀。"呜呼,人人都说美国人天真,看样子果然天真。中国有航空公司的历史,也不短啦,从没有听说仅靠投书就能要到银子的,洋朋友定是看我们两个东方面孔,安慰民心罢啦。但老妻坚持一试,离凤凰城时,到柜台查问,柜台老爷曰:"空口无凭,请填张表吧。"拿回来一瞧,心都凉啦,原来表是印好的。我是何等聪明,一眼就看出不过骗鬼的玩意儿,这玩意儿可见得多啦,当时号曰:"阿巴桑,它如果有回信,我就把尊头往南墙上撞，撞出个大包叫你看。”嗟夫，你根本不是美国人，不过万里之外的一个小岛上一对土著老头老太婆，洋大人能理你呀。老妻偏不服气，把事情经过写了一段，老老实实，要求赔偿六十元（我劝她要写就狮子大张口，多要一点，她硬不肯，气了我半天），在旧金山下机时，投到邮筒。她阁下头脑简单，竟把骗鬼玩意儿当成真的，其情可悯，其愚实不可及也。

好啦，问题是，两天之前，环球公司却真的回了一信，就是本文开始时说的那一信，信上说了一大堆抱歉感谢的话（这是大多数中国人宁死也不肯出口的），要我们把该机票的复印本寄给她，她好办理。老妻没见过世面，立刻坐不住马鞍桥，向承办我们这次行程的旅行社，讨回机票。

——我们的机票怎么又拿给了旅行社，又是一段曲折，读者老爷既然已看到这里，只好麻烦你也跟着转个弯。我们原定从旧金山到洛杉矶投奔薛俊枝女士，也是乘环球公司飞机的。想不到薛俊枝女士夫妇，却开着他们的旅行车，走了八百公里，北上旧金山来接。这么辛苦的目的，一则是顺道在“优山美地”住两宿，让我们二老见识见识美国的国家公园，二则也沿途考察考察柏老的德行，有无改善之迹，再决定是不是收留。为了给他们全家一个良好印象，一路上正襟危坐，非礼勿言，几乎把我累死。结果虽没有累死，却省下了这趟飞机票。

——回台北后，请旅行社代办退钱之事。还好，环球公司台北代理店没有一口拒绝。不过，却非要机票正本不可。在这件鸡毛蒜皮上，可看出中美国情的不同。近在眼前，却必须正本才过关，怕你骗他。远在天涯，却只要复印本就行啦。所以我们必须等到环球公司台北代理店验明正身，原件发还了之后，才能再复印寄给他们纽约总铺。

现在正在等候，一方面等候台北退钱，一方面等候纽约补偿。别瞧台北近在咫尺，而又早几天提出要求，我仍要跟你打赌，打赌纽约总铺的银子到啦，台北的代理店，包管仍然无影无踪，而且说不定还要闹到警察局，才能结案。好在使我龙心大悦的是，老妻似乎忘了我要“撞南墙”“起大包”的重誓，因此，拜托美国老爷，“顾客永远是错的”，乃中国商场重要信条之一，千万来个和稀泥，我们远在天边，能奈你何。否则，银子寄下之日，即柏杨先生尊头起包之时，就不够朋友啦。

——另一件稀奇的怪事，发生在日本，日本是另一个礼仪之邦。一提起日本是礼仪之邦，先天上就厌恶东洋鬼的中国人听啦，简直会拍案而起，大叫三声。问题是即令拍案而跳，大叫四声，也不能抹杀日本确实是一个礼仪之邦。柏杨夫人跟其他一些骚包老奶一样，身上有三钱银子，进了百货公司，连五万匹马力的吸尘器都吸不出。她阁下在拉斯维加玩吃角子老虎，以十分钱的成本，赢了二十五美元，这二十五美元就成了金矿，一路猛买，每一次用的都是她“赢来的”钱，一直买到东京，看见一个已不适合她阁下高龄的手提包，我一再警告她已濒破产边缘，回台北后，老头可能上吊。但银子既然是她赢的，谁也挡不住她乱花。讲明价钱之后，货银两讫。刚出大门，一位女店员气急败坏地赶出来，柏杨夫人以为我又犯了手脚不干净的老毛病，不禁魂飞天外，谁知道与敝阁下无关，而与手提包有关，女店员十二万分地抱歉说（日本人的鞠躬，天下闻名，在抱歉时，鞠的躬更是猛烈），这只皮包是从污损部误拿来的，打开一瞧，盖子里果然有一条指甲大小的刀痕，如果她不当面亲指，恐怕三千年也看不出。她像犯了杀头罪似的，诚惶诚恐，提出建议：如果一定要买的话，她们可以减收五分之一。

——这简直是一场春梦，我老人家两眼发直，好容易走到拐角，用手狠狠掐了一下好像是我的大腿，柏杨夫人立刻放声大号，这才确定真的不是春梦，不过奇幻人间。

吾友布莱克先生诗曰：“从一颗沙粒可看世界。”从所举的这些零星沙粒，我们可看到它们构成的礼仪之邦。

注：本文发表于1981年9月底，到了10月底，事情大变，变得我老人家全盘都输。环球公司台北代理店硬是先退了钱，他们纽约总

铺也来了信,却一文未寄,只告曰:肯尼迪机场那天正闹领航员罢工,乱七八糟,没出人命,已够运气,所以对旅客因此而引起的损失,一概不赔。柏杨先生虽然估计错误,但一则要不赔大家都不赔,并不单欺贫贱。二则也免了头撞南墙,就没有啥可说。不过,怪事却从天而降,共和航空公司(Republic Airlines)在毫无警告之下,突然寄七十五美元,不禁大惊。原来是这样的,我和老妻在肯尼迪机场被by掉了之后,第二天,使用环球原票(波士顿经纽约到凤凰城),改乘共和班机。共和退的这七十五美元,就是波士顿到纽约这一段的钱。呜呼,早以为这一段的钱泡了汤,连想都不敢想,更别说问啦。如果要问,而共和又是中国人开的公司,准盛气答曰:"俺只管你纽约凤凰城这一段,至于波士顿到纽约那一段,你去找环球呀。"恐怕能把人累死累活,最后仍狼狈放弃。没等开口就主动寄来,怎不叫人色变乎哉。

17. 三句话

——美国之行,杂感之三

礼貌是一种内在心灵的展现,也是一种人际关系的滑润剂,可以使摩擦减少到最低限度,甚至可以化戾气为祥和。一个人或一个民族,有没有高贵的教养,有没有高贵的质量,或是不是粗暴野蛮,在接触的第一道防线上,就会留下有时候使我们毕生难忘的烙印。

中国人初到美国最大的困扰,是美国人的礼貌多端。马路上随随便便擦肩而过,似乎好像碰那么一下,也似乎好像没有碰那么一下,对方总要致歉曰:"对不起。"如果真的短兵相接,肌肤相亲,那声"对不起"就更如同哀鸣。即令你低头猛走,撞个震天响亮,也会引起一迭连声地向你"对不起"。这种动则"对不起"场面,实在难以招架,盖从没有遇见过,欲还手而无力也。在我们中国,却是另一种镜头，两人一旦石板上摔乌龟，硬碰了硬，那反应可是疾如闪电，目眦尽裂，你瞧他表演跳高吧，第一句准是：“你瞎了眼啦。”对手立刻还击，也跳高曰：“哎呀，我也不是故意的，你还不是也碰了我，我都不吭声，你叫啥叫?”前者拉嗓门曰：“碰了人还这么凶，你受过教育没有?”对手也拉嗓门曰：“碰了你也不犯杀头罪，你想怎样，叫我给你下跪呀，哼，你说我碰了你，这可怪啦，我怎么不碰别人，是你先往上碰的，想栽赃呀。”事情进化到如此地步，软弱一点的，边走边骂，边骂边走，也就鸣金收兵。刚强一点的，一拳下去，杀声大作，马上招来一大堆看热闹的群众，好不叫座。

请读者老爷注意，从第一碰到作鸟兽散，我们听不到一声“对不起”。博大精深的“死不认错学”，在这件街头小景上，充分发扬光大。所以柏杨先生认为中国同胞已丧失了说“对不起”的能力，每个中国人都像一个火焰喷射器，只有据“力”力争的勇气。我老人家在美国为了练习随时随地说“对不起”，几乎把舌头都磨出老茧。有一次在华盛顿参观罗丹特展，上台阶时，马失前蹄，一头撞上一位迎面而下的白老爷的腰窝。等到踉跄站稳，正要开口，想不到他阁下却先发制人，抢着就是一句“对不起”。老妻在旁翻白眼曰：“你是个哑巴呀。”我当然不是哑巴，拔腿就追，决心把他逮住，说句“爱客死客死米”，叫他领教领教中国人可不是落后民族。可是追了半条街也没追上，盖白老爷长相都差不多，把我弄糊涂啦，未能及时唤醒他的迷梦，颇伤一阵龙心。

西方文明的特征之一，是承认别人跟自己同样的存在，同样的应受到尊重，所以总是小心翼翼表达这种尊重。踩了你的尊脚固然“对不起”，实际并未踩上而不过几乎踩上也“对不起”；咳嗽一声固然“对不起”，打个其声如蚊的喷嚏也“对不起”；正在谈话他要去撒尿固然“对不起”，厨房失火，他要去救火也“对不起”。旅客们最常见到的节目是，你正努力照相，有人不小心从中间穿过，他们也要“对不起”。然而绝大多数的洋大人，一见你举起照相机，都会呆瓜一样，停下来站着傻笑，等你按下机关之后再走。照相朋友如果是中国同胞,麻木已惯,不会有啥反应。照相朋友如果是洋大人,他们不甘寂寞,总是要开上一腔。这时候不再是“对不起”啦,而是“谢谢你”。

“谢谢你”给我的威胁,跟“对不起”给我的威胁,同样沉重。世界上竟有人把唾沫浪费到这两句话上,实在难以了解。柏杨先生虽然十八般武艺,样样精通,可是到了美国,要想逃出这两句话的网罗,却比登天都难,你越踢腾,他越“谢谢你”。照相朋友照完相你再穿肠而过,他们固然“谢谢你”,就是去买东西,东西到手,他们也要向店员“谢谢你”(换在台北,不要说顾客啦,就店员能说声“谢谢你”天花板都会感动得塌下来)。银行提款,柜台老奶眼睁睁看你把白花花银子拿走,也会“谢谢你”(读者老爷不妨到台湾银行打个转,便知端详)。到衙门办事,临走把证件交还你时,也要“谢谢你”(贵阁下到台北各衙门试试,包管你立刻发思洋之幽情)。一旦开快车或不该转弯处硬转了弯,警察老爷交给你罚单,也要“谢谢你”(台北街头开罚单的结果,恐怕是一个板起晚娘脸,一个吐出三字经)。在洛杉矶时,吾友周光启先生带我去停车场开车,临出大门,缴出银子,取回单子,他也冒出一句“谢谢你”,我训勉曰:“老哥,礼多必诈。你不给钱,他放你一马呀,有啥可谢的?”他想了半天也没想出非谢谢不可的理由。可是第二次再去,他“谢谢你”如故,把我气得要死。

柏杨先生印象最深的“谢谢你”,是弹簧门奇案。我老人家经过弹簧门时,向来都是推之而过,然后撒手不管的。到美国后,当然一切如初。朋友屡诫曰:“老头,这里是番邦,你可别把中国五千年传统文化带过来,千万看看后面有没有人,再慢慢松回原处。”笑话,我来美国是游历的,不是给人管门的,我走过的弹簧门比你见过的都多,还用你上课乎哉。于是,有一次,我一撒手,门向后猛弹,屁股后一位白脸老爷发出一声大叫,朋友和我急得几乎跪下讨饶(本来我要脚底抹油,偏偏闻声赶来救驾的闲人太多,没有跑成)。幸好未碰出脑震荡,白脸老爷瞧我的长相打扮,以为准是新几内亚吃人部落的重要人物,没敢追究。事后朋友告曰:“你没吃过猪肉,也应看过猪走,请学学洋大人,那才是真正爱国之道。"呜呼,原来洋大人经过之后,总要停步扶门,直等到后面客人鱼贯而入,或有人半途接棒,再缓缓放手的。不经一事,不长一智,对这种规矩,我老人家不久就滚瓜烂熟。也因而不断听到后进的洋老爷洋老奶一连串的"谢谢你",好不得意。

——回到台北,我仍继续崇洋了一阵。不过,三天下来,就恢复原状,非我意志薄弱也,而是每次停步扶门恭候,屁股后跟进的黄脸朋友,嘴里都像塞了干屎橛,没有一个人说声谢谢。我就御手一松,管他妈的碰死也好,碰活也好。呜呼,要想从中国人口中掏出一句"谢谢你",恐怕非动用吾友猪八戒先生的五齿耙不可。

——事实上美国的"谢谢你",跟"对不起"一样,已成为民主生活的一部分,连刚会讲话的小娃,妈妈给他擦屁股,都会说"谢谢你",这使得它发展到泛滥之境。贵阁下看过强盗抢银行的镜头乎,彪形大汉掏出手枪,叫柜台老奶把银子装了个够,然后脱帽曰:"谢谢你",这才撤退。不过,柏老的意见是,宁可泛滥,也不要被干屎橛塞死。

要特别声明一点,"对不起"和"谢谢你",都和笑容同时并发,于是,自然蔓延出来另一句话:"我是不是可以效劳?"我老人家这么一把年纪,从大陆到台湾,从山窝到都市,从三家村到洋学堂,从牙牙学语到声如巨雷。"对不起""谢谢你"虽少如凤毛麟角,倒偶尔还听到过,只有"我是不是可以效劳"这句话,可从没听有谁出过口的。

平常日子,我们都是朋友开车接送,威风凛凛,趾高气扬。可是有一次却抓了瞎,我和老妻从华盛顿中心区,坐地下铁到春田镇,春田镇是地下铁尽头,必须再坐一程出租车,才能到请我们吃饭的朋友尊府。偏偏美国的出租车比柏杨先生身上的银子还少,我们在车站东奔西跑,眼看天又渐晚,急得像两条丧家之犬。一位年轻的美国朋友看出我们出了毛病,前来询问:他是不是可以为我们效劳?真是傻瓜,这还用问。他就放下他的小包袱,站在马路中央,眼观四路,耳听八方,最后拦住了一辆,大概司机老爷赶着回家晚餐,硬是不肯,他阁下俯在窗口说了半天，才招手唤我们过去。等我刚想清楚，想问他一声尊名大姓，他已扬长而去啦。若非他拔刀相助，看情形我们只好就在那里打地铺过夜。

“对不起”、“谢谢你”、“是不是可以为你效劳”，三句话塑造出一个欢愉健康的民族，一个祥和理性的社会，和一个强大宽容的国度。

18. 美利坚排队国

——美国之行，杂感之四

美国人是一个喜欢帮助人的民族，“我是不是可以为你效劳”，并不只是油腔滑调一句应酬，而是剑及履及的一种行动。除了纽约和一两个大码头地方外，只要你脸上露着困惑焦急的颜色，准有人上前问这一句话。你如果胸怀大志，答曰：“对呀，俺正需要帮忙，借给五千亿美元周转二十年，行不行?”结果当然不行。但假设你只不过迷了路，他阁下恐怕要忙上一阵，总要跟你说上一个备细；不幸你的英文程度跟柏杨先生一样，任凭他说得天花乱坠，仍然不敢听懂，他可能拉着你东奔西跑，好像你是王孙公子，他是贩夫走卒。柏杨夫人因为腰伤未愈，临行时带着一个特制的藤牌，作靠背之用。这藤牌在台湾用了半年之久，始终默默无闻，可是一到美国，它却立刻树大招风。无论走到哪里，总有白脸老爷认为她阁下的尊腰，随时都有从当中喀嚓一声，折成两截的可能。飞机上、火车上，更像龙袍加身，连站都不敢站，刚一欠屁股，就有人胁肩谄笑曰：“阿巴桑，我是不是可以为你效劳?”当然不可以，她要去茅坑屙屎，岂有别人可以代屙的。害得她老人家以后只好憋着，以免盛情难却。

中国人际之间的关系，向来不流行这一套，而且恰恰相反，对乐于助人的人，一律花枝招展地称之为“好事之徒”。胆敢路见不平，拔刀相助,则现成的形容词,就像响尾蛇飞弹一样,尾追而至,咬定他"爱管闲事",认为这种离经叛道之举,必然的"别有居心"。所以,换到台北街头,你就是蹲在那里上吐下泻,我敢跟你打一块钱的赌,恐怕是没人扶你一把。记得去年,柏杨先生跟一位美国朋友西格里曼先生在台北看电影,一位观众老爷忽然口吐白沫,从座位上栽倒在地,电影院来了两个人,把他架了出去,用不着多问,当然是送医院去啦。谁知道散场后一瞧,他阁下竟原模原样被扔到侧门通道的水泥地上,好像他不是"龙的传人",而是从蚩尤部落捉来的俘虏,人潮虽然汹涌,却无人为之驻脚,西格里曼先生大为吃惊,叹曰:"中国人跟纽约人差不多啦,这么冷漠无情。"

他阁下没说跟美国人同样冷漠无情,是他聪明之处,否则我这个爱国心切的中国老汉,可能认为他比喻不伦,语带讽刺,挑拨政府与人民之间的感情。他之特别提出纽约,因纽约是"不忘本"人物的大本营,据说外国人占纽约总人口的五分之四,以致美国人一提起纽约,就暂不承认是他们的城市。

——然而,生为中国人,身在中国地,要想帮助别人,也不容易。柏杨先生在《猛撞酱缸集》中,就努力嚷嚷过,一个没有高贵情操的人,永不了解别人会有高贵情操,也永不相信别人会有高贵情操。"好事之徒"、"爱管闲事"、"别有居心"的毒箭,早就上了弦,只要有助人一念,乱弩立刻齐发,见血封喉。吾友杨希凤先生,是一位出租车司机(他阁下经常载我二老,前往闹市兜风),一个雨天黄昏,载得一位落汤鸡女人,在车上不停发抖,牙齿咯咯猛响,杨希凤先生动了不忍其觳觫之心,正好他太太叫他从洗衣店取回来毛衣毛裤,乃建议曰:"小姐,你可以把湿衣服脱下来,换上一换,等你到家再还我。"那女人一听要她脱光,立刻杏眼圆瞪,嚎曰:"色狼,你要我报警呀。"把他阁下气得马上就咒她害重感冒兼三期肺炎。另一位朋友李瑞腾先生,乃私立中国文化大学堂教习,一次在公共汽车上,一位女人(对不起,又是女人)阳伞把柄掉啦,眼看就要踩个稀烂,他赶忙捡起,巴巴地挤到后座,交还于她。感谢观世音菩萨,这次那女人比较有文化,没骂“色狼”,但也没有“谢谢”,只用死鱼般眼珠猛瞪,一语不发。李瑞腾先生只好大败,向我叹曰:“老头,你说,咱们中国人是怎么搞的?”呜呼,中国人似乎仍停留在林木丛生的山顶洞时代,身上穿着刺猬一样的甲胄,只露出冷漠猜忌的两只大眼,心神不宁地,向四周虎视眈眈。

现在回头介绍柏杨夫人的藤牌。这藤牌功用可大啦,不但惹得洋大人处处“效劳”,甚至遇到排队,也总是让她排到前面。夫排队者,是人类文明外在的寒暑表,从一个国家的排队秩序,可以准确地判断它们的文明程度。我在美国只两个月,就想提议把“美利坚合众国”,改成“美利坚排队国”,盖美国排队,不但泛滥,而且已造成灾难,不得不惋惜那些黑白两道朋友,竟把那么多宝贵时间,浪费到排队上。上飞机排队,下飞机排队,检查行李排队,缴验护照排队,买邮票排队,寄封信排队,窗口买票排队,付钱取钱排队,等公交车电车排队,上公交车电车排队,去厕所排队,最使人不耐烦的,是无论大小饭铺,也要排队。

对于排队,绝不是吹牛,我可不在乎,不但我不在乎,全体中国人都不在乎。不过美国排队跟中国排队,在内容上和形式上,都大不相同,这就跟美国的斑马线跟中国的斑马线大不相同一样。盖中国人排队,只是一种学说,美国人排队,却是一种生活。台北排队只算半截排队,等车时排队,固屡见不鲜。但上车时排队,就不多乎也。本来排得好好的,可是车子一到,却像穆桂英大破天门阵,立刻土崩瓦解,争先恐后。英雄人物杀开血路,跳上去先抢座位,老弱残兵在后面跌跌撞撞,头肿脸青。嗟夫,真不知道当初辛苦排队干啥!为了抢一个座位,或为了怕挤不上车,来一个豕突狼奔,还可理解。可是对号火车汽车,座位是铁定了的,既飞不掉,又不怕别人的屁股带钢钉,真不知道为啥还要猛抢。美国人好像一生下来就注定排一辈子队,所以也就心安理得,而且排队起来,步步为营,纵然火箭下降,也难棒打鸳鸯两离分。大概中国因为人口太多之故,排起队来,不仅鼻孔紧挨后颈,前拥后抱,而且“缕衣相接闻喘息,满怀暖玉见肌肤”,远远望之,俨然一串亲密的战友。只洋大人排起队来,无精打采,稀稀落落,遇到车辆出入口或街口巷口,还会自动中断,一派凄凉光景,不禁为他们的国运悲哀。在纽约时,一位朋友叫我陪他去一家以拥挤闻名于世的银行取款。我心里想,这家伙准听说过我在台北挤公共汽车的武功,叫我异地扬威,自当奋身图报。一进大门,只见柜台一字排开,每个柜台只有一个顾客在那里唧咕,心中大喜,一个箭步就跳到其中一人背后,不由扬扬自得,想不到朋友却像抓小偷似的,施出锁喉战术,一把就把我拖了出去,不但不为他的鲁莽行动道歉,还埋怨曰:"老头,你干啥?"我没好气曰:"我干啥?我排队呀,自从到了你们贵国,俺可说是动则得咎,排队也犯了法啦。"他曰:"倒没犯法,是犯了规矩。"原来柜台前面有一条线——跟飞机场检验护照的那条线一样,后面的人都得站在那里,不经召唤,不得乱动。而那里已排了五六十人,他们要等到柜台顾客走了之后,柜台老爷老奶轻挥御手,才能像跳豆一样跳过去补缺。呜呼,美国立国的时间虽短,规矩可真不少,如此繁文缛节,不知道影响不影响他们的民心士气也。

然而,最可怕的还是,大小饭铺,也要排队,这就太超出我伟大的学问范畴。自从盘古开天辟地,从没有听说饭铺也要排队的。柏杨在旧金山第一次到饭铺吃饭,一走进去,就被老妻拉出。嗟夫,根本无队可排,当然大步进场,拉来拉去怎的?谁知道即令鬼也没有一个,也得站在那里,等候侍女像领尸一样领到座位上。如果没人来领,就是当场饿死,也不能越雷池一步。印象最坚强的,是大峡谷之夜,好容易找到一间晚上仍开张的小馆,那小馆倒皇恩浩荡,特免排队,但客人们必须先到柜台登记尊姓大名,然后蹲在门口听候传唤。侍女老奶一出现,大家都把她当作大慈大悲救苦救难的圣母马利亚,张着祈求盼望的大眼,惶恐不迭地望着她。听她张金口,吐玉音,传唤某某先生可进去啦,某某先生和他全家大小,立刻欢声雷动,大喊大叫。噫,何必多这一道手续乎哉。台北就绝对不是这种风景,一群饿殍杀到饭铺,明明客人已满坑满谷,照样深入虎穴,拣一张看起来杯盘狼藉,快要吃完了的桌子,把它团团围住。桌上食客对这种阵势，早已司空见惯，任凭饿殍们怒目猛视他们的尊嘴，他们的尊嘴仍细嚼慢咽，气不发喘，面不改色。好容易兴尽而退，饿殍们升级为座上客，另一批新饿殍又汹涌而至，再围在四周，恣意参观。非洲草原上胡狼歪着脖子看鳄鱼大嚼的镜头，重新上演，好不刺激。

最伤心的是，美国的很多中国饭铺，也逐渐染上这种恶习，放弃了我们传统的“看吃”文化。人人都说美国是一个自由国家，我的意见有点相反，仅只排队，就能把人排得精神分裂。

19. 崇洋·但不媚外

——美国之行，杂感之五

《封神榜》是中国的《伊利亚特》，神仙如云，妖怪似雨，虽然最后都归结于邪不胜正，但双方打斗过程，仍花样百出，轰轰烈烈。《封神榜》神怪中最厉害的角色之一是殷郊先生，他阁下的番天印，乃天下第一等盖世奇宝，只要口中念念有词，喝一声“疾”，该盖世奇宝就被祭升空，砸将下来，不要说人的血肉之躯，就是喜马拉雅山，都能一劈两半。这还不算叫座，叫座的是连把法术传授给他的师父广成子先生，都无法拒抗，一见殷郊先生翻脸无情，祭起那玩意儿，立刻魂飞天外，落荒而逃。

柏杨先生这些时吉星高照，忽然间也遇到了这种盖世奇宝，不过时代不同，现代化的“番天印”不叫“番天印”，改名换姓，另行修炼，而叫“崇洋媚外”。只要“崇洋媚外”这句话被现代殷郊先生隆隆祭出，比三千年前的“番天印”，还要雷霆万钧。洛杉矶一次聚会上，我正头顶石臼，努力演唱，一位听众老爷忽然传来一张字条，上面写曰：“老头，想不到你竟崇洋媚外，认为美国一切完美，而美国绝不像你想象中那么完美。”稍后，洛杉矶《南华时报》刊出铎民先生一文，其中一段曰：“崇洋媚外观念，应该猛批。柏杨老头也像许多刚踏上美国本土的老中一样，迷失在这个社会表象的美好之中，先是自惭形秽，接着是妄自菲薄。假如他能够待上个三年五载，相信观感必会大不一样。”

“崇洋媚外”这个盖世奇宝，大概是十九世纪四十年代鸦片战争之后，才修炼成正果，为害人间的。这奇宝的内容，可用一个老汉朋友的怒吼作为代表：“你们这些崇洋媚外的家伙（这还算客气的，有时候简直成了“汉奸”、“洋奴”、“卖国贼”），千言万语一句话，无论是啥，都是美国的好，要说美国科学好，我还服，要说连美国的文化比我们好，我就不服，难道我们连做人处事，也要学美国乎。”

——怒吼的不仅这么一位老汉，而是很多老汉，事实上很多小汉也同样怒吼，就使我老人家的血压大增。

这里涉及到一个重要课题，有些人竟能对截然不同的两事，和并没有因果关系的两种行为，不经大脑，就能用唾沫黏在一起，实在是高级技术人员。“崇洋”与“媚外”相距十万八千里，风马牛互不相及，经过如此这般地硬生生黏在一起，动不动就掏将出来“猛批”，灾难遂无远弗届矣。不过受伤害的并不是被詈为“崇洋媚外”之辈，而是因怕“媚外”，而不敢“崇洋”的大多数小民。柏老的意思不是说根本没有人崇洋媚外，这种动物可多得要几箩筐有几箩筐。而只是说，更多如山如海的朋友，却是“崇洋”而并不“媚外”的也。在洛杉矶会场上，我一时紧张，忘了自己客人身份，把脸一抹，露出本相，立即反问与会的绅士淑女，为啥不坐独轮车而开汽车来瞧老头？开汽车就是崇洋。为啥不梳辫子，不束发盘到头顶，而弄成左分右分模样？左分右分模样就是崇洋。为啥女士们不缠三寸金莲，走路一拧一拧，而天足穿高跟鞋？天足穿高跟鞋就是崇洋。为啥男人不穿长袍马褂，或更古的京戏上宽衣大袖，而穿西服？穿西服就是崇洋。为啥不吸水烟旱烟，而吸纸烟雪茄？吸纸烟雪茄就是崇洋。为啥煮饭时不用煤球木柴麦秸，爬到灶头吹火，而用电炉瓦斯？用电炉瓦斯就是崇洋。为啥不睡土炕，而睡弹簧床水床？睡弹簧床水床就是崇洋。为啥见了顶头上司不忽冬一声跪地磕头，而只握手喊“嗨”？握手喊

“嗨”就是崇洋。为啥不弄碗豆油燃亮，挑灯夜读，而用电灯？用电灯就是崇洋。为啥寄信时不托朋友顺便带去，而弄张邮票一贴，往一个密封筒子里一投？贴邮票投邮筒就是崇洋。为啥不去看皮影戏，而去看电影？看电影就是崇洋。为啥不拉着嗓门猛喊，而去拨电话？拨电话就是崇洋。然而，我可不相信各位绅士淑女媚外。

回到国内，心里更沉重像挂个秤锤，觉得事情必须弄个一清二楚，才能不做亏心事，不怕鬼叫门。“国庆节阅兵大典”刚过，各位读者老爷的记忆犹新，夫洋枪洋炮、洋鼓洋号、洋指挥刀、洋军乐队，哪一样不是崇洋产物，可是，却又哪一样媚了外？地面分列式空中分列式，更是崇洋产物，又跟媚外怎么攀上内亲？深入家庭社会一瞧，简直更成了惊弓之鸟。写稿也好，写文也好，写黑信告柏杨先生挑拨“人民”与“政府”间感情也好，都只用原子笔钢笔而不用毛笔，原子笔钢笔（加上打字复印）固努力崇洋者也，与媚外又有何干？客厅里也好，办公室也好，公共场所也好，只坐软绵绵的沙发，而不坐硬邦邦的长板凳，软绵绵沙发固努力崇洋者也，跟媚外又何干？上星期去一位朋友家串门，他当面吆喝我“崇洋媚外”，把我吆喝得发起酒疯，找了个榔头，要把他家的抽水马桶砸个稀烂，叫他使用中国传统的土造茅坑。他太太苦苦哀求，我也不理，誓言跟崇洋媚外的抽水马桶不共戴天，等砸了抽水马桶后，我还要砸电视机、砸收音机、砸电冰箱、砸瓦斯炉、砸电话、砸电灯……最后还是他家姑娘，大学堂毕业生，深中“崇洋”之毒，竟诉之于法，招来警察，把我轰出大门，才算结束这场闹剧。否则，一榔头下去，他们可是住在十二楼的，全家屁股立刻就没地方放。不过，想了半天，也想不出该姑娘有啥地方媚了外。

呜呼，真不敢想象，如果上帝老爷一旦又发神威，把中国人“崇洋”得到的东西，全部抽掉，不知道我们还剩下了些啥？番天印朋友鼻孔冒烟曰：“难道我们连做人处世也要学洋人乎？”噫，真是一个糨糊罐，这还要问，我们在做人处世上，当然更要崇洋，更要学习洋人的优点，但这跟媚外又有啥瓜葛？台湾在政治制度上，崇洋已崇到过了头，首先就把五千年帝王世袭传统一笔勾销，猛学洋大人的投票选举。接着把封建专制一脚踢,猛学洋大人的民主政治。在经济制度上,抛弃五千年的重农轻商,猛学洋大人的工商第一。更抛弃五千年做官为唯一途径的人生观,猛学洋大人多层面结构。在文化上,整个大众传播工具,包括报纸、电视。整个艺术创作,包括小说、诗、话剧、绘画、音乐,又有哪一样不是崇洋崇得晕头转向。可是,岂台湾上下都死心塌地的媚了外乎哉?

情绪化的番天印"崇洋媚外",是语意学上的差误,经不起思考,经不起分析。铎民先生曰:"假如在美国住上三年五载,相信观念必会大不一样。"这是可能的,但也不见得。我们盼望中国的武器更精密,要求崇洋学习。我们盼望中国的工商管理更有效率,要求崇洋学习。我们盼望中国人一团祥和,要求崇洋学习说"对不起"、"谢谢你"。我们盼望中国人排队,要求崇洋学习一条龙。我们盼望中国人尊重斑马线,要求崇洋学习严守交通规则。我们盼望中国人过弹簧门缓缓松手,以免后面的人脑震荡,要求崇洋学习伫立以待。我们盼望中国人都有开阔的侠情,要求崇洋学习笑容满面,乐于助人。我们盼望中国人身体健壮如牛,要求崇洋学习把时间花在运动上,不花在窝里斗上。——这一切,怎么拉上他妈的媚外?面对彬彬有礼的洋大人,我们难道不自惭形秽?反应该"不忘本"到底,横眉竖目到底乎哉。古书曰:"知耻近乎勇。"死不认错只要情绪冲动,捶胸打跌,就可功德圆满。而知道啥是羞耻,不但需要勇气,更需要智慧。

——铎民先生在"自惭形秽"下,紧接着"妄自菲薄",这两句话同样没有因果的必然关系。自惭形秽固然可能妄自菲薄,但也可能矍然醒悟、发奋图强。日本老爷的明治维新,是这么搞起来的也。情绪激动的夹缠,属于风火轮战术,实不敢当。

美国一位教授写了一本《日本第一》,没有一个美国人怒詈他崇洋媚外。柏杨先生只不过写了几篇仅涉及到皮毛印象,便番天印乱飞。呜呼,你就是掐着我的脖子,我还是要嚷:"绝对崇洋,但不媚外!"还请读者老爷思量。

20. 预言和恐惧

——美国之行,杂感之六

据说,有一则发生在美国的故事。

一家资本雄厚的牵引车公司,派出业务部经理,前往欧洲考察各国牵引车工厂的竞争能力。归来之后,向董事会提出报告,从企业管理细则,到大小螺丝钉的紧度,一一比较,结论是欧洲各国每样东西都有毛病,全没有美国好。董事会看了这份厚达两公分,密密麻麻的"美国好",立即引起骚动。骚动不是举杯庆祝,而是把该经理开除。在通知开除的董事会决议书上,不厌其烦地说明理由曰:"我们花了这么多银子,消耗了这么多时间,目的不是要你发掘欧洲的缺点,更不是要你发掘我们自己的优点。他们当然有缺点,我们当然有优点,但这是有目共睹的事实,用不着辛苦寻找。你不寻找,它们照旧存在。我们派你去,是要你发掘他们的优点,即令一点点优点都行,使我们得以警惕改进。而你的报告,将对我们造成伤害,因为它会使我们自满自傲,蒙住了眼睛,心甘情愿地停滞在目前状况,不再追求创意。"

呜呼,该经理之所以倒了八辈子霉,是他碰上了有思考能力的董事会成员。而思考能力,正是美国所以强大的主要能源。该经理显然生错了地方,如果生到中国,恐怕花开两朵,各展一枝。自封为博大精深的文化大国,一听他报告:"在董事长及各位董事英明的领导之下",包管马上芳心荡漾,杏脸含春,准把该经理加官晋爵,用以表扬他忠心耿耿,办事有方。

以柏杨先生之尊,自然知道这种奥妙。要想凶猛升迁,日入斗金,只要有一张可以滴出蜜来的甜嘴,和借口爱国,而努力表演热血沸腾,就足够啦。但我老人家却变化多端,棋高一着,而是看人端菜碟的。遇到“英明领导者”,闻谀则喜人物,我拍马屁的话就势如山崩,他要想不舒服,不可得也。遇到上述的那种董事会,我就口吐真言,看你能容纳多少真言,我就吐多少真言。

中华民族有五千年传统文化,当然有优秀的一面,介绍这一面的朋友太多,说的话写的书,更排山倒海,用不着我再插嘴,即令再插嘴,也不能增加优秀的重量。但我们现在面对的,却是五千年从没有见过的巨变。一种崭新的西洋文明,像削铁如泥的利刃一样,横切面地拦腰砍过来。如果拒绝接受消化,只有断成两截,血枯而死。美国一些印第安人保留地,和散布在各地印第安人的废墟,每一处都使我们胆战心惊。夫印第安人几乎全部住在保留地,所谓保留地,用不着睁眼乱瞧,仅只掐指一算,就可算出那里准是穷乡僻壤,一片荒凉。虽不能说寸草不生,但保留地的农作物,往往难度一次荒年。最糟的是距城市太远,也就是距交通线有学堂的地方太远。其实太远也没啥,多走几步路就行。问题在于,印第安人压根儿拒绝接受现代化的西洋文明。

现在,他们还可以在保留地马马虎虎过日子,过的是两三百年前美国西部武打片差不多的日子。可是,不知道酋长老爷想到没有,一旦有一天(这一天不是不可能来临),美国人口急剧地增加到十亿——别说十亿啦,十亿能吓死人,假如美国人口急剧地增加到三亿四亿吧,第一件事,你敢跟我打赌乎哉,恐怕就要把印第安同胞驱逐出保留地,赶到洛基山区,在那里,深雪没胫,无尽荒山,他们在草原上的古老求生技能,派不上用场,最后只好全体饿死。盖那些保留地的贫瘠不茅,在现代科学技术之下,开水利,广施肥,都会变成良田。目前美国政府还不在乎,到那时候,可要非常在乎矣,美国政府绝不可能永远允许印第安人占着茅坑不拉屎,糟蹋那些土地。这是远虑,而远虑基于近忧。前已言之,近忧是他们顽强地坚持他们那种故步自封的传统文化。举个例子说吧,直到今天,他们都不尊重法律,也不相信法律,仍继续几千年来的勇敢内斗,部落与部落间经常仇深似海,不可开交。美国政府前去干预。酋长老爷曰:“这是我们自己的事。”好吧,悉听尊便,只要不害白人安宁,你们即令把自己人杀了个精光,都没关系,白人乐于看到天然淘汰的成果。

——白人对归化为美国人的落后民族,一向采取“厌而远之”的态度。对印第安人如此,对中国人也是如此。就在华盛顿机场,曾上演一场镜头。吾友海伦女士,貌美如花,性烈如火,丈夫老爷麦卡菲先生,台北文化界人士,对他相当熟习,不必细表。表的是某一天,海伦女士在等飞机,站得两条玉腿发酸,看见一个空位,就走过去坐下。不久一个中国人从厕所回来,发现座位没啦,一脸不高兴,跟她身旁另一位中国人用广东话骂起大街,措辞肮脏下流,写出来准吃风化官司,姑且找一句最文明的介绍,曰:“这女人的屁股怎么不丢在你大腿上呀,偏丢到我位置上,骚到我身上来啦。”想不到海伦女士是言语奇才,啥话都懂,她正气愤中国同胞乱占座位,更气愤中国同胞难堪的粗野。于是,一跳而起,用广东话向他们回报,叫他们注意自己的教养。二位广东老乡不但不对自己的失礼道歉(注意,中国人没有道歉的能力),反而回骂起来。候机楼霎时吵成一团,华洋黑白,一齐围上来观看奇景。白脸警察闻声赶来,在一旁歪着尊脖,仔细欣赏。麦卡菲先生听到娇妻大发神威,赶忙奔来救驾,白脸警察拦住他曰:“老哥,这是他们中国人内斗,咱们千万别管。”麦卡菲先生曰:“老爷容禀,我不管不行,因为吵架的是我太太。”这则小故事可看出白人对中国人(无论你是华裔、华人、华侨),就是如此这般,跟对印第安人一样,看成化外之民。

印第安人为啥排斥现代化的西洋文明,有人说他们始终怀恨白人的罪恶,有人说他们的民族性天性僵固,没有接受新观念新事物的细胞。这两种原因都有点怪,因怀恨而拒绝接受敌人的制胜法宝,可谓其蠢如猪。因天生缺少力求上进的细胞,可谓其情堪怜。但至少有一点致命伤是明显的,可能因为生理上的缘故,印第安同胞之酗酒,似乎比台湾山地同胞,还要凶猛百倍。富兰克林先生在他的自传上,曾喟然叹曰:“酒毁灭了印第安人,但没有酒,印第安人宁愿死。”柏杨先生没有资格做深入分析,只是说明,无论啥原因,结出的果实都是一样的。我老人家在芒特柔玛古堡，看到印第安废墟，和他们用野草编织的果筐，六百年后今天的成品，跟六百年前昔日的成品，色彩图案，一点没有分别，不禁老泪纵横，似乎看到，阴风四起，黑云渐布，日暮途穷，苍茫朦胧，一幕即将来临的巨大悲剧，正在死寂的气氛下进行。可能千年，也可能只几百年，当他们被逐出保留地之日，也就是这个古老民族全族覆灭之时。连上帝都救不了他们，除非赐给他们吸收现代文化的灵性，而迄今为止，上帝仍没有赐给。反而，却像《圣经·乔舒亚书》上所说的，决心使他们："没有一个留下，将凡有气息的，尽行杀灭。"

写到这里，读者老爷一定大吃一惊曰："老头，你三天没照梨花镜，就自以为三头六臂，当起预言家啦。"我可不是要当预言家，而只是联想到中国同胞，不禁兔死狐悲，物伤其类。中华与印第安两大民族，虽然有许多不相同之处，却也有许多相同之处。最相同的一点是，大家都有浓厚的崇古崇祖的情绪，这情绪是浪漫的，多彩多姿，使人动容。可是却因之使我们无法面对现实，对现代化深拒固闭，和对有些已经毛病百出的传统文化，乃搂在怀里，沾沾自喜。类似乎这些相同之点，都是致命之点。

印第安朋友的传统文明，少得可悲，如果他们肯吸收现代化西洋文明，可以说易如反掌，盖房子里空空如也，只要新式沙发搬进来就功德圆满。中国人屋子里却塞满了长板凳、短板凳、高板凳、低板凳、铁板凳、木板凳、带刺的板凳、滑不溜丢的板凳，如果不动心忍性，把它们扔到化粪池里，新式沙发就永远进不了大门。

印第安人是个活榜样，这个可哀的红脸民族，跟西藏冈底斯山的犁牛群一样，低着头，朦胧着眼，蹒蹒跚跚，有意无意，身不由主地，一步一步，走向绝种的死亡之谷。听到他们蹒跚的脚步声，和世代的辛劳喘气，心都裂成碎片。有人说，你别杞人忧天，中国人多呀。噫，在可怕的核子武器和更强大的生存竞争压力下，人多可没有用。印加帝国的人口可多，如今都到哪里去啦。有人说，中国人聪明呀，聪明确实聪明，但把聪明用到拒抗改善自己质量，动不动就番天印和窝里斗，聪明反而会被聪明所误。似乎只有自惭形秽，痛改前非的觉醒，才能躲过印第安朋友所遭的大难。

21. 种族歧视

——美国之行，杂感之七

四十年代末叶，看过一位美国佬的大著，作者和书名都记不得啦，只隐约记得内容，把第二次世界大战的结局，来一个颠而倒之，倒而颠之。中英美苏一败不可收拾，割地赔款；德日意轴心国却大获全胜，耀武扬威。其中意大利因为没啥辉煌战果，攻打一个七八九流的绿豆小国阿尔巴尼亚，都弃甲曳兵，把人丢到地中海，当然上不得世界性台盘。所以事实上只剩下德日两国，把地球二一添作五，平均瓜分。不过，俗不云乎："一个槽头拴不住两只公驴。"为了争权夺利，德日又剑拔弩张，每次会议都出现拍桌子喷唾沫场面。日本首相东条英机先生，和德国元首希特勒先生，一个比一个委屈万状，义愤填膺。东条英机先生大骂德国背信忘义，原本讲明在先，以印度河为界，印度河以西归德国，印度河以东归日本的，怎么，你们还想要新德里呀，是不是想跟皇军较量较量？希特勒先生火气更大，俺雅利安人可是上帝的选民，第一等货色，黄脸皮大和民族算老几？准许你们这些矮冬瓜平起平坐，已够宽宏大量啦，怎敢闭着眼睛，乱争霸权？靠你皇军那点手艺，也敢露面呀。

柏杨先生一踏上美国国土，看见黑脸朋友熙熙攘攘，来来往往。那本小说上的情节，油然涌上心头，禁不住想起另一个颠而倒之，倒而颠之的故事。噫，假定美国南北战争的结局，竟然是南方胜利，北方失败，蓄奴制度一直保留到今天，美国又是一个什么模样乎哉。至少有一件事敢确定的，林肯先生绝不会丧生刺客之手，依中国古老的历史定律"成则王侯败则贼"，他阁下准绑赴刑场，砍下尊头。那篇举世闻名的葛府斯堡演说,也得改头换面,成了“白人有”“白人治”“白人享”矣。我老人家在美国时,他们前任驻联合国代表安德鲁·杨先生,正准备接任亚特兰大市长,历史既然大变,这位黑老爷恐怕正在奴隶市场,登台亮相,被白老爷一面拧他的肉,一面吆喝曰:“都来瞧呀,都来看,这家伙好像一个黑铁弹。好吧,柏老柏老,我一瞄你银子多多,就知道你天纵英明。俺就交你这个朋友,贴上血本也心甘情愿,只要纹银五两,卖给你啦。”说不定我现在正跟一个自命不凡的官崽一样,猛端架子,一耸肩膀,老杨就诚惶诚恐,伸手给我抓背。

黑人也好,印第安人也好,他们的命运有一点是相同的,那就是自从碰上了白人那天起,恶神就抓住他们,降下没完没了的奇灾巨祸。有一点是相异的,印第安人本来就是主人,看见白脸客人大驾光临,张开双臂欢迎,想不到白脸客人酒醉饭饱,又跟他们海誓山盟之后,掏出家伙,杀了个够,把幸存的老弱残民,赶到千里外的不毛之地;再理直气壮地喊叫,俺白人可是主人啦。黑人跟白人同样是不速之客,不过此客非彼客,彼客坐着五月花号,乘风破浪,存心就是要来反客为主。此客却是跟当年柏杨先生五花大绑下绿岛的景观一样,硬绑到美利坚的。绑到之后,想求千里外不毛之地而不可得,可得的是被打入地狱,结结实实地世代为奴。太监型的学人专家,更纷纷发明“黑人非人”学说,以致主张人人平等,人人相爱的基督教也救不了他们。吾友李白先生诗曰:“抬头望上帝,低头挨皮鞭。”正是他们的写照。嗟夫,印第安人历史充满了血,黑人历史充满了泪。

然而,感谢观世音菩萨暨柏杨先生在天之灵,蓄奴时代总算成为过去,以致我老人家虽有盖世奇财,也买不到黑奴。不但买不到黑奴,而且连严重的种族歧视,也没赶上。盖至迟在五十年代,白人终于主动地或被动地发现,老祖宗做的贩奴蓄奴丧尽天良的勾当,恶有恶报,恶报来到,恶报就要由他们这些后裔承当。幸而他们有能力承当,更有能力用理性承当。呜呼,世界上至少有两大懊悔,一件是美洲印第安人,懊悔他们心地太纯洁太善良,把白人当成朋友,如果在白人一爬上岸,就像大小角河之役那样,大发虎威,对付他们,何至落到目前这种悲惨之境？另一件是美国白人，时间如果倒流，恐怕打死他们，也不会弄那么多黑朋友进口，假使现在美国没有黑人，没有黑人问题，白老爷恐怕高兴得能钻到九霄云外矣。

这些颠而倒之，倒而颠之的话，全是赚稿费的废话，说了等于没说，因为它不可能出现。但可以帮助我们了解，无论如何，白人终于承认他们对黑人亏欠太多，因而向前跨进一大步，跨进目前正在日益升高的"黑人也是人"的理性时代。柏老所以没有买个黑奴，带回台北招摇过市，就是恰好碰上这个时代。不过，话又说回来，如果美国到今天仍然努力履行蓄奴制度，我老人家可也是有色人种，说不定一到旧金山码头，就被奴隶贩子顺手牵羊，黄黑杂陈，捉去一块卖掉，现在不知道蹲在哪里哼哼哩，险哉。

黑朋友在人格上和法律上，已获得肯定。昔日那种"白人专用""黑人专用"各种奇观，就跟大日本帝国的东亚共荣圈一样，早随风而去，成为历史陈迹，只供花前月下，谈起往事时咬牙切齿之用，现在已不再见此等盛况矣。且夫美国的法律，是真正的法律，可不是大小由之的《说不准学》。中国古代官崽，包括二十世纪的各色军阀，贴布告时，都会露出口风："言出法随"，盖"法"是跟着"言"乱罩的，于是有权能"言"的头目有福啦，像袋鼠一样拖着"法"的强硬尾巴，所向无敌，民无噍类。美国却是法居第一，法律规定种族不可歧视，在法律之前，你就不可歧视，如果非歧视不可，不是把你罚款罚得痛哭流涕，就是把你送到牢房猛坐。美国报上征求员工的大小广告，末尾总要加上一句"法律平等"之类的话，盖店铺公司员工人数，一旦超过若干名时（确实数目记不清矣），就有若干有色人种的保障名额，要想清一色一条龙，满贯通吃，可办不到。每看一次这种广告，就引起一次乡愁。呜呼，昔日上海，主雇征求员工时，往往加上一句"限沪籍"；现在台湾，主雇征求员工时，往往加上一句"限台籍"。如果换到被痛詈为"种族歧视"的美利坚，一状告到衙门，那场官司就足够"饱死"之辈，十年都忘不掉。到旧金山不久，我就问女作家陈若曦女士对种族歧视有啥感受。她回答的一段话，值得深思，她曰：

“我并不觉得有啥种族歧视。至少,比起中国人省籍之间的地域歧视,要轻得多。”

黑白之间的种族歧视,是一种血海深仇,都在人权大义和开阔的心胸之下,被理性克服。而绝顶聪明的中国人,还酱在情绪的地域观念里,煞有介事兼斤斤计较,只好越想越自叹命薄如纸。

22. 黑朋友的危机

——美国之行,杂感之八

柏杨先生十年之前,看过一部美国电影,片名已忘之矣。夏威夷一位豪门白脸大爷,竞选参议员,对种族歧视深恶痛绝,认为天下只有畜牲才有种族歧视,把当地小民唬得心花怒放。可是有一天,他发现他的妹妹跟一个黄脸小子恋爱,而且“没有他她就不能活”,马上就露出原形,跳高曰:“你要是嫁给那黄脸小子,就连一两银子的家产都得不到。”妹妹曰:“你一向反对种族歧视的呀,我还以为你赞成不迭哩。”老哥捶胸打跌曰:“那种公开谈话,你怎能顶真,不过骗骗一些傻瓜罢啦。”

就在上个星期,台北电视美国影集《小淘气》,也有一幕。白老爹收养的义子黑小娃住医院,另一位白大人的亲生小女儿也住医院,因为床位缺少,两老本是好友,白大人还向白老爹的小区计划,投下五十万美元的巨资,认为两个小娃住在一个病房也行。可是当他阁下瞧见白老爹的儿子竟是一个小黑炭时,就好像谁在他屁股上踢了一脚,号叫着要把小女儿搬出去。白老爹费了两火车话都不能把他说服,气得把那五十万美元投资,原封扔回。后来,两小无猜携手逃亡,闹了一阵,白大人终于回心转意,允许小女儿可以跟小黑炭同住,白老爹也再度接受那项巨款。想不到,最后仍然露出马脚,白大人曰:“我非常抱歉,我承认我的错误。”白老爹正要向他致最大的敬佩,白大人却曰:"我最大的错误,是不该把我心里的想法说出来。"白老爹一听,事情转了一圈,又转回到原地位,拉下面孔,把那张巨额支票,撕个粉碎。

呜呼,地域观念是可以消除的,种族观念恐怕还要维持下去。盖地域观念总有一天被政党利益代替。可是,截至目前为止,种族观念还没有代替之物,除非像《鼓儿词》上唱的:"外层空间派喽啰打来战表",要消灭全人类啦,那时候人们才会不分红黄蓝白黑,结成一体。现在纵然用尽吃奶力气,也只能减低,不能消灭。连最最文明国家之一的英国,最近通过国籍法,就厚着脸皮宣称,那就是一个种族歧视法律。犹太人在西方世界,也是细皮白肉,长相一样,言语一样,爱国献身程度一样,却免不了被挤得皮破血出,最后还惹得希特勒先生毒从心头起,恶自胆边生。人们都认为希特勒先生是条疯狗,事实上日耳曼人如果没有憎恨犹太人的潜在意识,靠姓希的一条光棍,他能蛮干得起来乎?

——写到这里,吾友温伍斯德先生来访,柏府正好高朋满座(不用问,全是讨债的和讨分期付款的不开窍之辈),只好顺便介绍,他喟然叹曰:"在台湾,我是美国人。可是回到美国,我却是犹太人。"幸亏我及时弄一支纸烟塞到他尊嘴里,才没放声大恸。对异血统的白朋友,尚且如此,更何况异血统的红黄蓝黑哉。

种族歧视是一种顽癣性的观念,我们不必大惊小怪,值得我们大惊小怪的是,美国处理这种顽癣的方法。他们的方法可跟中国不同,中国的方法是"讳疾忌医"兼"家丑不可外扬"——事实上这是原理,不是方法,真正的方法是一面屙血,一面双手捂住屁股号曰:"俺可没害痔疮呀。"谁要说俺害痔疮,谁就是"别有居心"兼"是何居心"。"二居心"是传统法宝,只要念念有词,祭出这法宝,对手就在劫难逃,痔疮就霍然而愈——哎呀,又说溜了嘴,不是痔疮霍然而愈,而是自己就从有痔疮忽然间变成没痔疮。酱缸蛆、畸形人所努力的,只是猛捂屁股,不是治疗痔疮。

美国是一个健康的社会,而且是一个非常强壮的社会,强壮到可以自己调整自己，所以它的反应不是猛捂屁股，而是到处嚷嚷不得了啦，痔疮发啦，一天流八千加仑的血，要打听棺材的价钱啦。闹得天下皆知，使人心惊肉跳，然后打针吃药开刀，把硬板凳换成沙发椅，把弯腰驼背改正为挺直脊梁。

传播工具和文学上直接暴露种族歧视，正是闹得天下皆知，使人心惊肉跳。健康强壮的社会，建立在人民健康强壮的心理上，最大的特点是：他们有智慧尊重事实，有勇气承认错误，有能力加以改正。种族歧视是一桩事实，也是一桩错误，美国人正借着他们的智慧和勇气，寻觅妥善的解决之道，他们理性地采取种种步骤，使种族歧视慢慢减少，期于根绝。

在这种情形下，黑朋友所面对的危机，已不在于被歧视，而在于受到过度保护。这得赶紧声明，保护当然是必要的，柏老可从没有腰怀"二居心"，认为应撤除保护。只是说，保护一旦超过某种限度，效果就恰恰相反。满清政府对满洲人过度保护，就是一个最佳例证，那些鞑子官崽，如果明白他们老祖宗的历史，便不会那么一厢情愿地精打细算矣。他们老祖宗女真人建立的金帝国，到了末年，战斗力衰退，一百年前把汉人打得抱头鼠窜，而今被蒙古人打得也抱头鼠窜，检讨原因，发现原来是对女真人保护得不够所致。这可是天下最驴的检讨，不检讨痔疮，只检讨裤子。于是下令把肥沃的耕地，都分配给女真人。女真人当然乐不可支，歌颂这是最明智的措施。可是那些耕地主的汉人，他们也是大金帝国的臣民，却只因血统的缘故，被生生逐出家园，像印第安人一样，扶老携幼，哭哭啼啼，押解到荒山僻壤，自生自灭。等到金帝国打烊关门，汉人有冤报冤，有仇报仇，女真人遂全部死在刀枪之下。史书上说，汉人杀得性起，连女真的婴儿，和平常望若天仙般的女真漂亮美女，也一个不留。女真建国一百二十年，结局却是灭种。只有仍留在老根据地长白山一带的一小撮穷苦无依的卑贱同胞，于四百年后，改称满洲人，到中国再蹈覆辙，哀哉。

过度的保护，会为被保护者带来身心磨损，会使被保护者成为温室里的花朵，一天比一天衰弱，不但经不起风吹雨打，甚至经不起春天的阳光，容易安于现状，不求长进。读者老爷一定还记得满洲人初入关时的威力，真是神兵天降，只不过二百余年，却个个成了一摊泥，一听说他们的清政府图强救亡，要他们青年人到北京城外接受一个月的军事训练，就好像死了亲爹亲娘，全家立刻哭成一片。

美国黑朋友似乎正在走女真人满洲人走过的路，仅举失业生育救济金这个例子吧，这是一项重要而且必需的社会福利，除了北欧，世界上没有几个国家有这么高的水平。问题是，一旦失业救济跟就业薪水收入相等，谁还去汗流浃背耶。黑朋友的家庭，似乎多数都是破碎的，盖破碎就是财富。有丈夫的黑老奶生孩子等于白生，没丈夫的黑老奶生孩子等于下金蛋，可领到政府一份津贴，有五六个孩子，就足够中等家庭舒舒服服矣，这简直是最顺乎天意，合乎人情的生财之道。于是，黑男人有福啦。猪有“种猪”，不算稀奇，人有“种人”，就不同凡响。一位年轻黑朋友，就荣膺“种人”的重责大任，先后身兼六七个黑老奶的传种大使，吃得好，穿得妙，住得像阿拉伯皇宫，开着八一年奔驰，载着我老人家在长堤兜风时，高歌“噢，噢，开柔”，神采飞扬，把我羡慕得要死。花的钱都是那些老奶奉献的，他自己的救济金，不是拿来去泡某些钓不到手的黑白之妞，就是深谋远虑，储蓄起来，以便人老珠黄时，过后半辈子。

仅这一项过度的保护，就产生两种后果，第一个后果是，黑朋友的教育水平和质量，一泻如流沙，普遍的越来越低。好比说，站在柜台前的漂亮黑牡丹，说话时很多人在 You 之后，不知道用 are，而用 is。我就不断被她们 is 过，不禁大喜，原来世界上还有英文比柏杨先生更差的美国人也。第二种后果是，黑朋友人口以每年五巴仙的汹涌速度增长，而白朋友依然如故，终有一天，或许五百年之后，或许一千年之后，或许两千年之后，白人将沦为少数民族。那时候，白老爷的唯一安慰，恐怕跟有些中国同胞今天的唯一安慰一样，只剩下回忆“想当年”的光荣日子矣。

黑朋友面前摆着太多的难题，但他们弱者最顶尖难题，包括印第安人和中华人在内,都是一样的,那就是如何使自己刚强。不过,中华人比黑人要幸运,那就是中华人出了个柏杨先生,不停地努力宣传自己民族的缺点部分,和自己文化的错误部分,嚷嚷得天下皆知,心惊肉跳,中华人也就逐渐承认缺点和错误,这正是拯救沉疴的一线生机。而黑朋友中,似乎还没有人挺身出来,对自己民族做痛切的检查,只一味抱怨白脸大爷不够朋友。真正的危机,似乎在此。

23. 两个故事

——美国之行,杂感之九

纽约《新土杂志》举办的一个餐会上,在座一位朋友报告了一则天方夜谭。两个华青帮抢劫白老奶的案发,送到法庭,眼看就要锒铛入狱,谁都想不到,在最后关头,陪审团却要再行调查。是红包送得恰到好处,陪审团老爷看"家兄"之面,手下留情哉？非也。是政治挂帅,陪审团老爷承仰大家伙颜色,不敢独立判断乎哉？也非也。而是陪审团具有充分的理由,该理由充分的程度,使法官点头如捣蒜。陪审团曰:"虽然他们涉嫌这么重大,但一项事实却是推不翻的,中国人从不敢冒犯白人,要说'华青'竟敢在光天化日之下,向一个白种女人袭击,简直不可思议。"面对着这种真实的太虚幻境,不知道应该为那两个小流氓高兴,还是为全体中国人的尊严,去买把刀抹脖子。

另外一则天方夜谭,发生在旧金山。一位从台湾去探望弟弟的姐姐,急着要赶回台湾,那时正逢旅游季节,机少人多,老弟到处都买不到机票,老姐心如火焚,忽然看《世界日报》上有"联邦旅行社"的广告,言明神通广大,要哪一天有哪一天,要哪一班有哪一班,而且廉价非凡。当下芳心大动,就要拨电话。一位朋友告之曰:"联邦章氏兄弟,可是两头恶狼,你敢惹呀。"她当然不敢惹,再找广告,找到一家“平霸旅行社”，就改拨平霸，平霸满口答应，老姐立刻乘车前往。到了门口一瞧，不由倒抽一口冷气，原来是条双尾蝎，平霸就是联邦，联邦就是平霸。然而，既然来之，也就进之，柜台一位项姓老奶，笑脸相迎（按：这是她这场交易中唯一的一次笑脸），言明飞往台北票价三百八十五美元，先缴一百定洋，明天前来探询确实消息。老姐一想，反正少不了一文，何必再跑一趟，把全部银子，一次付清，要旅行社办妥后邮寄即可。当晚，老弟一进门就宣布好消息，说他弄到一张免费机票。盘算了一夜，翌日一早，老姐打电话去退票。噫，有这等事，煮熟的鸭子怎能叫它飞走，项老奶迟疑了一阵，回答说，退票可以，要扣六十美元。老弟认为简直是敲竹杠嘛，跟老姐连袂前往。项老奶这时已是另外一种尊容，声明老板吩咐下来，别的可以，退票免谈。既然老板有权，就找老板，可是老板在总社，而总社在洛杉矶，高速公路要开车八个小时。姐弟二人打电话到洛杉矶，章氏兄弟当然不接（这是一着狠棋），姐弟二人头昏脑涨，声言泡上啦，坐着不走，要等再有客人前来买票时，作义务宣传，偏偏没人上门，大概恶名在外，避之则吉。他们就找一家小旅馆住下，明天再往，要干个水落石出。第二天，总算有了答案，恶狼在电话上吩咐说，退票也行，但因为该姐弟“态度恶劣”，有伤他们章氏兄弟“商誉”之故，扣六十美元无以对祖宗在天之灵，必须扣四分之一——可不是已缴的三百八十五美元的四分之一（九六·二五），而是原票价四百二十八美元的四分之一（一〇七）。

姐弟二人只好拿了摔到桌面上的二百七十八美元，狼狈而逃，大概惊慌过度，归途中几乎把车子开进太平洋。柏杨先生御驾亲临旧金山时，正好碰上他们逃回的节目，我这个人见多识广，啥不知道，当下就慰之曰：“这有啥好生闷气的，一夜之间，不过损失一百零七美元罢啦。想当年，吾友孙二娘梁山泊开黑店，活人进去，肉包子出来，你们真是吉星高照，能活着走出‘平霸’就不错啦，还不摆出盛宴，请我喝一盅，以示庆祝呀。”老弟曰：“美国是一等国家，有王法的地方，我要告他。”我曰：“美国是不是一等国家，我不知道，我只知道中国人可是三等国民,不告则罢,一告准叫你永不相信王法。”他不服老人之言,电话打到白人的警察局小法庭,大概“国情不同”,小法庭也真灵光,立刻向“平霸”兼“联邦”进行调查,章氏兄弟的反应来啦,不是道歉和认错(一道歉一认错,就不是中国人矣),而是派出华青帮朋友,在电话中向老弟吼曰:“你再找平霸麻烦,小心你的狗腿。”老弟瞪了半天眼,跳了一阵脚,在家人(包括老姐)苦苦哀求下,终于垂头丧气,撤销控案。

这两个故事,既新鲜,又活泼,说明在美国的中国同胞,所面对的,是一种什么性质的困局。大多数中国人仍在努力地“不忘本”,努力地不团结,努力地窝里斗——无论天涯海角,只要有中国人的地方,就有惨烈的窝里斗。听说美国有个机构(名称忘之矣),专门研究中国人的这些特质:为啥对白人那么驯服,而对自己同胞却像杀手。自从华青帮龙兴之后,唐人街很多中国餐馆受不了这种东风西渐,就重金礼聘一位白老爷,往柜台一坐,好像避邪丸一样,华青帮就不敢上门。这是低知识层面。而高知识层面,大概姜是老的辣,表现自然更出类拔萃,同在一个大学堂教书,又同是从台湾去的,按情按理,应该相亲相睦,如足如手。直到柏老身临其境,才发现天下事竟然真有不情不理的。学堂名称和当事人姓名,可不能写出来,写出来准被活埋。那些“学人专家”兼“专家学人”,写起文或讲起演,呼吁团结,文情并茂,连上帝都能为之垂泪。可是他们相互间却好像不共戴天,甲老爷请我老人家下小馆,绝不邀请乙老爷参加。丙老爷一听我在丁老爷家打地铺,立刻声明不交我这个势利眼朋友。从戊老爷那里出来,请他开车送一程到己处,你说啥?去找那小子?你走路慢慢练腿劲吧。

唐人街已变成了中国人吞噬中国人的魔窟,有些没有居留权的小子或老奶,被关到成衣厂,每天工钱只够喝米汤的。跟当年黑奴,相差无几,一生就葬送在那里,连个哭诉的地方都没有。即令找到哭诉的地方,也不敢哭诉。像平霸兼联邦那种干法,还是顶尖文明的哩。几乎所有的黑店,都是专门为中国同胞而设,对白老爷可连眼都不敢眨。学堂和政府衙门的中国人,也不能例外,你如果遇到一个中国人顶头上司,都可得小心小心,不但升迁无望,一旦裁员,你可是第一个卷铺盖,盖顶头上司要向洋大人表态:"俺可是大公无私呀。"事实上他的"私"连航天飞机都装不下,为了给白老爷好印象,不惜把中国同胞宰掉,用尸首作他向上爬的台阶。不过,这也不能全怪平霸兼联邦老板那种恶狼,和杀人筑台阶的那种顶头上司,更不能怪陪审团白老爷们对中国人那么嗤之以鼻。而是,中国人传统的神经质恐惧,使自己先天地注定要永无止境地被骗被坑、挨打受气。仅以平霸兼联邦这件奇案来说,老姐最初向我一五一十吐苦水,可是一听我有意把它写出来,就吓得花容失色,涕泪齐流曰:"好老头,你远在台北,狗腿自可无恙,俺弟弟却留在旧金山,你害了他呀,你这个老不死的惹祸精呀。"硬把鼻涕往我身上抹。逼得我当场发誓,如果形诸笔墨,叫我掉到茶盅里淹死。

呜呼,世界上大概只有中国人天性懦弱,从不敢"据理力争"。凡是据理力争的,全被酱缸蛆之辈视为不安分的偏激分子。大家都在"算啦算啦,过去的都过去啦"里过日子,等候着玉皇大帝忽然开了窍,来一个"恶人自有恶人磨"的头条新闻——抗暴起义的英雄壮士,竟成了同等量的"恶人"。于是,"善人"也者,不过窝囊货兼受气包,既没有勇气,又没有品格。华青帮所以不敢碰坐在餐馆柜台的白老爷,因为他们深知,欺负中国人跟欺负蚂蚁一样,中国人怕事怕得要命,对任何横逆都习惯于逆来顺受,噤若寒蝉,而一旦欺负到白人头上,律师出现,那可没个完,与其没个完,就不如窝里斗。

柏杨先生在去美国之前,朋友祝福曰:"你回来后,希望你不会说'中国人,在哪里都是中国人'的话。"而如今,忍了又忍,还是要这么叹息。嗟夫,中国人的劣根性造成中国人前途的艰辛。在美国黑白杂陈的社会,中国人却在单独奋战。因为没有集体的力量,所以,爬到某一种程度,也就戛然而止。不要说永远赶不上犹太人,就是距日本人、朝鲜人,都相差十万光年。日本移民比中国移民少一半,却选出了两个国会议员。柏老可以预言(又要摆卦摊啦),再过一百年,中国移民也选不出一个。不信的话,咱们就赌一块钱。

印第安人酋长“杰克上尉”有一段沉痛的话:“你们白人没有打垮我,打垮我的,是我们自己的族人。”白人也没有排斥中国人,使中国人处于困境的,是中国人自己。

千言万语,中国人需要反省,需要锻炼思考能力,只一味喷唾沫咒骂别人王八蛋,那就越陷越深。

24. 欧洲·人间

——欧洲之旅·印象·感想·思量之一

今年暑假,柏杨先生有一趟欧洲之行,先到德国探望一位在我坐牢时,愿意牺牲一切,只求救我出狱,而从未谋过面的朋友,向她叩谢。再到西班牙,参加第六届世界诗人大会。再到法国,这是我去欧洲的主题,应法国高等社会学院中国研究中心之邀,当他们一个月不给分文的研究员,结果只不过开了一次座谈会,便鸟兽散。最后到意大利晋见教宗,我不是天主教徒,又没有身价,但教宗仍握手赐福,据安排我的神父老爷说,这已经足够了,所赐的福,我这一辈子都受用不完。

于是,无论正在欧洲张望之时,或安全撤退,回到台北之后,都遇到了古老问题和新兴问题,古老问题是:“你对欧洲有啥印象?”新兴问题是:“你认为欧洲跟美国有啥不同?”有啥不同比有啥印象,更需要勇气百倍,才敢回答,而“欧洲”也者,大国二十四,小国无数(当然有数,不过算术不好的人,真难一次数清),我只到过四个——严格地说,也只到过五个,第五个就是圣马力诺。五个仅占二十四个的五分之一,距“欧洲”全境,还远得很也。

但是,如果此说得逞,天下的嘴就全被封光了矣。为了表示“科学的严谨态度”,我老人家笔下的欧洲,可是专指我到过的地方,有时候急啦，把没到过的地方说成到过，把没做过的事说成做过，实在是为了树立形象，用心良苦。读者老爷量大福大，千万不可拆穿。

美国跟欧洲最大的不同是，美国像是天上，欧洲才是人间（我可没说亚洲像地狱——那可是你说的）。“天上”的意义不是宗教性的“天堂”，认为美国尽善尽美，你要是往上缠，我就把“二居心”的帽子往你头上罩，说你“是何居心”兼“别有居心”。“天上”意义是外层空间。对一个异乡人来说，到了美国，就好像到了外层空间，触目所及，绝大多数都是现代化建筑——物性太强，而人性太弱。空间广漠，建筑物之间的距离又太远，因而也影响人际之间的关系，一个人每天上班要开车两小时，下班又要开车两小时，狼狈回家，已奄奄一息，既要修墙，又要擦窗，既要割草，又要抱娃，剩下的时间只够向娇妻说声“我爱你”矣。结果是人与人之间越来越疏淡，似乎永远隔着两层玻璃窗或窗玻璃——一层是自己家或自己汽车上的，一层是对方家或对方车上的。记得有一次在旧金山的石头城，不过下午五时，已成为一个死寂的广场，我像一个地球人降落到一个奇异的星球上似的，面对着灯火辉煌却空无一人的栋栋巨厦，两排寒冷的水银灯压在头顶，阴风习习，扑面生寒，不觉一阵阵毛骨悚然。

欧洲不会给人这种感觉，应该可以这么说，欧洲充满了立刻可以察觉出来的尘世味道和乡土气息，房舍的古色古香，使人有一种“家”的感觉，街头咖啡座也扮演一个重要角色——街头咖啡座是欧洲的特产，世界上好像再没有比街头咖啡座更能带给旅人温暖。在美国，天一入夜，就像进入鬼城，找个问路的都没有，欧洲街头咖啡座却似大海中的“渔火两三点”，不但可以解渴喂肚，还可以歇歇尊腿尊脚，假如你买了一双夹脚的贵鞋，就会发现街头咖啡座简直是救命恩人。尤其是赶夜场或迷了路，正在人心惶惶，忽然看到街头咖啡座，就跟破船望见了灯塔一样，从心眼里发出欢呼。

街头咖啡座最大的妙用，跟京戏《借东风》的坛台一样，诸葛亮先生在坛台之上，观看山景，长江风云，尽收眼底。旅客们则可以坐在椅子上，观看过往行人车辆，一面喝着凉沁肺腑的啤酒果汁，一面冷眼瞧着急急如丧家之犬的车辆,和惶惶如漏网之鱼的行人,不禁叹息:他们忙个啥?就在那刹那之间,跳出红尘。

可惜的是,刚跳出红尘,就又得站起来,投入急急惶惶的行列,轮到别的坐客冷眼叹息。

欧洲最大的突出是,英语无用武之地,在里昂时,正好遇到一位美籍华人科学家,到法国出席关于高架力学的国际会议,他从下飞机时起,就成了哑巴,不是吃了哑巴药,而是他只会华语兼英语,所以寸步难行——连问路都问不出名堂,以致骂大街曰:"英语到处通行,只法国不通行,什么玩意?"稍后在罗马又遇到一对加拿大夫妇,提起来在法国住客栈的往事,连脖子都粗啦:"他妈的,从大老板到店小二,没一个说英语的,存心把我们憋死。"又问我们憋死了没有?呜呼,当然没有憋死,憋死还能聆听他们的正义吼声乎哉。

到了欧洲大陆,一些自以为英语万能的朋友,才了解自己不过是井底之蛙。盖不仅法国如此,德国、西班牙、意大利,无不如此。这可不是说英文一文不值——它总比华语有身价,水旱码头和招商客栈之地,英语还是大通特通,如果真的一文不值,我和老妻早困死矣。而是说,只有英国殖民地的臣民,才会认为英语可以通灵,欧洲各国本身不但从没有当过别人的殖民地,还自己当老板,也搞了一大堆殖民地。不过,运气都没有英国好,英国的殖民地独立后,出了一个美利坚,强大得可怕,否则的话,英语恐怕出不了英格兰那个蕞尔小岛。

——想起来人有命薄之人,国也有命薄之国。德国、意大利,一连串败仗,把殖民地打光,假使美利坚是德国或意大利的殖民地,恐怕天下又是一番景致。法国在非洲的殖民地独立后,虽然仍用法语,可是一个比一个穷,几乎把法国拖死。西班牙情形稍好,但也没有一个争气的。我们到马德里时,福克兰群岛战争刚刚结束,西班牙悲恸欲绝,发誓说阿根廷人不是西班牙种。如果阿根廷跟美国调换一个位置,雄赳赳而气昂昂,西班牙语恐怕早横行世界。自有西崽朋友发明西班牙语是最科学的学说。

欧洲精通两国语言的人,比牛毛都多,跟在台湾的中国人精通北平话和闽南话一样，没啥稀奇。事实上整个欧洲比中国还小，姑且一比，罗马如果是广州的话，柏林不过武汉三镇，瑞典王国首都斯德哥尔摩才是北平。在斯德哥尔摩跟罗马之间有瑞典话、丹麦话、德国话、法国话、意大利话。这是直着走，如果拐个弯绕到云南省或绕到上海市，那麻烦可更大，将遇到荷兰话、西班牙话、波兰话、俄国话、匈牙利话、保加利亚话、希腊话、土耳其话。诗不云乎："一去二三里，来回四五家。国界六七条，八九十种话。"人还没有到，已累得魂归离恨天。正因为如此，逼着他们非精通两国以上语文不可，其实所谓法语、德语，在中国人来看，不过两个方言罢啦。罗马人说话，斯德哥尔摩人听不懂，广州人说话，北京人照样听不懂。不同的是，中国人都认同北京话，欧洲各国却谁的账都不买，要买只买邻居的，英语算老几？不过一个欧洲病夫的话而已，第二次世界大战之后，如果不是堂兄弟美利坚先生，银子奇多而又拳头奇大，观光客如过江之鲫，恐怕英语在水旱码头地方也不吃香。

还有一点是，世界上说西班牙语的国家，有十六七八个，说法语的国家，也有四五六七个，他们到西班牙、法国观光，就跟新加坡人，或马来西亚华人到中国大陆或台湾观光一样，用自己原来的母语就足够。还有一点，则是民族的自尊，法国尤其高潮，别的国家，看你伸脖子瞪眼，有口难言，他们会感到抱歉，抱歉不能帮助你。法国同样也感到抱歉，不过却是替你抱歉——你这个自大的傻瓜，怎么不会说俺这种天下第一语呀。

25. 语文·币制·乱七八糟

——欧洲之旅·印象·感想·思量之二

欧洲的语言乱七八糟，还不算麻烦，麻烦的是他们的文字也跟着乱七八糟。中国同样也属于语言乱七八糟之地，四千年前便已如此，齐国(山东省)哇啦哇啦,楚国(湖北省)听不懂;赵国(河北省)哇啦哇啦,秦国(陕西省)听不懂。不过,虽然自言自语各讲各话,大家都有志一同,使用同一的象形文字,也就是,只要写了出来,都看得明白。直到今天,已二十世纪,中国人到大日本帝国,仍有这种方便——乃世界上最奇异的现象,别国所没有的也。可是,难以解答的是,不知道从啥时候,和啥原因,本是同一模式的中国与欧洲文化,却忽然分了岔,一个骑马上塞北,一个乘船下江南。于是,中国人吃饭用筷子,欧洲人吃饭用刀叉,中国人饮食用“蒸”吸取水分,欧洲人却喜欢排除水分去“烤”——这是“吃文化”方面中国与欧洲最基本的差别。两大文化一旦岔路上分手,相距便越来越远,阴差阳错,中国象形文字演变出来的是方块字,欧洲象形文字却演变出来字母。

方块字是用“形”堆砌成的,每个字都像一栋小房子,有些小房子构造简单,不过两三块木条,有些则工程浩大,要没有练过武功,根本塞不到格子里,这种奇异的文字,比茅坑石头还要臭硬。别人要用,就得全部搬家,拆散重新组织可不行,盖一拆就碎。不用,你们贵国就成了无字之国。若“楚”、若“秦”,以及更野蛮,被称为鴂舌的“越”,无可奈何,只好忍气吞声,囫囵吞枣。十世纪时,西夏王国不服气,创造了西夏文。契丹帝国不服气,创造了契丹文。十六世纪时,清帝国不服气,创造了满洲文。他们没有“字母”作为工具,不得不以方块字作基础,结果新文字比方块字更难,也就烟消云散。呜呼,古中国人发明了一大堆东西,包括火药、制纸、印刷术、指南针,却偏偏大脑里某一条筋不灵光,没有发明出字母。不过,如果当时有字母那玩意儿,结局是可以肯定的:各国说各国的语言,各国拼各国的文字,永远统不了一。

欧洲没有出现方块字,跟没有出现筷子,同样不可思议。他们出现的是字母,是人类文明史上最早和最有价值的发明,发明方块字的仓颉先生曾听到过鬼哭,发明字母的腓尼基人,恐怕也会听到些啥。当罗马帝国鼎盛之时,拉丁文君临天下,是法定的和权威的文字,等到罗马帝国瓦解,拉丁文罩不住,只能在少数高级知识分子间流行。

小民则各显神通，使用拉丁文的字母，拼出自己的语言，并用以写出耳目所及的故事，那是真正的乡土文学。于是，法文出焉、德文出焉、英文出焉、西班牙文出焉，等等之文出焉，把人搞得眼花缭乱。如果他们没有发明字母，恐怕是什么文都出不来。

——柏老常想，世界上如果只有一种语言和一种文字，该多么好，至少节省学习其他语文的精力，而精力，就是生命。不过这问题太大，在向上帝老爷提出这个建议之前，还得努力三思。怕的是，文化形态一旦“定于一”，就无法多彩多姿，万花齐放矣。

在某种意义上，共同市场是一个单一的国家，现在已有欧洲议会成立，只差一点没有选出欧洲联邦的国王。美国简称 U. S. A.，欧国势将简称 U. S. E.。而欧洲一旦结合成为一个单一国家，可是威不可当，我们应提前小心，早烧冷灶为宜。这个共同市场对我们这些观光旅客，毫无意义，可是对参与的各国小民，意义却不同凡响。意大利小民去伦敦度假也好，希腊小民去法国喝圣水也好，德国小民在西班牙晒太阳也好，就跟我们台北人去高雄市一样，既不需要护照，更不需要“威杀”。八月间，天主教旅欧各国华人教徒，有一个退省夏令营，在罗马举行。已入洋大人之籍的，接到通知，拔腿就往。仍拿中国护照的，能参加的就几稀矣，盖签证就要猛等。幸亏是在罗马举行，意大利宽宏大量，有人还勉强赶得及，如果是在西班牙举行，或在法国举行，那可需要一个月两个月，黄瓜菜都凉啦。

——台北《中央日报》刊出一文说，拿中华民国的护照真好，到处都受欢迎，这跟事实似乎恰恰相反，但读者老爷看了，可是心花怒放。嗟夫，连这一点小事，都可瞪着眼撒谎，使人大骇。记得五六月间，有人开讲座介绍廉价周游欧洲计划，只要二两黄金的价钱，就可大玩特玩，听众瞪眼之余，如醉如痴。在巴黎时，也有朋友推销，有两种焉。一曰：花五千法郎买一辆二手老爷车，英、法、荷、德、比、卢、西、葡、意、瑞、丹、奥、希……随你横冲直闯，然后回到巴黎，老爷车仍可卖三千元，真是人间第一大妙。二曰：花一百美元（数目早成了耳旁风，忘得一滴不剩，反正是一个便宜加三级的数目）买一张通用火车票，三个月内，凭尊臀之意，想坐啥火车就坐啥火车（头等的最好不要坐，以免挨踢），英、法、荷、德、比、卢、西、葡、意、瑞、丹、奥、希……也随你横冲直闯，到一站，玩一站，晚上就在车站椅子上一躺，连客栈的银子都省啦，此乃人间第二大妙。

——这计划可是好计划，问题在于“威杀”。你如果拿共同市场护照，当然绝对大妙。如果拿美国、加拿大、日本，甚至韩国护照，也会相对大妙。但你拿“中华民国”护照，恐怕折腾了一阵之后，发现最后还是待在家里坐。你可知道同时拿到这些国家的“威杀”，要多少时间？申请签证时，有些国家温柔敦厚，只要护照复印本就行。有些国家狗眼看人低，非护照原本不可。然后寄到香港，然后再寄回来。一连串下来，就要一年半载。而且各国所给停留时间，长短不同，入境离境时间不同，难以衔接。你当然可以安排衔接，申请8月1日至8月20日在法国，8月20日至9月10日在意大利，节节相连，如扣连环。好啦，忽然间他妈的，法国只给你十天期限，又只准一次入境，剩下的十天，怎么办吧，真是“去也不能去，住也不能住，只见愁雾堆满头，莫问往何处！”去则意大利时间未到，不准入境，住则留下纪录，将埋伏可能永不能再来的危机。

欧洲似乎正在努力往统一的路上走，这种追求不是今天的产物，神圣罗马帝国、查理曼帝国，都曾大闹特闹过一阵，死了不少人，喷了不少唾沫，激动了不少芳心，最后仍然一场空。困难的因素，固然可以装备太空舱，但最最致命的穴道，恐怕还在语文。一个国家，实行双语，已能把人累出痢疾。将来的U.S.E.总不能“统统有奖”，十二种语文，全是主流吧。如果要选定一种语文作为国语，恐怕谈判桌上就能打得头破血出。尤其法国，这个雄心万丈，架子十足的国度，如果不能使法语成为欧国的国语，包管宁愿天塌地陷，也不会参加。

欧洲不但文字乱七八糟，币制也乱七八糟，还没走三里路，嘴巴立刻成了哑巴，银子也成了废纸烂铁。为了赶往诗人大会，我是7月18日从慕尼黑飞到巴黎，就在机场歇脚转机，当天晚上十时许到马德里，坐上航空公司巴士，前往旅馆。走了一半，司机老爷伸手，每人二百比索,这是一个小数目,不过美金两元,我身上的马克法郎,是值两千比索。问题是,我却没有一文真正比索,而司机老爷却非真正比索不收。苦苦央求,机场一片漆黑,兑换银子的地方早关了门,叫往哪里换呀?他不理。又向他吹牛说我乃世界第一流作家,岂能骗他这么一点银子?他也不理。又掏出纸烟塞到他嘴里,替他燃上火,以表拍马之意。这次倒使他大为感动,猛吸了一口,把车子停住,要往下轰。还是一位乘客不忍心我和老妻流落荒郊,跟我换了一点比索。我怒目而视,把它摔到驾驶台上,连他说声谢谢也假装没听见。

旅人每到一地,买东西都有一种自然的心理反应,就是把当地银子,折合成本国银子,用以判断贵贱。不过,折合美金容易,折合马克、法郎、比索、里拉,却非有庞大学问不可,盖必须先折合美金,再折回台币。一元美金等于六点三九马克,而一元美金等于四十元台币。然则五百二十马克,应折合台币多少乎哉?老妻特别带了一个小计算器,遇到这种节目,立刻掏出来猛算,然后作恍然大悟之状。屡次问她结果,她都拒绝相告,问得紧啦,还发气曰:"你算术从没及格过,给你讲你也不懂。"日久天长,觉得有点不对劲,直到有一天,在意大利多伦多,旅途已到尾声,听她悄悄问一位朋友:"这种折算应该用乘法呀,还是用除法?"原来她根本不懂,不禁大怒,吵了一架,三天没说话,都是乱七八糟的币制害的也。

26. 休假·度假·奇疾绝症

——欧洲之旅·印象·感想·思量之三

世界上有贫国富国,南方的国家比较贫,北方的国家比较富,欧洲也有贫国富国,南欧的国家比较贫,北欧的国家比较富。据说,最富的国家是瑞典,它大阔特阔的程度,使得南欧妒火中烧,一个电视节目上,出现一张几乎全新的昂贵沙发,记者老爷坐在上面曰:"各位观众,你们以为我是坐在国王的贵宾室乎,非也,我正坐在垃圾堆里。"紧接着镜头左右伸展,果然是个垃圾堆,九成新的暖气机,八成新的汽车,和一些全新的只不过花样过了时的衣料——那些衣料足以使台北百货公司架子上的那些玩意儿,自顾形惭。我老人家不由立下大志,总有一天会去斯德哥尔摩拣点"破烂"回来,以提高身价。

瑞典所以这么大阔特阔,主要的是二百年来人口都没有增加,而又没有战争,贵阁下可知道,打一炮——忽冬一声,要多少银子?一个炮弹的价钱,柏杨先生全家能吃十年。面包、牛油、烤鸭、香肠、狮子头、红烧肉,全都化成烟屑碎片,小民怎能不穷兮兮兼兮兮穷耶?安定固然可以使人堕落,但瑞典是个勤奋的民族,其他国家,只好一律眼红。

想当年,欧洲工人阶级是世界上最悲惨的贱民,天下乌鸦一般黑,有钱大爷的心肠具有国际性,也是一般黑,只管自己心旷神怡,不管别人在火坑里辗转哀号。柏杨先生上星期一口气买了六张奖券,第一特奖可得台币三百万元,以目前行市,价值黄金一百五十两左右,噫,这是何等巨额。有些朋友看我心神不宁之状,忍不住问曰:"老头,你怎知就会得奖,紧急个啥?"我曰:"癞皮狗还有三年好运,难道我连癞皮狗都不如?奖是得定啦。"朋友曰:"好吧!得奖之后,你将干啥?"我曰:"我就在门口挂上招牌:'内有恶犬,六亲不认。'你阁下如果来访,我可是不在家。"朋友大骇,呜呼,我岂愿惹朋友大骇乎哉。有钱大爷资本家都是如此,我不过见贤思齐,先有一个心理准备。

然而,现在是二十世纪八十年代,欧洲已成工人的天堂——说天堂能吓死人,姑妄称之为工人的乐园吧。即以法国而论,每天工作八小时(至于"加班",嗟夫,啥叫加班?他们字典里可没这个词),每周工作五天——四十小时,星期六、星期天休假,你如果有一种勤劳病,愿意多干些活,也没处干。即令小小杂货铺,管你是华洋黑白开的,每周至少也得休假一天,你不休假,罚将下来,足够你哭上三年。盖政府的理由是,长期不休假,将损害店员的健康,店员老爷老奶一旦朕躬违和，御体欠安，他们都是有保险的，结果还是政府破财。你为了做生意赚钱，教俺政府当冤大头呀。

休假引起度假，欧洲人的度假，已成了除非国破家亡，便永远治不痊愈的奇疾绝症。除了每周两天或一天小休假之外，每年还有五个星期的大休假。最可怖的是，法国社会党上了台后，宣布从今年(1982)开始，工人工作时间，每年每周减一小时。这可屈指细数，1982年每周工作三十九小时，1983年每周工作三十八小时，1984年每周工作三十七小时，到了公元2000年，每周只工作二十一小时——两天半矣。顺序发展，到了2021年，每周工作一小时或不到一小时，大家一年三百六十天都在度假。

度假当然快活，我老人家巴不得天天度假。所以欧洲的度假就跟台风一样，威不可挡，一旦跨入5月，人人芳心荡漾，杏脸含春。7月一到，倾巢而出，从拥挤的都市，跑到拥挤的海滩——而海滩的居民，则跑到拥挤的高山峻岭，反正是拥挤定啦。在人潮中努力挣扎了五个星期后，筋疲力尽，回到都市，一面卷起袖子炫耀被太阳晒黑了的胳臂，一面猛吹度假期间艳遇，五个月之久，就在此种互相啧啧称赞声中过去，然后再用五个月来拟订下一次度假计划，征求意见，打听行情，喋喋不休，一直喋喋不休到好日子来临。《聊斋》上有一段关于胡四娘的话："耳有听，听四娘。目有视，视四娘。口有道，道四娘。"欧洲现在是："耳有听，听度假。目有视，视度假。口有道，道度假。"简直无时无刻不在谈度假，从没有人谈工作的，如果忽然有人谈起工作，准叫大家吓一跳，有被送到神经病院的危机。

于是，度不起假的穷人有祸啦，简直比正偷朋友的东西而被当场捉住，还要有脸没处放。这些穷朋友只好事先储备大量干粮，然后在门口悬起"度假"招牌，从此龟缩斗室之中，连窗帘都不敢往上拉，连屋门都不敢出，连喉咙发痒都不敢咳嗽，唯恐怕被公寓管理员发觉，那才是丢人丢到爪哇国。偶尔在十拿九稳之下，悄悄爬到阳台上偷晒太阳，晒得油光发亮。然后熬到大限来到，忽冬把门打开，大嗓门呐喊曰："尼斯真是好地方呀。"

不但洋大人如此，入乡随俗，东方人——姑且以中国人为例，也同样如此，有些十五六岁的小子小妞，一到星期日或大休假的前几天，简直浑身发抖，上周刚去罗马，这次要去布鲁塞尔矣，下次要去伦敦矣，好像别的地方永远是金窝银窝，千好万好，一回到自己家就唉声叹气。大部分印度中南半岛三邦的中国人（事实上他们只是中华人，但法国不像东南亚各国那么精神衰弱，不在乎这种分别），都在工厂做工，工厂休假，他们不去玩，干啥？

休假的恶性膨胀，对小民来说，真是舒服舒服，但对国家民族前途来说，恐怕是一个噩耗，气球也好，锅炉也好，体积不变，却不断往里灌气，不爆掉才是稀奇。每年能生产十二万辆汽车的工厂，五周休假下来，每年只能生产十万辆矣，休假天数与日俱增，产量则一定反比例地与日俱减。大家都去猛玩，谁是傻瓜干活哉？严重的是，前已言之，你就是想当傻瓜干活都没地方干，罗马帝国末期颠之倒之现象，似乎又要重演。此所以有些历史学家说，文明人铁定的要亡给野蛮人，连上帝都救不了。二十世纪已快报销，真正野蛮人，像新几内亚吃人部落，已不可能把欧洲人全都下肚，但我老人家却发现了另一个定律，那就是，度假多的，准会亡给度假少的，飘飘然的，准会亡给苦哈哈的。信不信由你。

工人不能孤立富裕，必须有全民富裕作为基础。欧洲当然也有穷光蛋，街上伸手大将军多的是，但比起我们中国的沿街敲砖，又有差别。也就是说，欧洲之穷，跟包括中国在内的亚洲之穷，意义不同，等差不同。有人对美国穷富分辨的方法是：穷人自己洗汽车，富人由别人洗汽车。就在昨天，在台北街头，遇到三位法国年轻小伙，听说我刚从巴黎回来，有一种“老乡见老乡，两眼泪汪汪”的感觉，询问之下，他们失业已有四个月之久，闲着也是闲着，就用失业救济金买了机票，趁着没有工作的黄金时间，抢先来东方逛他一逛。拜听之后，不由气得我张口结舌。

中国人传统的节约储蓄美德，欧美老爷老奶怎么想都想不通，我们可以理解他们想不通的原因，社会保险制度已深入每一个层面，小民用不着为失业苦恼,也用不着为住医院张皇失措。中国人的灾难太长太巨,自己不照顾自己,谁又照顾自己乎哉。然而,这美德也逐渐瓦解,看到欧洲有些朋友寅吃卯粮,不由杞人忧天,可是,他们却快乐的很哩。曾劝一位写作朋友省点吧,以防万一,他曰:“啥叫万一,不过病倒在床罢啦,有病倒好,用不着埋头苦写,往医院一送,一文不付。”呜呼,柏杨先生一旦“万一”,可是除了哀哀下跪求贵阁下舍施一点银子外,别无他法。此之谓“猛写十年不富,一日不写便穷”也。

欧洲普遍的缺少忧患意识,一切都是慢吞吞的,你如果急着到咖啡店喝口水,恐怕只有当场渴死。花花世界使人沉醉,不但欧洲人沉醉,定居下来的亚洲人也同样沉醉,只觉得:“这才是人生!”

27. 忧患意识·满面羞惭

——欧洲之旅·印象·感想·思量之四

我们批评欧洲人和美国人没有忧患意识,多少有点醋罐冒泡。盖看见别人安富乐假,优哉游哉,巴不得他们应该跟我们一样,也过朝不保夕,人生无常的日子。

中国人无论到哪里,只要你表现得稍有教养,准被认为是日本人,握手言别之际,一下子就会脱口而出:“杀油拿蜡。”气得中国人大怒:“俺可不是东洋鬼。”而日本朋友如果被认为是中国人,同样也会气得大怒:“怎么,你瞧不起我呀。”等到验明中国人正身,洋大人第一句话准是:“你在哪里开洗衣店呀?”自从该死的洗衣机发明之后,中国人只剩下掌灶跑堂矣,于是问话就成了:“你在哪里开餐馆呀?”直到最近,才稍稍有点改变,有时候洋大人看见某个同胞俨然“尖头鳗”,问话就又改啦,曰:“你在哪个学堂当教习呀?”中国人在海外谋生之道,如此而已。要想进入企业界或权力中心,恐怕至快也要在五百年之后。

中国人就业,事实上以饭铺为最顶尖,饭铺行踪可完全显示中国传统文化中的忧患意识,是多么沉重。我到罗马时,正逢假期。西餐厅一律关门闭户掩柴扉,一位神父老爷拍胸脯向我保证一定可以找到中餐厅,盖中餐厅可是不分昼夜干活的也。可是大街小巷,一连六七家,把两只脚丫跑得好像在鞋子里着了火,中餐厅也同样的关门闭户掩柴扉,虽然饥肠辘辘,神父老爷仍喜曰:“想不到中国人也知道度假。”这似乎是一个契机,但也仅只是一个契机而已,如果真正“拿得起、放得下”,恐怕还要继续修炼。根深柢固的忧患心理,不会一下子拔除,而且从国内带到国外。噫,啥叫休假度假,简直是望乡台上唱莲花落,不知死活。俺中国人克勤克俭,啥时候都照常营业,能多赚一文便多赚一文,命是假的,银子是真的,诚惶诚恐,准备那必然来临的苦难日子。

一位朋友的女儿,“打狗脱”也,丈夫是一位年轻英俊的法国老爷,也是“打狗脱”无误,膝下有两位气宇非凡,一看就知道将来要飞黄腾达的儿子,年轻英俊在大学堂当教习,每天都笑脸相迎。有次我们同游,他把汽车开进单行道,三作牌出现,他就用他的笑脸相迎,免开了罚单。相比之下,朋友女儿却好像预测我明天就要开口向她借钱似的,一直紧锁蛾眉,有时还来一声“唉”的长叹,漫长而凄楚,把我搞得发毛。一天晚饭之后,她又旧疾复发,忍无可忍,我开腔曰:“阿囡,听我一言,看你老公,跟一个娃娃一样,整天都露着白牙,只差没唱出生命光辉的歌罢啦,你是他太太,却愁云密布,连我看了都难过,老公受得了哉。”她曰:“他是在什么生活背景下长大的。他这一辈子,除了休假,就是度假。病了有保险,死了有保险,失了业有保险,残了废,有保险。想说啥就说啥,想写啥就写啥。既不怕掌权分子抓人审判,又不怕在野大爷血口喷人。老头,你说呀,他有啥可烦心的?而我,身上背着的却是五千年封建专制的传统,两三百年不断地砍杀。巴黎是欧洲中心,无论从大陆来的中国人,从台湾来的中国人,从印度中南半岛三邦来的中国人,从东南亚王国来的中国人,或从香港、缅甸来的中国人,到了巴黎,只要转弯抹角介绍,都会前来聊天。有些跟贵老头一样不知趣的,还索性在我们这里打地铺。嗨,你们老两口,在我家住几天啦?没虐待你们吧。仅这几天,你们已遇到不少这样的中国同胞,有啥见闻?恐怕是除了苦难,仍是苦难。

迫害产生忧患。一直在头上盘旋的迫害,产生忧患意识。这意识是:荒年会不会饿死?害病会不会无钱医治?老了会不会倒毙街头?说了一句有权大爷勃然大怒的话,会不会戴上要命的帽子?写了一篇争取自由民主的文章,会不会被抓去隆重坐牢?海外中国人当然不再在乎这些,但使他们百般愁绪的,是另外一种:祖国为啥怎么搞都搞不强大?

我和老妻在巴黎地下铁新桥站(Port Nef)甬道出口处,看见一位东方面孔的中年妇女,摆着一个首饰摊,停下来把玩,窃窃私语,褒贬的话,难免说了一骡车,老奶忽然用华语向我们解释,不禁大惊,原来她是越南籍华人,辗转逃到巴黎,摆摊为生。我因到过泰国,对考伊兰难民营有点印象,问她是否经过那里,她点头称是,双方立刻有一种亲切之感,她曰:“说起来很动听,都是炎黄子孙,都是同胞,说我们是革命之母,可是,大难来时,谁又理我们?我家一半人都饿死,这还算好的,多少人全家一口不剩。”眼眶里的泪珠滚动着,接着摇摇头,不让泪珠掉下来,低声曰:“谈生意吧,我不该在主顾面前说什么,说多了,别人嫌我啰嗦。”当我们买了一个耳环,付款离开时,她叹曰:“做一个中国人,真是满面羞惭。”

她的话重重地敲到心头,我们踉跄地逃出地下铁,呆了很久。犹太人受尽了侮辱屠杀,他们能够崛起。巴勒斯坦人受尽侮辱屠杀,他们那么一小撮人,却做出强大的反击。只有中国人,不仅受外国人的侮辱屠杀,更长期的受中国自己当权派的侮辱屠杀,却连脊梁都不敢挺,而且产生了逆来顺受的奴才哲学,和一种奇异的忧患意识。

忧患意识,可以促使一个民族奋发图强。但太多太重太久的忧患意识,却也能把一个民族压得扭曲变形。欧美国家都肯定他们国民是爱国的,所以很少呼喊爱国口号。只有我们,似乎把每个人都当成汉奸,所以不断用戒尺敲脑袋曰:“要爱国呀。要爱国呀。”爱国就成了符咒,谁喊得越声如洪钟,谁就越爱国——只听声音,不看行动。

我们不必担心欧美大爷有没有忧患意识,应该担心我们承受忧患意识的能力和方法。那些身揣绿卡,和以一百五十万元——黄金七十两的高价购买多米尼加共和国移民护照的朋友,他们的忧患意识可是够标准的矣。

28. 大嚎集中营

——欧洲之旅·印象·感想·思量之五

平生最大心愿之一,是能够访问纳粹集中营。

从没有想到会实现这个心愿。当我踏进大嚎集中营大门时——那是希特勒先生于1933年在慕尼黑近郊大嚎小镇,设立的一系列集中营中最早的一个集中营,老妻面色苍白,陪同我们的两位德国籍夫妇,虽然已来过很多次,而仍不停唏嘘,只有我,似乎是旧地重游,事物是陌生的,但每个细节却都那么熟习,不由得呆若木鸡。

德国人自封为上帝的选民,“德国、德国、德国高于一切”。我们虽不承认德国高于一切(也不承认任何国家,包括中国在内,高于一切),但却承认德国人确实是世界上最优秀的民族之一。问题就在这里,这么优秀的民族,和这么高度的文明,竟然怀了希特勒先生这个怪胎,实在使人越想越想不通。他是西方文化必然的产物?还是德国传统必然的产物?或是本属健康之体,只不过偶尔冒出来的一个毒瘤?

自从第一次世界大战之后,洋大人就猛嚷西方文明没落,写书的写书,撰文的撰文,演讲的演讲,无不有根有据,言之确凿。中国学者专家看到眼里,听到耳中,霎时间乐不可支,这可是夷狄之邦自动招供的,西方文明是没落定啦,只有东方文明妙不可言,尤其是中国古老的“天人合一”、“内圣外王”之类的童话,和儒家系统的弹指神功,更属救人救世的经典。西方文明是不是没落，我不知道，我只知道一点，战争这玩意儿，是人类的特技，在上帝老爷那里注过册，其他动物一律不准效法，打来打去，没啥稀奇。如果两次世界大战，加起来不过十年，就足以使西方文明剃头的拍巴掌——完蛋，那么中国内战外战，昼夜不停地一连打了两百年（自从1718年——吾友曹雪芹先生降生的那年起，便没有住手过），恐怕早没落到地心里去矣，今天还能在国际舞台上吆五喝六乎哉。其实，即令西方文明到了绝境，中国传统文化的那一套，既解不了急，更救不了命，不必为西方文明走到"绝境"干杯，我们的文明，恐怕要再走三千年，才能赶上他们现在的脚步。

很多人解释，任何独裁政治，都要找一个替罪的羔羊，用以转移小民对独裁政治的怨恨，希特勒先生找到了犹太人，算犹太人倒霉，不过，对替罪羔羊残忍到那种程度，却又原因何在？好比说，一般观念上，女人比男人的心肠要软，但集中营里的女人，却比男人更毒。大豪集中营，悬挂着女看守们的群相，一个个慈眉善目，好像菩萨观世音再世，谁都猜不到，她们却把女囚犯的皮剥下来，做成雨伞。

这是无限权力必然的结论，无限权力固然使人腐败，也使人犯罪。对于腐败和犯罪，当权派可是毫不在乎，腐败表示享受，醇酒美女，名画骏马，才是真正的人生呀。犯罪表示权威尊严，顺我者昌，逆我者死，叫你瞧瞧老子的手段。但当权派最想不到的是，无限权力也会同时使人愚蠢，视也不明，听也不聪。希特勒先生服了无限权力的特效药之后（任何人，包括自以为具有民主修养，有高度的克制能力的你老人家和我老人家在内），不知不觉就变成一头疯猪，眼上蒙着他最亲信的部下给他蒙上的黑布，耳里塞着他最亲信部下给他塞上的粗钢钉，鼻孔冒烟，洋洋得意，在悬崖绝壁，断桥险谷上狂奔。

无限权力的发作，才使纳粹集中营惨绝人寰。看守老爷老奶们，在营里是一个人，在营外又是一个人。雷马克先生报导一个看守的杰作，他狂暴地叫囚犯趴在地下，跳到囚犯身上，把他活活踩死。然而一出营门，回到社会，他却是一个慈祥的父亲、丈夫，和一个性情温和的守法公民。而满身血腥的疯猪群头目希特勒先生,一只金丝雀死啦,他都会为它哭泣。

就在大嚎集中营,看到两幅照片,一幅是黑衫队司令官希姆莱先生,他曾热情洋溢地颁发训令:“这种屠杀的数字见不得人,同志们,加油,我要你们多杀!”照片中是他莅临视察时的镜头,当指挥官向他立正敬礼时,他并不还礼,却像一个鲜艳的火鸡,翘起下巴,双眼望天,使人忍不住——不是忍不住厌恶,而是忍不住失笑,那种小人得志的嘴脸,显示权力已使他忘了自己是谁。这种嘴脸在官场中和大亨之辈脖子上,最容易找到,只是希姆莱先生的却更可怖,因为他手握死亡。不过,凡是这种嘴脸,铁定的都是一堆烂肉,一旦失去凭恃,立刻化脓生蛆,露出原形,希公最后化装逃亡,被盟军生擒活捉,不再装腔作势啦,反而卑膝奴颜地要求投降,盟军拒绝他投降,他只好咬破暗藏在牙齿中的氰化钾,死了他娘的。

另一幅印象深刻的照片,拍摄一排双臂从背后被吊在树林上的囚犯尸体,只有一个尸体倒卧在地,一位黑衫队军官,双手叉腰,在旁凝视,他阁下嘴角露着一丝卖弄的狞笑,真是世界上最传神的佳作,摄影者捕捉到这个镜头,应该得诺贝尔奖——可惜,这位摄影者也是同类纳粹。稍后,我在巴黎罗浮宫看到一幅古画,当耶稣先生遍体鳞伤,背着十字架,走下台阶时,人群中就有一个人露出这种撒尿式的表情。呜呼,一个人在毫无忌惮时,最容易显露他的质量——什么时候有所为,什么时候有所不为。发出这种表情的人,用不着敦请心理医生和相面客出马,就可确定他内心的卑劣层次。不过这个小人物再也料不到,他这幅当时引以为荣的忠贞纪录,会为他换来灾祸。他显明的献身,就使他难逃罗网。

大嚎集中营入口处,刻着十七世纪一位诗人的预言:“当一个政府开始烧书的时候,不加阻止,下一步就要烧人。”不但纳粹开始烧书时,没人警觉到这句话,纵在此之后,人们对烧书也感觉不出那么严重。我们可套而言之:“当一个政府开始禁书的时候,不加阻止,下一步就是禁人。”事实上,不但没人感觉到严重,而且还会有些黄马褂作家,和文化朝野打手,额手称庆:“烧得好,烧得妙,烧得反动分子唧唧叫。”另一个套而言之可是现场录音:“禁得好,禁得妙,禁得反动分子唧唧叫。”人类的悲剧,大多数由于小民怯于监督造成,哀哉。

大嚎集中营尽头,有三教堂,专为纪念受难的囚犯而设,其中犹太教堂,是一座用方形乌黑钢条夹在通道两侧,并用这种钢条作为大门的孤屋,钢条上被砍出利刺——像人手指上的倒甲皮一样,满目林立,使人毛发俱竖,那是一种愤怒和复仇的低吼,像是切齿指控:“凶手、凶手!”

——关于纳粹屠杀犹太人,文献浩如烟海,使世界震动。可是,日本屠杀中国人,比纳粹还要残忍,数目且超过百倍千倍,中国文献上却没有反映。我们自称“文化大国”的国度,实际上是一个低文化的国度。靠春心大动否认没有用,必须一一举出事实。对海洋样的深仇血债,迄今为止,连一部够水平的小说都没有,连一部够水平的电视电影都没有?连一幅够水平的画,一首够水平的诗都没有。不过三十年,身逢其会的我们老头这一代,都忘得差不多啦,下一代更别提,不信的话,问问今天的学生老爷。天下窝囊之事,恐怕中国人来一个全包。

大嚎集中营最后出口处,又有一句预言:“当世人忘掉这些事的时候,那就是说,这些事还会发生。”然而,人类是一个健忘的动物,种种迹象看出来,人们正在努力要忘个精光。从前从慕尼黑到大嚎,路上有显明的指标,旅行节目单上,也占重要位置。近年来,指标拔去,节目单上根本取消,如果不是存心拜访,你就压根儿不知道有这么个悲惨世界。就在我们在欧洲瞎跑的日子里,日本正在英勇地修改他们的教科书,把侵略改成“孙悟空到此一游”式的观光,把枪弹如雨,改成天女散花,惹起各国大怒,你可敢跟我赌一块钱乎哉?在可预见的将来,德国将拆除所有集中营,日本将彻底否认他们曾经“进出”过别人国土。对这种措施,我是充满了同情和谅解,谁愿意总是让祖先干过的强盗勾当亮相?但毫无疑义,只要有一天他们忘掉了祖先丑陋的一面，帝国主义必然会再在他们国家复活，而接着就是再度开始烧书。

29. 卧像·吊像

——欧洲之旅，印象·感想·思量之六

希特勒先生怕死怕得要命，他阁下躲在万无一失的防空洞里，英勇地发号施令，要求所有德国人都为第三帝国战死，死光了更好。而第三帝国就是他，他就是第三帝国，这种计算机的精密软件程序，真是天下最顶尖的设计，可看出希特勒先生聪明绝顶。问题是，无限权力足以使人变成一头蠢驴，他虽然继续肯定他仍尾巴很大，事实上他的尾巴已光秃秃兼秃光光矣。1939 年，当他阁下纶巾羽扇，向英法宣战之时，柏杨先生正在西安市当阿兵哥，记得他的保证是："1918 年(第一次世界大战德国战败之年)，再不会出现。"没人知道他根据啥做此保证，但相信他的保证。结果 1918 年原封不动地再度来临，而且情形更糟，不但战了败，还更投了降。他阁下另有一项誓言，誓言他有高贵的情操，将跟德国白头偕老，永不跟女人结婚，真是棒子打鸭子，呱呱叫又呱呱叫，好一个革命导师。不过，不结婚并不是不跟女人上床，而到了最后，索性拉下脸皮，仍是跟女人结了婚。

嗟夫，无论是大独裁者也好，小独裁者也好，不大不小，中等独裁者也好；强独裁者也好，弱独裁者也好，不强不弱，窝窝囊囊独裁者也好。都有层出不穷地保证和誓言，比自来水都方便，只要一扭喉头，就哗啦哗啦，倾盆而出。希特勒先生就是靠着这种自来水，活得威风凛凛，过足了老瘾。在慕尼黑，我曾御驾亲临他阁下当年龙兴时的地窖，也曾御驾亲临他阁下检阅黑衫队的广场——那栋作为他阁下总部的倒霉建筑，如今已改成寂寞的音乐院。我在那里徘徊瞻仰，仿佛还听到希老爷的磁性声音，在空中激荡，保证紧接誓言，誓言紧接保证，字字句句，扣人心弦。君不见第二次世界大战后期，伦敦电台拼命回放希老爷在大战初期时大言不惭的讲演，他不得不严禁德国人收听。阎罗王那么一拷问，说不定希特勒先生把脸一抹，瞪眼珠曰："我可啥都没说，那都是王八蛋说的。"假使耍赖无效，铁定的，他会把责任全推到别人身上。独裁者最大的本领是，万方有罪，罪在别人，俺可是没错，唯一错的是，俺心肠太软啦。

墨索里尼先生可是希特勒先生的教习，他阁下缔造了法西斯党，虽然作恶比纳粹要少，但恶名却远播在外，乃属于"祖师爷"之辈，成为一种羞辱的代名词。直到今天，大多数政治斗争中，总是有人掏出这项法西斯帽子，往对方头上猛扣，谁扣得准，谁扣得牢，谁扣得杀声连天，谁就大胜。

任何政治性引起的灾祸，在造成灾祸之前，当权家伙们对国家民族，都会有过突破性的，和足以使小民起敬起畏的贡献。没有这种贡献，就掌握不住人心；掌握不住人心，灾祸就制造不出来。初期的法西斯，贡献可大啦，小焉者使意大利火车准时，不再误点，大焉者吞并了埃塞俄比亚，使意大利恢复罗马帝国的雄威。丘吉尔先生访问罗马时，曾曰："我如果是意大利人，我也会加入法西斯。"盖在那时代，没有一个党派可以拯救那个腐烂了的国家。

正因为它有显著的成就，所以法西斯成了偶像，它有主义，有一系列的理论，有严密的组织，有军权，尤其不可或缺的，有一位天纵英明的领袖。可惜，墨索里尼先生不久就成了蠢驴，忘了自己是谁，最后被弄到米兰的一个广场上，悬挂高杆。柏杨先生到米兰的第一件事，就是找到该广场，瞧瞧该高杆。那广场一点也不起眼，而且正在修建什么，围起了木板之墙，啥也瞧不清楚。但我仍想凑点银子，在那里建一个纪念碑，或盖一座小庙。定名曰："法西斯万岁碑"或"法西斯万岁庙"，包管香火鼎盛，然后，摆上一桶驴尿，遇到醉心于个人崇拜之徒前来朝圣，就卖给他一盅。

墨索里尼先生被处决的时候，摇尾乞怜央告曰："放了我，我再给你们一个帝国。"噫，独裁者似乎都是重量级的童话专家，问题是，童话只能讲给孩子们听,孩子一旦长大,心智成长,就再不灵光矣。尤其已经玩垮了一个帝国,许愿说还可再建一个帝国,又是一幕无耻近乎勇的镜头,难得他说得出口。在罗马,军人纪念堡的左侧,有一个其貌不扬的小小阳台,只能挤得下两三个人,墨索里尼先生在位时,就经常在那里亮相,接受群众猛喊万岁。我老人家在那里足足拍下来二十张照片,一面拍照,一面似乎隐约看到那种万头攒动,连我也蠢血沸腾的场面。

——独裁者有一种毛病,这毛病是国际性的,那就是,喜欢别人猛喊万岁,希特勒先生更乐此不疲,索性亲自献身,来一个"希特勒万岁"。呜呼,"万岁"是一种意淫,好像只要万岁喊得多啦,就能惊动判官小鬼,重新修改生死簿上的阳寿,看起来他们的智力商数距玄烨大帝还差一大截,有一次,舅舅大人喊玄烨大帝万岁,玄烨大帝气曰:"人活到一百岁都不容易,怎么冒出万岁学说,你骗谁乎哉。"偏偏有人爱这种调调,世界上太多的苦难,都跟这调调有关。一个家伙被人"万岁"多啦,尾巴必然发生巨变,尾巴既变,他就成了精,既成了精,当然为害人间。

墨索里尼先生在阳台上喷出一连串保证誓言,跟他那位青出于蓝的门徒希特勒先生一样,把意大利同胞迷惑得如醉如痴,认为天国就在眼前。而等到悬挂高杆之际,匆匆忙忙,再去重复一遍当年童话,就唬不住人矣。他当时如果说另一种童话:"饶了我狗命,我带你去阿尔卑斯山洞,那里有我密藏的五百吨黄金。"说不定还可苟延残喘一阵。看起来希特勒先生比较伶俐,他不但不重复他古老的童话,反而禁止别人听他那些古老的童话。

最近台北上演《皮肉生涯》(La Peau)这是一个使人心情沉重的影片,描写第二次世界大战后的意大利人,他们什么都没有啦,尊严、自信,统付流水,只剩下了皮肉,女人零售她们的下体,男童零售他们的屁股,老头老太婆零售他们亲生骨肉。美国参议员夫人勃然色变,骂他们无耻,骂他们卑贱。呜呼,她所以这么义正词严兼道貌岸然,那是因为她吃得饱。儒家系统大亨程颐先生所以发明了那套"失节事大,饿死事小"的学说,就是他的肚子跟参议员夫人的肚子一样,而肚子一饱,诗情画意的道德,就油然外冒。饥饿是因为贫穷,贫穷是因为战争(一声大炮,多少银子化为烟屑),悲惨世界是墨索里尼先生个人英雄主义的产物。拿波里是个雄伟的城市,我老人家在前往庞贝废墟途中,曾在拿波里停留,码头一带新小区高大漂亮的建筑,和当年古老的大街小巷,不能想象,就在那些地方发生过影片上不忍卒睹的皮肉之战。

中国曾在明媚的西子湖畔,为秦桧先生暨夫人,建立一座跪像,以纪念他在诬陷岳飞、制造冤狱中扮演的主要角色。因此,柏杨先生建议:德国也应为希特勒先生立一个伏尸防空洞的卧像,以纪念他残害犹太人,创立集中营的丰功伟绩。而意大利应为墨索里尼先生立一个吊像,同样也是纪念,纪念他使意大利同胞陷于"皮肉生涯"的努力。贵阁下以为如何?

30. 死亡谷

——欧洲之旅,印象·感想·思量之七

在希特勒、墨索里尼看来,西班牙元首佛朗哥先生,不过小萝卜头。1936年,佛朗哥先生率领摩洛哥驻屯兵团,渡过地中海,向马德里挺进。跟希特勒从慕尼黑向柏林挺进,墨索里尼从米兰向罗马挺进,好像是一个师父传授的模式。大概那年头,用这种方法夺取政权,最为奏效。世界上所有报纸,包括中国报纸在内,一律称摩洛哥驻屯兵团是"叛军",称佛朗哥先生是"叛徒"。柏杨先生那时正在北京大学堂当差,每天看报,看到新闻上的描述,他阁下简直跟土匪头差不多,洋大人一致预言他非稀里哗啦,抱头鼠窜不可。中国人一向是洋云亦云,自然也全体肯定他的非法性和完蛋性。柏杨着实替这位土匪头叛逆,十分惋惜,他大概吃饭撑着啦,好好的日子不过(佛朗哥是摩洛哥驻屯兵团司令官），却去造反。想不到，打着打着，报纸上变了样，事前既没有通知，事后也没有解释，忽然之间，有一天，“叛军”、“叛逆”字眼，无影无踪，“叛军”变成西班牙正式国防军，“叛逆”变成西班牙正式元首。世界各国，当然也包括中国在内，立刻收起义愤填膺的嘴脸，直向昨天还被封为罪大恶极的“叛军”、“叛逆”，猛飞媚眼。

——几年之前，还有人猛喊“国际道义”，被美国老爹手拿棒槌，恶狠狠地一连上了几课之后，大家才气呼呼地闭嘴。呜呼，国际之间没有道义，就跟滚水壶里没有冰块一样，乃属天经地义，没啥稀奇。国际之间有了道义，和滚水壶里有了冰块，那才稀奇得很也。无他，拉嗓门的朋友忘了买个梨花镜，先照照自己，自己都办不到的事情，却用来责备别人，无以名之，名之曰胡涂虫。

佛朗哥先生坐上元首宝座，看起来简单，实际上当然不简单。仅首都一战，就死人千万。——那时最流行的歌曲是《保卫马德里》，我老人家就会唱。俄国人帮助西班牙政府，德意两个老法西斯，则帮助佛朗哥，后台老板的新式秘密武器，全部亮相，反正死的是西班牙人，这种活靶哪里去找乎耶？结果是，苏俄运进去的宣传品太多而大炮太少，政府只好崩解，佛朗哥先生隆重登基。

从佛朗哥先生的背景，可看出他的救命恩人是谁？所以，当德国击败了法国，希特勒先生要求西班牙参战时，佛朗哥先生立刻慌了手脚。如果拒绝了祖师爷，那才是真正的忘恩负义，怎么，想当年，如果不是俺希特勒帮你出拳，你早被绑赴刑场，执行枪决矣。而且德国武功烜赫，胆敢说半个不字，百万大军下江南，你可吃不了兜着走。

在威迫利诱下，佛朗哥先生竟没有参战，真是奇迹。看起来佛朗哥先生比墨索里尼先生，棋高一着。墨索里尼一瞧巴黎陷落，心急如火，唯恐怕下嘴太晚，一块肥肉被希特勒一口吞，迫不及待地就向法国宣战，这一次的乘人之危和落井下石，有分数：“流泪眼看流泪眼、断肠人伴断肠人”，报应疾如闪电。佛朗哥先生如果也迫不及待，那就同样糟啦，世界上除了又多一个带汁诸葛亮外，西班牙国土上势必堆尸如山。据说,正因为希特勒先生有点瞧佛朗哥先生不起,才救了他。佛朗哥稍为表示犹豫,希特勒就火冒三丈:“好呀,就你那点家底,还端架子呀,去你妈的,你不参战,将来后悔的是你。”这才放了佛朗哥先生一马。另一个事实是,法国投降太快,以致德军和西班牙之间,还隔着维基政府的领土,不能表演大军压境。

无论如何,佛朗哥出生在二次世界大战中,使西班牙得以免去浩劫,对西班牙人是一件伟大的贡献。可是,日移星转,西班牙人对这项贡献的感谢之情,越来越薄,越来越追究他的劣迹。尤其是年轻朋友,一提起佛朗哥先生,就口没遮拦。我到西班牙不久,就嗅到这种气息。一位年轻的、在法国留学的小伙子,可作一个代表,他嗤之以鼻说,西班牙虽然没有遭到浩劫,但四十年来,不但毫无进步,反而倒退着走,把民主自由,用血腥摧毁,结局连战败国的三轴心都不如,想起来就咬牙切齿。去年一次,今年又一次,西班牙共发生了两次军事政变,虽然没有成功,却可说明一点:激进派的强烈反应,已到了保守派不能忍耐的程度。

必须发自内心,成为一种生活的规范,才是真正的民主。我在一次访问马德里大学堂同学会中,曾问他们有多少政党?大家一听,眼珠直瞪。终于一位老奶承认她们不知道,而且保证曰:“全世界没有一个人知道。”盖一对西班牙夫妇,至少就有三个政党,丈夫参加一个、妻子参加一个,夫妇合伙,就又组织一个。这种一团乱麻的政治,怎么搞法呢?马德里街头车如流水马如龙,几乎每个大马路的交叉口,都有美轮美奂的喷水池,真是神仙风光。然而一下子,一头小毛驴来啦,它阁下跟骑在它阁下尊背上的家伙,眼也不看,头也不抬,在狂奔的汽车大阵里踽踽前进,好像是在赌气:“撞吧,撞死算啦。”又一下子,一辆破旧的马车也来啦,情况一模一样。嗟夫,这都是不安的种子,富者太富,穷者太穷,每人都有一套救国救民的奇计妙策,谁不服我,谁就是罪恶滔天。表面平静,不过是定时炸弹上堆的鲜花。

以成败论英雄的话,佛朗哥先生的深谋远虑,叫人三跪九叩,他的尸体埋葬在死亡谷(Valle De Los Gaidos),事实上“谷”不是“谷”,

只是一个巨大山头和一个深入山头的巨大山洞,除了他阁下的墓,任何地方都没有一丝一毫有关他阁下丰功伟业的文字图片,山洞两侧全是宗教壁画,山洞尽头是一个圆形墓场,一端埋着佛朗哥,一端埋着长枪党的创始人——佛朗哥先生把他干掉,坐上他的龙墩后,再向他日夜鞠躬,这就是政治。墓场中央,有一个耶稣钉十字架的巨像,一位神父老爷就在那里做弥撒,这设计可称之为"打马虎眼学",属于尖顶聪明。盖善男信女向耶稣先生下跪时,佛朗哥先生的阴魂在旁就沾了光,他如果向阎罗王谋差事,或要求加薪,吹曰:"王爷呀,你要不要到山洞瞧瞧,俺可是统御有方,恩德广被,那么多人向我磕头哩。"既有真赃实据,阎罗王恐怕也没啥说的。耶稣先生除了气得浑身发抖外,总不能在报上登个启事:"那可是拜我的呀,佛朗哥这个杀千刀的,怎么进来搅局?"

最高招的是,在墓场两侧,有两个较小的墓场,和两个较小的教堂。坟墓里埋葬着各色人等,左派的焉,右派的焉,不左不右派的焉,忽左忽右派的焉。有共产党,有纳粹党,有法西斯党,有保皇党,有革命党,有长枪党,形形色色,玉石俱葬。善男信女膜拜时,死朋友一齐受礼。献花时,一齐闻香。如果焚化金银纸帛,大家就在地下均分。各党派致祭时,总不能先号曰:"非我族类,请靠边站!"

这种做法的最大妙处是,不管哪一党,哪一派得势,都不能把这项工程炸掉或拆散。佛朗哥先生可是迄今尸体仍安然无恙的唯一的法西斯头目,那里既没有德配天地,功盖古今的宣传,自然也不会引起唾沫风暴。若干年后,大家都淡忘啦,他就可以躺得更为安心。

——将来历史发展,会不会这么称心如意,我们不敢算卦。不过,万一出了岔,恐怕难逃大小专制魔王特有的下场,有那么一天,佛朗哥先生的尸体,可要被挖出来晒晒太阳。

我和老妻去了死亡谷两次——第一次根本没有发现佛朗哥先生的墓。那个雄伟的山头建筑,气吞山河。每逢日正当中,阳光穿过一个纵贯山头,漫长而细小的隧道,正好照到山洞里的耶稣先生,那是一项巧思。我们踯躅在山顶石像的双脚之下,想到长达二十余年之久的浩大工程，不知道是真的为了阵亡将士建立公墓，还是只为了佛朗哥先生一个人，才弄一个企图永垂不朽的噱头。

如果是为了噱头，我敢赌一块钱，定会有下一个噱头。

31. 请牛容易送牛难

——欧洲之旅，印象·感想·思量之八

有人说，到了西班牙而不看斗牛，等于白去。为了避免白去，就在抵达马德里的第二天晚上，和老妻勇猛前往。一下出租车，先陷黄牛大阵，男女老幼，蜂拥而至，团团围住，正无计可施，被一位勇士一把抓住，抓到一排小木屋群中的一个小木屋里，掏出两张门票，发誓那是最好的位置，为一位大人物预留的，大人物因为临时急性盲肠炎之故，才幸运地有机会为我们服务。否则的话，就把世界上的银子给他一半，都买不到。结果，我们倒没有把世界上的银子给他一半，却是把口袋里的比索给他一半。

该黄牛没有骗我们，门票是当天门票（我老人家在台北看电影，就买过昨天的）；位置也确实高竿，前面只隔几排，便是场地。身后尚有二三十排，级级升高，恐怕要用望远镜才行。当下租了一个草垫，正襟危坐。再也想不到，这样一次的仓猝参观，却遇上据说从未有过的特别节目。

特别节目发生在第三场，斗牛士在场地四周站定，一声响亮，栅门开处，牛老爷像一个浑身黑亮的火车头，蹄声如雷，狂奔而出，毫不犹豫地越过场地中央，撞向前方挥动着的红巾。斗牛士轻轻一闪，说时迟，那时快，牛角已插进木墙。它阁下一击不中，转身再扑另外一位，斗牛士再度躲过，它阁下的尊角，第二次插入木墙。从来没有一位牛老爷这么干法的，普通情形下，只要红巾收到屁股后，攻势即行停止，于是，数达二万五千人拥挤的观众，猛喊“奥勒”。接着骑士进场，用长矛猛刺它的脊背，目的在使它流血、消耗体力。两矛下去，固然流血如注，但该牛老爷大怒，笔直撞去，尊角穿过厚厚护甲，深入马腹。骑士铁矛急行再刺，等于刺到火车头上，斗牛士群慌忙用红巾引诱，如果换别的牛，早转了目标，只该牛老爷不为所动，于是，忽然之间，人仰马翻——人仰面朝天翻到马肚之下，全场大骇。柏老也想，人命不保，马命也休矣。等到好容易把牛老爷引开，斗牛士群，七手八脚，拉尾巴的拉尾巴，托下巴的托下巴，总算马起人出，还好，都没有死，只不过一瘸一瘸，狼狈逃走。

接着是把三对五彩缤纷、尖端有倒刺的短剑，由三位斗牛士先生，分三次刺中牛背。刺中牛背之后，因倒刺之故，就牢牢地钉在那里，颤巍巍而巍巍颤，好像新科状元帽上的漂亮宫花。血更如泉涌，且滴染黄沙。

普通情形下，到了这个时候，牛往往筋疲力竭，步履踉跄。主斗牛士这时才正式亮相，向高台上脱帽鞠躬，表示下一步即行刺杀。然后，以优美姿势，迎牛而立，突然发动，一公尺的长剑，从脊椎骨唯一的空隙处插入，只见剑柄，不见剑身，剑锋直抵心脏。然后，牛阁下屈膝下跪，倒地不起。

现在，该牛老爷身中铁矛无数，及刺剑六支，不但没有迟钝之象，反而斗志更昂。它阁下环顾四周，不管有没有红巾挥动，反正见人就干，把各位斗牛士赶得像一群鸭子，观众这时已陷于疯狂，大叫“赦免”。主斗牛士面对这个强硬对手，不敢立即行动。只好命骑士进场，再用铁矛，更进一步消耗它阁下的体力，刚刺两下，牛老爷立刻反应，咚的一声，尊角再陷马腹，观众发出震天长叫。第二位骑士急行赴援，观众已不能忍耐，一面高呼“赦免”，一面草垫，可口可乐罐，凌空投掷，把骑士砸得拨马而窜。

观众的愤怒已达顶点，全场骚动，主持人——那天的主持人是国王的妈，在高台上唧咕商量了一阵举起手帕，表示采纳众议。令下之后，观众大乐，就在座位上又跳又闹，又伸胳膊又跺脚，猛喊万岁，唾沫四溅，溅得我老人家招架不住，真正是山摇地动兼地动山摇，连我二老也感谢皇恩,随之大疯。

——“国王的妈”就是“国王的妈”,可不是“皇太后”。邻座一位老奶告诉我们,主持人是“国王的妈”时,我聪明伶俐,举一反三,立刻称之为“皇太后”,老奶马上驳回,盖她因老公(国王的爹)没有坐过国王宝座之故,所以不能有此尊号。

主斗牛士这时要完成最后手续,那就是用一只短剑,刺进牛背,作为象征性的最后一击,以代替刺入心脏长剑的最后一击。

到现在为止,剩下来的问题是,把牛老爷弄出去,本场就告结束。谁知道,中国俗谚曰:“请神容易送神难。”到了西班牙,则成了“请牛容易送牛难”。一群约六七只花枝招展,颈系铜铃的牛老奶,被送进场,兜了一个圈子,牛老爷春心大动,就会杂在脂粉队中,一齐出场。然而,怪事就发生在此时,该身负重伤的牛老爷,却像在练铁布衫金钟罩,不近女色,不但不乘势开溜,反而虎视眈眈,一见人影就飞奔挑战。一位斗牛士在拼命逃跑途中,大概吓破了胆,一跤栽倒,全场立刻爆出恐怖的呐喊,感谢上帝,他总算连滚带爬,在牛角触及到他前一刹那,爬进护墙,幸而牛老爷实心眼,如果稍为灵活,拐到护墙后瞧瞧,那就糟啦。

牛老奶既然无用,就改用猎犬。可怜的狗,即令仗着主子声势,也只敢团团转地叫,叫得牛老爷心烦,一头撞去,走狗立刻就地打滚、哀鸣着夹尾而遁。骑士们战战兢兢,再度进场,还没接触,就挨了一记。斗牛士群改变战略,把牛老爷三面包围,留下一个缺口,预备把它阁下逼出场去。问题跟老鼠往猫脖上挂铜铃一样,谁敢上去逼之乎哉?大家站得远在天边,只敢顿脚!喝,一见牛头对准自己,立刻紧张。如此这般,闹了两个小时,牛老爷愈战愈勇,一面大量流血,一面斗志高昂。我老人家心里琢磨,事到如今,恐怕就是把西班牙的无敌舰队,从海底捞起来,对该牛老爷也无可奈何。不觉怦然,这时如果展开中国功夫,一个斤斗,翻身而降,一手执牛角,一手向国王的妈挥帽,作微笑潇洒状,把它阁下轻轻拉出。噫,那荣耀可就大矣。

百药罔效之后，斗牛士挤在一起，交头接耳，窃窃私语，接着斗牛士手提长剑出场，显然的“天堂有路你不走，地狱无门偏要来”，要杀之矣。观众发现情形不对，就像炸弹开花，轰然大乱，叫他滚，叫他刽子手，叫他小心黑巷子，咒骂吆喝，双手伸向外层空间，又有东西直飞场地。主斗牛士一瞧势不可挡，只好把长剑收回。在无可奈何中，仍恢复老办法，乞灵牛老奶的魅力。

牛老奶群绕场一周，叮当出场，牛老爷笃定泰山。她们就被送回再绕场一周，牛老爷已经眼红，在台上几乎可以看到它鼻孔滚滚白烟，血仍猛流，性更英勇。如此这般，绕场一周又绕场一周，像日本“进出”中国一样，牛老奶“进出”了七八九十次，最后一刹那，牛老爷终于糊里糊涂，随群而去。全场发出长叹，如释重负，盖它阁下如果仍固执成见，恐怕真要搞到天亮，等它气息一缕，拖之出矣。

牛老爷一旦进入斗牛场，铁律规定，只有一个结局——死。当然也有活着出来的，那只限于被观众发现身有缺点，而有缺点的牛老爷被牛老奶群带出场后，仍免不了一刀。再勇敢的牛，只不过在死后被骑士拖着尸体，也绕场一周，表示对它阁下的英勇奋战，有深刻敬意。斗牛场就像明王朝的东厂西厂，最好莫入，一旦进去，任你英雄好汉兼古圣先贤，都要命丧黄泉。

次日，在交通车上，我把这场奇遇，宣告周知，一些西班牙朋友和一些西班牙通朋友，一齐掩口葫芦，求告曰：“西班牙斗牛，至少有千年历史，牛一入场，必死无疑。你刚瞄一眼，怎敢乱开簧腔，丢人不丢钱固然不算破财，但如果能少丢一次，也是爱国之道。”把我搞得有冤难伸，忽然瞥见驾驶台上有一份报纸，就在第一版上，牛老爷的御照在焉，下面还有注曰：“它会有儿子。”大喜曰：“抬杠没有用，瞧瞧报上说的啥？”瞧瞧的结果，一片“噫”、“噫”之声。嗟夫，人们总是一头栽到自己过去经验的黑洞里，如果不是报纸救驾，我就又多了一项前科矣。

32. 残忍·人道·议论

——欧洲之旅,印象·感想·思量之九

西班牙斗牛是西班牙传统文化最重要的表征之一,一般人印象中,西班牙跟斗牛结合为一,仅只知道西班牙,而竟然不知道斗牛的,他的头脑构造,准有点特别。斗牛和阳光,是西班牙观光事业的两大资源。

西班牙阳光,人人说好,没有任何争执,唯一的瑕疵是干燥过度,这个“度”当然是旅客们所能承受得住的“度”,我老人家到马德里的第三天,嘴唇就像三年大旱下的河岸农田,寸寸崩裂,口干舌渴,似乎谁硬塞到敝嘴巴里一块火炭。好容易熬到晚上,忍无可忍,就要店小二送三瓶矿泉水,店小二初以为我老人家要的是酒,欣然 Yes, Sir! 等到弄明白我要的竟然是矿泉水,而且一要就是三瓶,不禁大惊,踉跄地倒退了两步,在胸口画了个十字,见了鬼似的,拔腿就跑。其实嘴唇崩裂,口干舌渴,还是小家子气。驻马德里中山文化中心主任朱国勋先生夫妇,他们到马德里后,鼻孔立即大批出血,就严重多矣。

关于西班牙斗牛,却是议论纷纷,夫西班牙斗牛跟葡萄牙斗牛,有生死之别。西班牙斗牛见血封喉,不死不散。葡萄牙斗牛则大干了一番之后,牛老爷仍蹦蹦跳跳,谢幕而退。世人对葡萄牙那一套,兴趣索然,对西班牙这一套,又觉得惨无人道。有些道貌岸然之徒,抓住机会,就更讲仁义而说道德啦。这种人物一多,自然喧声震天。反对的和赞成的,各有充分理由,讨论两方面充分理由的书籍,足可开一个图书馆。道貌岸然之徒说,斗牛不是斗牛,而是不公平的屠杀,盖牛老爷败固是死,胜也要亡(进场地,就跟死囚五花大绑进法场一样,谁都救不了它)。斗来斗去,不过一种表现人类优越感的戏弄侮辱。而且又不是单打独对,欺负牛老爷懵然无知,先由骑士刺得遍体鳞伤,再连续在脊背上插上六把倒刺短剑,等到牛老爷怒眼昏花,又用红布引诱它东奔西跑。身上血液快要流光,力气快要跑尽之时,主斗牛士又掏出致命的家伙,直击心脏。呜呼,天下哪有这种决殊死战的?如果是真豪杰真好汉,就应该不用帮手,不用身外之物,一对一面对面,见个高下。如今使了这么多机关,还洋洋得意,徒显示人性最卑鄙的一面。

道貌岸然之徒的悲天悯人心肠,惊天地而泣鬼神,对畜牲百般爱护,尤引人入胜。然而,赞成斗牛的朋友,却是另一种看法——柏杨先生跟海明威先生一样,可是站在赞成这一边的。要说公平,呜呼,人类与动物之间,根本就没有公平,如果一定采取道貌岸然之徒所谓的公平,人类早灭绝啦。人不靠棍子石头、火把枪炮,恐怕连老鼠都斗不过。人类和狼虫虎豹(包括牛老爷),当初都是一样赤裸,但人类肯用脑筋,也有脑筋可用,而狼虫虎豹迄今仍然只靠原始本钱,那能怪谁乎哉。好吧,道貌岸然之徒的宝贝儿女,被虎老爷衔到山洞,大虎小虎,合家团聚,正要享受一顿高级晚餐时,道貌岸然之徒前来救子,恐怕不会念及公平,把手里猎枪扔掉,卷起袖子上吧。

而且,事实上,斗牛恰好是一种公平的生死竞赛,贵阁下知道牛老爷的吨位多少?至少五百公斤,超过人体五倍以上。迎面撞来,身未到,风先至,比一个开足马力俯冲而下的火车头,还要狰狞。刺枪插剑,不过使双方的体力平衡。即令那样,还是天地般悬殊,五百公斤的牛老爷在刺枪插剑之后,直到终场,仍能维持三百到四百公斤的打击力,牛角比刮胡子刀片还要锋利,随时随地都可使斗牛士一命归阴,可是,斗牛士都必须遵守规定的程序,非到时候,不能反击。唯一能做的,只有躲。躲尽管躲,可不准开溜。人的生命全部寄托在躲闪的速度与技巧上,这种速度与技巧需要严格的训练和敏锐的智力反应。在咱们中国,任何一个猫脚爪,一旦不要脸,既可当大亨,又可当大狮,众星捧月,好不风光。当斗牛士可不简单,如不是身怀绝技,牛老爷可不买账。苦苦修炼,是取胜保命的唯一要诀。斗牛场上,有幸运的牛老爷,没有幸运的斗牛士。

对牛老爷的三段攻击——刺插杀,每一个动作,都是一项艺术作品和高度机智。一人一牛站在一起,人真是小得不像话,只有胆大包天,心细如发的小伙子,才敢面对。斗牛场上,生死只隔一张薄纸,上帝亲自出马,都保护不了你,全赖自己保护自己。杀牛不能乱刀齐下,如果乱刀齐下,甚至乱枪齐发,柏杨先生也会,观众就一哄而散矣。最后的主斗牛士亮出长剑,更是乾坤一掷。盖牛老爷全身如铁,刺到任何地方,它都不在乎,然而,跟武林高手的盖世武功一样,千炼百炼,刀枪不入,最后总有一个地方,名曰"死穴",无法使之合拢。每个武林高手都有死穴,那是他最大的秘密——有些高手的死穴,甚至在脚底、在掌心。一旦被敌人侦知,专攻死穴,就大势不好。牛老爷的死穴在脊椎与颈骨之间,有拳头般大小,是个洞开着的缝隙,与一公尺外,深埋腹中的心脏之间,通行无阻。

牛老爷最大的悲哀,就是该死穴每条牛都一样,而且闹得天下皆知。主斗牛士的长剑,在该死穴中刺入,就像刺进了豆腐堆,只听刷的一声,一泻千里,直抵心窝,牛老爷这时大概顶多再向前猛冲两三步,就不得不双膝跪地,御驾崩殂。

重要关键就在这最后一击,主斗牛士以优美的芭蕾舞男主角那种笔挺的英姿,右手举剑至顶,左手微抚剑身(如果他是左撇子,则只好左手举剑到顶,右手微抚剑身矣)。当俯冲火车头,呼啸而至,冲来面前,锋利的牛角距前胸只三十公分(六个巴掌)时,牛老爷鼻孔冒出的烟几乎正好喷到主斗牛士鼻孔里,于是银光一闪,长剑已中死穴,倏然而没,然后腰身一晃,主斗牛士躲向一侧,让牛老爷在身旁隆隆而过。生死之间,只差毫发。

主斗牛士必须一击即中,稍为偏差,剑就落地,或像一根巨大的鸡毛令箭,剑尖嵌入牛背,剑身摇摇欲坠,全场齐唏,人可丢大啦。主斗牛士如果一连三次不中,他唯一的前途恐怕只好卷铺盖,改行写杂文,努力宣传斗牛不人道矣。一击固然重要,但一击之后的一躲,不但关系成败,而且关系人命。安全时间只有千分之一秒,躲闪的姿势还必须优雅动人,如果忽冬一声,仰面朝天,那可是啥都不要谈啦。

嗟夫,危哉。当红巾挥动,牛角在他身旁绕来绕去时,观察每一次狂呼“奥勒”,都是斗牛士每一次死里逃生。有一场,主斗牛士刚躲过牛角,却被鼓风炉般的牛腹,轻轻擦了一下,他阁下立刻栽倒,痛得在地上翻滚、大口吐血。这是死亡的挑战,只有充满浪漫情调的勇士才能胜任。酱萝卜一向是服膺“千金之体,坐不垂堂”的,不要说面对死亡,就是重要关头,在安全地带说几句公道话良心话,他都不敢。

斗牛是不是残忍,是一项论题。经过斗而杀之是残忍,那么,不经过斗,拉到屠场,直截了当杀之,是不是就大慈大悲的耶?经过斗,牛老爷至少有够本的机会,如果撞死两个,就净赚一倍。而被带入屠场,任凭屠戮,连还手的机会都没有,那才是惨也。人类有残忍的一面,娃儿们最得意的杰作,莫过于把一根火柴捧插到苍蝇的屁股里,瞧它飞向何方?长大后,被教育改造,成了所谓的文明分子,但兽性并未全泯,不过强行克制罢啦。如果没有一个出路可以发泄,一旦爆炸,就凶不可当矣。比较起来,拳击要残忍得多,而摔跤比拳击更撕裂神经——有人看了摔跤会呕吐。两者都是人斗人,一直盛行不衰,道貌岸然之徒却只认为人斗牛不对劲。噫,不是人斗牛不对劲,而是他阁下两条筋不对劲。

斗牛场上,人和牛站在平等地位。即令人占便宜,也不过杀牛。有些杀了千万人,甚至杀了千万骨肉同胞之辈,却洋洋得意,既被膜拜,又垂青史,好不威风。古谚云:“窃钩者诛,窃国者侯”,延伸下来,成了“斗牛者残忍,杀人者英雄”矣。

33. 圣马力诺

——欧洲之旅,印象·感想·思量之十

欧洲有许多小国,小得使人百思不得其解。我从法国赴意大利时,朋友就劝我坐汽车也好坐火车也好,千万别坐飞机,这样就可经过摩纳哥王国，下来观光观光，说不定在轮盘赌上，赢一个金矿。但那时正是大度假之日，在摩纳哥订不到客栈，只好放弃。

到了意大利后，护照签证允许的时间有限，老妻坚持去翡冷翠，我老人家则坚持去圣马力诺，相持不下之际，我提议用最公平的办法解决，就是打一架，老妻胜则去翡冷翠，老头胜则去圣马力诺，老妻终于屈服，并非她打不过我也，而是朋友劝之曰："老头还有几天活的？不妨让他一让，等他翘了辫子，你再快快乐乐地在翡冷翠玩个够，还不是一样。"

就这样的，我们到了圣马力诺。记得在一本杂志上看过一篇报导，第二次世界大战时，美军势如破竹，由罗马向北挺进，忽然看见两位十八世纪古装战士，头戴盔甲、手执长矛，拦住马头，大喝一声："呔，来将通名，我是圣马力诺国防军，保卫神圣领土，不容侵犯。"美国佬吓了一大跳。这篇文章给我一个很要命的印象，以为这次前往，也会遇到这种危险场面，想不到不但没有这种危险场面，简直根本啥场面都没有。走着走着，我开腔曰："老哥，到国境线时，踹我一脚。"朋友曰："国境线早过啦。"为了避免我表演震天号叫，车子只好再兜回去。呜呼，国境线简单明了，仅只矗立一个用铅管架起的方形门框。门框上横列两块招牌，左边招牌写曰："圣马力诺共和国"，右边招牌写曰："欢迎到最古老的共和国"——旁边画了个时速七十公里的标志。既没有人，也没有狗，恰好也没有车辆，冷冷清清，好不寂寞。

西方文明最显著的特征是清洁，但无论英美法德总还是有脏乱的地方，只有圣马力诺，硬是全国清洁如洗。当初我坚持要到圣马力诺时，朋友哗然曰："不过一条街，有啥可看的？"幸亏我不为所动，盖到了圣马力诺，才发现那里真正是人间仙境。不仅一条街而已，他们拥有四个小镇和一个首都。小镇之间，一片青，路直如发。圣马力诺四面被意大利包围，只有一个高速公路入口，只要三十分钟，便可直抵首都山城，然后下车攀登，才到市区。如果不是御驾亲临和御目亲览，简直不能想象，世界上竟会有这么幽雅文静，和平如鸽的国度。

他们从不担心别人侵略,也不去侵略别人。世界上正因为心怀大志,卖特效药的大亨太多,人类才受不完灾难。

圣马力诺共和国立国已有千年,从不到处敲锣教人听他的,更从不扩张,中世纪时,他们曾拒绝教皇老爷赠与的土地,宁愿以小国寡民自处。这种傻事,也只有圣马力诺人干得出。如果换了别的国家,嗖的一声,早迫不及待地咽下喉咙,连电动怪手都挖不出来。但也正因为如此,他们得到的回报,令人垂涎,那就是千年之久的和平,世界上还没有一个现代化的国家,能有这么漫长无忧无虑的和平。

柏老在街头咖啡座小坐时,一位跑堂的小伙,在人群中招呼打杂端盘子,来去如风,攀谈起来,他是一位真正的圣马力诺公民,到美国读了四年大学,刚刚回国,一家四口,其乐融融。他曰:“美国人负担太重,既要管天,又要管地,万般辛苦,都是替别的国家忙,结果还挨咒挨骂,我只想回家帮老爹开这爿店。”那是一种安谧的满足。圣马力诺人比其他国家人更没有忧患意识。以休假度假闻名的欧洲诸国,他们所以没有忧患意识,是相信他们的力量足以对抗忧患,当然也有“今日有酒今日醉,管他明朝剑割头”之辈,但大多数都知道有忧患,只是不在乎忧患。圣马力诺人对忧患的认识,跟一个两岁娃儿对毒药的认识一样,也就是说,根本没有认识。如果告诉他们中国人千年来的残酷历史——一个浩劫接一个浩劫,他们的反应恐怕是一百个不懂兼一百个不信,那超过他们已知领域太远。

圣马力诺全国总人口只有二万五千人,正是马德里斗牛场所容纳的数量,最高元首称执政官,六个月改选一次,柏拉图先生的理想国不过空中楼阁,胡说八道,现在,蓦然出现面前,不禁大为激动。嗟夫,在这个国度里,中国人最熟习的玩意,和最风闻世界的玩意,他们都没有。面对着这个现代世外桃源,使我这个历尽沧桑的老汉,有口难言,回肠百结。呜呼,这是一个可以摆在政治学教科书里示范的国家,国家乃为小民存在,小民乃在国家之上。一个对内使小民受尽痛苦的国家,这个国家应是一种耻侮,即令强大得可怕,也不过一小撮当权人或一大撮当权人风光。

——不过,也有些“小民”宣传说,宁愿终身带着枷,只要国家强大就行。以小人之心,度君子之腹,我认为这是一种无可奈何的乞怜哀鸣。如果这不是无可奈何的乞怜哀鸣,而是真心实话,那就得请教心理医生把脉,瞧瞧舌头,量量体温矣。记得二十年代,中国被军阀割据,有一位总司令焉,手下八千人马。他当排长时,跟伙房里的厨师,颇为莫逆,后来他节节高升,厨师跟着他,而连部而营部而团部而师部而军部而总司令部。忽然有一天,厨师恍然大悟,找老友总司令理论曰:“你当排长时,俺是厨师;你当了总司令,俺还是厨师。你那些狗皮倒灶的朋友,却个个升官,老子不干啦。”总司令曰:“我且问你,我当排长时,你给谁煮饭?”厨师曰:“给排长煮饭。”总司令曰:“我现在当了总司令,你给谁煮饭?”厨师曰:“给总司令煮饭。”总司令拍他的肩膀曰:“你是个聪明人,好好想一想,你怎么敢说你没升?”厨师想了半天,大喜过望,飘飘然而去。

圣马力诺是一个袖珍国家,首都建立在无法攀登的悬崖绝壁之上,古堡巨炮,更在首都之巅。估计一下,如果从古堡来一个倒栽,恐怕要四五分钟才能扑通一声,地面挺尸。在首都狭窄却十分清洁的巷子里,因度假之故,家家户户紧掩门窗,想到他们享受到几乎是一种永恒的安详和平,使人有一种留下来终老的冲动。《镜花缘》的唐敖先生,就是这样不归的也。不过,要想成为圣马力诺公民,除非下辈子投胎转世,这辈子不必指望。连年轻小子的秘密武器——结婚,都没有用。就在我老人家驾临前不久,该国通过一条法律,凡跟外国男人结婚的老奶,一律开除国籍。

我曾问过一位西班牙朋友:“以你们的深厚文化,而西班牙语系的国家,有十几个之多,囊括了中南美洲,人口加起来三亿左右,如果发愤图强,岂不可恢复当年横行四海的雄风乎哉?”他曰:“恢复当年雄风干啥?”我曰:“那就成了超级强国,称霸天下。”他曰:“称霸天下干啥?”我曰:“吊民伐罪,济弱扶倾,谁敢不敬?谁敢不畏?泱泱乎、巍巍乎,万邦来朝。”他曰:“万邦来朝干啥?”他看我头暴青筋,马上就要昏倒,叹曰:“老头,我们安于二三流角色,因为我们过的是一流的国民生活。”我曰：“可是你们穷呀。”他曰：“我承认我们穷，但我们有民主有自由。”

总司令拍肩膀那一套，似乎迷糊不住他。

中国同胞一定批评西班牙朋友没出息。我也厌恶消极，盖一流的国民生活，也要积极才能维持。但天下所有的国家，如果都像圣马力诺，该是多么美好。

34. 视书如仇

——欧洲之旅，印象·感想·思量之十一

最近，常有人问曰：“老哥，假如到外国定居的话，你选择哪个外国？”我不必经过大脑，就可回答：“意大利。”性质相同的，也有人问曰：“老哥，假如在美国定居的话，你选择哪个城市？”我同样不必经过大脑，也可回答：“纽约。”盖纽约之妙，妙在跟中国一样。到了纽约唐人街（也可以美其名曰“中国城”），举目所及，脏乱吵闹，面熟耳熟，有一种老乡见老乡的亲切之感和归属之感。人行道上一个地摊接一个地摊，果皮纸屑，以及各式各样奇异垃圾，满坑满谷，一不小心，踩到香蕉皮，立刻就来一个仰面朝天，然后一阵哄堂大笑，景观就更像台北街头。有一天，我过马路时，跟一位黄脸同胞，双肩相撞，我那时正在努力崇洋，急忙曰：“对不起。”想不到身旁朋友却是誓死维护传统文化之士。喝曰：“好老头，你才来美国几天，怎敢忘本？”我大吃一惊，他曰：“这里是中国人地盘，你又是中国人，撞了活该，谁叫你不睁眼走路，有啥对不起的？而且对不起白对不起，枉费唾沫。”果然对不起白对不起，该同胞骂了一句“丢你娘”，怒目而去。回想起来，仅这个层面，就正是中国人的乐园。

意大利有点像纽约，中国人初到一个国家，心里总有一种陌生性的压迫感。只有意大利，无论啥地方，都使人轻松自在，盖意大利跟中国，简直是有点双胞胎的嫌疑。假如当初，上帝老爷忽发神威，把意大利人投到中国，把中国人投到意大利，搞出来的局面，恐怕跟现在差不太多。我把这种感想告诉一位意大利朋友，他像受到天大委屈，叫曰："俺意大利可比你们中国高明，两国你都见过，瞎了眼啦。"我倒没有瞎了眼，而是邻居不对劲。中国如果有意大利的环境，隔壁住的都是饱学之士，多少会受点传染。偏偏隔壁住的是杀人放火的青面獠牙，怎么能不满身内外之伤乎哉。维持今天这个模样，还算不错的也。

意大利人所有的缺点，中国人都有。除了脏乱吵闹外，还有窝里斗，还有治安沸腾。

我们在威尼斯为车子加油时，加油站好心肠小伙子警告老妻曰："阿婆桑，你从啥地方来的，把手提包摞到后背，这里可是意大利。"到米兰的前几天，曾发生一事，一个年轻人砍伤了一个人，手执血刀，到警察局自首投案，警察老爷曰："今天看守所大爆满，谁来也不行，明天请早。"报上的大标题跟加油站好心肠小伙子的口气一样，叹曰："这就是意大利。"名画家霍刚先生有一回碰到小偷正在他尊府努力奋斗，他阁下狂奔报案，警察老爷曰："你看表没有，快下班啦。"说着说着，一溜烟而去。

这类奇迹，三天三夜都说不完。我所去过的国家中，只有两个国家，在未启程前，朋友总要悲哀地一再叮咛，好像我是前去赴汤蹈火。一是前年(1981)去墨西哥，朋友从旧金山叮咛到圣地亚哥，又从圣地亚哥叮咛到边界，面目严肃曰："老哥此去，可要小心，买东西还个半价，银子不可露白，护照要密密缝住，手提包放在胸前。"另一国则是这次去意大利矣，同样谈虎色变。其实对一个中国人而言，这又算啥，整天坐在火山口上，几根蜡烛，岂放在眼里。就是前天报载，一位泰国商人老爷，在电梯间只因按错了电钮，流氓们看着不顺眼，一拥而前，当场乱刀毙命。在墨西哥、意大利，可没听说上演过这种节目。

意大利人的缺点，中国人都有。但意大利人的优点，中国人却都没有。此意大利之所以为意大利，中国之所以为中国也。意大利人热情洋溢,是使人油然而兴宾至如归之念的主要原因。有一种传说是,一个老奶到意大利三天,还没有被意大利男人拍过屁股,她阁下准是一个震动世界的丑八怪。

——柏杨先生暨夫人,在意大利游了半月之久,而柏杨夫人又是二度驾临,她就没有被拍过。有次被朋友问得紧啦,她大吼曰:“至少有一次,一个交通警察对俺吹过口哨。”多年夫妻,不便当面拆穿。现在悄悄告与读者老爷得知,那次对她吹口哨是因为她就在斑马线上,英勇地跌了一跤。

即令是被认为横行霸道的意大利南方人,只要是交上朋友,那朋友可是真朋友,讲的是江湖义气,对外国人和意大利北方友人,都一视同仁。

——意大利地域观念之牢不可破。翡冷翠是个分界点,北部意大利人暂不承认南部意大利人是意大利人,愚鲁穷贪,毫无是处。米兰有则小幽默说,天下最可怖的灾难,莫过于一列从拿波里开来的火车,到了米兰后再不回去。南部意大利被轻视得抬不起头,反唇相讥:“北方人都是奸诈的土狼,喝我们的血,还骂我们的血胀了他们的肚子。”

意大利人的热情是一种纯朴的乡土气息。吾友潘贤义先生暨夫人古桂英,在米兰行医十载,造成有口皆碑。他阁下敦厚得像一个傻瓜,遇到乡下人和穷朋友,就跟遇到大亨之辈一般,而且总是不收银子,那些病号就偷偷地在他门口放一些鸡鸭鱼兔之类,蓦地相遇,抱住就亲个嘴,他们从不掩饰自己的感情。中国人恰恰相反,以“不动心”为第一等武功,任何一个中国人,如果敢哭敢笑,敢爱敢恨,一定被正人君子认为轻率肤浅,如非神经病,定是十三点。然而,仅只冷漠,还不严重,严重的是虚伪。对洋大人而言,跟中国人交朋友,最大的困难是,他不知道中国人心里想的是啥。中国商人指天发誓曰:“这桩生意,我是赔定啦,要是赚一块钱,叫我全家死于非命。”逼得洋大人不得不对中国人产生深刻印象:“这些黄老爷,既不诚实,又不老实。”正因为虚伪,所以中国人跟中国人之间,以及中国人跟洋大人之间,充满了猜忌。意大利人照样会搬神弄鬼,但他们心里明白他是在骗,中国人却自己相信自己的谎言。

不特此也,跟中国最不同的,还是意大利高度的文化水平,要超过中国七八九十个梯次。有人说,意大利是西方文明的发源地,当然余绪犹在。然而,黄河流域可是东方文明的发源地,现在余绪在哪里乎哉?辅仁大学堂教习林明德先生在他的调查报告中说,台湾地区平均每人花在书籍上的费用,只有四十余元(四十元的购买力,不过十个巴掌大的烧饼,连一杯咖啡都喝不到,一杯咖啡至少要五十元),呜呼,台湾地区平均所得,每人每年十万元(美金二千四百元,黄金五两),却只拿出万分之四来买书,真不知道文化在哪里?文明在何方?柏杨先生屡嚷嚷之矣,现在再嚷嚷一遍:中华民族是一个最喜欢上学堂的民族,也是一个最不喜欢读书的民族。盖除了学堂里的教科书,任何书均非书也。文学作品,固然邪恶。绘画音乐,更属左道旁门。于是,中国人身上的文化气质,日渐减少。出国考察,专看色情,或是拼命照相,留来夸耀亲友。而出国观光,也成了采购团,对洋大人所有的玩意儿,样样有兴趣,只对文化没兴趣。

意大利遍地都是艺术气息,其貌不扬的米兰歌剧院,是世界上最好的歌剧院,门票要在半年之前预购,还不一定订到,比黄金都贵重,无论演员或观众,只要进去过,简直都终身荣耀。我们常指称日本游客老爷都是淫棍,可是,米兰歌剧院每季都被日本人订下几十个甚至一百多个位置,专程飞来,只为了听一场歌剧。这对中国人来说比做梦还要荒唐。一位老华人感慨曰:“台北一个贸易代表团到米兰,我使出浑身解数,甚至动员了副主教,好容易弄了几张票,兴高采烈,前往献宝,换了任何一个国家的人,都会大喜若狂,想不到,他们那种茫然的态度,叫我心碎,真是把珍珠喂给猪吃啦。你猜怎么着,反而求我带他们看三艾克斯级的电影。”

我们在伊索奥湖畔住了两天,数次拜访一位铺瓷砖工人,他们村落的人都是自己动手,互相帮忙盖屋的,他阁下新居盖了五六年,才算完成。然后积攒三年工钱买画,等墙上挂满之后,再积攒两年工钱买床买沙发买桌椅板凳。注意的是,新居空空荡荡,达五年之久。我们到他家进餐时,他头头是道地介绍每幅画的作者平生,和该画的精彩焦点。然后,介绍他的藏书,全属画册及理论著作。我老人家浑身湿透,自顾形惭,恨不得告诉他我是日本人,免得他瞧中国不起。然而,使人难过的还在后头哩,当他夫妇带我们去左邻右舍串门时,发现家家如此,不过有些人对画没有兴趣,只喜欢陶器,有些人对陶器没有兴趣,只喜欢雕塑。他们侃侃而谈,喜上眉梢,只我阁下目瞪口呆,就更无地自容。

嗟夫,什么样的土壤长什么样的树,什么样的文化出什么样的人。大戈壁上长不出亚马逊河丛林,酱缸里也生不出牡丹水仙,大多数中国人都“视书如仇”,平均下来,包括大中小三级学堂的教科书在内,每人每年只读半本书(平均每本书八十元的话),这个民族的文化程度,和鉴赏能力,连非洲刚果的黑朋友恐怕都得伸舌头。

35. 庞贝废墟

——欧洲之旅,印象·感想·思量之十二

庞贝城是考古学家和诗人们爱不忍释的地方,面对一片断瓦残垣,目睹一些被火山灰活生生埋葬的骇人的尸体模像,纵是铁石心肠,都会感叹唏嘘。柏杨先生似乎有过一句盖世名言,曰:“天灾受害的都是穷人,人祸受害的都是富豪。”可是站在庞大的庞贝废墟之上,这名言就成了屁话。盖小头小脸,小家子气的天灾,如台风之类,住在低洼地区木板房里的穷朋友,首当其冲,天经地义地先行倒霉,不是被淹死,就是被电死,再不然就是被塌屋砸死,至少,铺盖家具全部泡汤。住在钢筋水泥,高楼大厦里的老爷老奶,却个个安如泰山,到目前为止,还没听说过有哪一栋被台风吹倒了的。不过,一旦大号天灾驾临,像庞贝城的噩运,那可是玉石俱焚,富贵贫贱一笔勾销。

维苏威火山像一只庞大无比的巨魔,就在庞贝榻旁,呼噜呼噜酣睡,当人们作恶造孽到某一程度时,上帝老爷照它屁股上猛踢一脚,它就鼻孔冒烟,张开血盆大口,来个一股脑下肚。

一位作家说,全世界如果每个城市旁边,都卧着一个随时都会大发雷霆的火山,人心恐怕要善良得多。我想这种看法有可能性,但也不见得,甚至有点一厢情愿。盖恰恰相反,越是危机重重,人们越是容易堕落。“人生如梦哲学”,会更强烈。俗不云乎:“今天上床脱鞋履,不知明天穿不穿?”管他啥天理良心、国法人情,如果不马上饿虎扑羊,一会工夫就化成焦炭矣。噫,我不作恶,有人作恶,我为啥不当主角,只陪绑乎哉? 不分青红皂白的威胁,不会产生阻吓作用,只会激起更大的悲剧或更大的祸害,一位教习老爷对小学生曰:“谁再随地吐痰,罚你们全班跑步。”结果是全班不断跑步,而那位恶作剧的小家伙反而洋洋自得。靠巨魔提高不了道德水平,公平的法律和高贵的良知才能提高道德水平。

最受世人诟病的,莫过于庞贝城的春宫——包括壁画和塑像,好像是迄今为止,世界上保留的最古老的妖精打架,它们完成于一世纪,或一世纪之前。庞贝城内有一对弟兄合住的巨宅大院,该巨宅大院颇像苏州豪门的庭园。其中有一间儿童不准“进出”(日本老爷用语)的密室,画与像俱在,我老人家奋勇地挤进去瞻仰参观,却失望而返,喟然长叹,非叹人心不古,肉欲横流也,而是叹它们线条的拙劣,跟中国仇英先生的手笔,一模一样,僵硬粗糙,栩栩如——死。那些画家如果生在现代,保证连稀饭都没得喝的。呜呼,猛一看实在糟透,再一看还不如猛一看,一腔热情如火,霎时无影无踪。这种四五流货色,意大利人也知道,但仍印成精美画册猛卖,因之使“庞贝色情”闻名于世。不过因它“古”罢啦,可见凡是“古”的玩意儿,东方西方,都吃香无误。

——我竟没有买一本回来,现在后悔不迭。一则是当时嫌它不够精彩,声言白送我我都不要。二则端圣崽嘴脸惯啦,众目睽睽下,有点磨不开。

然而,庞贝的色情,却留给世人难以磨灭的深刻印象,认为庞贝人淫逸无度,所以上帝才踢巨魔的屁股。一位白人观光客老奶,一面把画册往皮包里塞,一面咕咕哝哝,就是这么一口咬定,我就大大的震惊。庞贝的毁灭如果真跟春宫色情有关,巴黎、纽约以及台北,早他妈的化为灰烬矣。贵阁下现在正蹲在地狱里哼哼,还能三生有幸,拜读我老人家的大作耶欤。

色情在庞贝小民生活中,并不占重要地位。前两天看报,报上一则调查报告说,现代美国小民生活中,"性"占第十四位。看情形中国小民生活中,"性"恐怕要独占鳌头,因中国人娱乐的项目要少得多啦。假如庞贝淫逸的程度已到了既普遍又公开的程度,那么,两位有钱的弟兄大爷,还要密室干啥?

庞贝废墟给后世最主要的贡献,不是被大掀底牌的粗陋春宫,而是另一种东西,那就是:他们的民主政治。

不知道什么缘故,在我所看到的有关庞贝的文章中,对这一点却没啥兴趣,大概认为"当然如此",没啥稀奇。庞贝跟王莽先生的新王朝,刘秀先生的东汉王朝,同一个时代,就在该二位先生建立政权,称孤道寡,天子圣明,臣罪当诛的年代,庞贝的民主政治,正稳定进展。就在废墟一条街道破墙上,还残留着一幅当年的竞选海报,不是纸海报,而是用油漆之类涂料写上去的,我特别把它照下来,准备膜拜。它才真正是庞贝的珍宝。对一个历尽沧桑的中国人而言,使我陷于沉思。

——在圣马力诺共和国,我还拍下另一幅同样可贵的照片。意大利开国三杰之一的加里波的先生,为了逃避两西西里王国政府的追捕,曾在那里避难。他是十九世纪最著名的政治犯。但在两西西里政府看来,他可是罪大恶极的匪徒,一旦生擒活捉,轻则锒铛入狱,重则一枪毙命。圣马力诺把这桩事和加里波的先生的感谢之情,用铜牌悬挂街头,供游客凭吊。嗟夫,追捕他的那些大爷,已成朽骨,他们的子孙,也以祖先干过这种勾当为羞,而加里波的先生的光辉,却永照宇寰。

庞贝废墟的竞选海报，说明那时候人民已具有相当高的知识和评鉴能力，这种中国人迄今仍在追求的层面，罗马帝国在两千年前便实行之矣。噫，民主的“西方精神文明”，跟封建的“东方精神文明”，遥遥相对。

庞贝城拥有的罗马式广场，已全部掘出，虽然荒草野蔓，鼯鼪纵横，但壮观一如往昔。远在古希腊亚里斯多德先生时代，广场在民主政治上，就占最最最最重要的角色。那时既没有电视，又没有收音机，全靠广场。盖必须有广场，大家才能集会；必须有集会，大家才能交换意见，你一言，我一语，你折服了我，我说服了你，吵闹了一阵，七八九十种意见，最后综合为一种更完整的意见，民主就这样的萌芽成长。如果没有广场，就没有集会，就没有民主，谁家有那么大的院子，容纳那么多大声喧哗的小民乎哉？我们如果说，民主政治奠基在广场之上，也颇觉理由充分。遥想大选当年，那位把海报漆到墙上的候选人（漆上去可真高竿，对手想撕都撕不掉），他阁下向黑鸦鸦一片选民，大声疾呼，唾沫横飞。广场不但提供了小民纠正政府错误措施的场所，也培养小民的思考能力鉴赏能力，和意气轩昂的胸襟气度。呜呼，当那位老哥抬头挺腰、神采焕发向权势发出挑战之时，恰是中国东汉王朝初期，中国知识分子和政府官员，正在金銮上双膝下跪，喊叫万岁之时。这是两种文化显明的对比，中国人似乎勇于屈膝，而且动不动就屈膝。实在被逼急啦，就手拿大刀，索性反叛。始终不习惯平等面对。而民主的精神，就是要平等面对，谁也不高过谁，谁也不低过谁。

——直到今天为止，我们还常看到一种悲惨的景观，一些地位卑弱的人，包括可敬的柏杨先生在内，跟权钱交加的老爷握手时，除了猛握，还猛撅屁股鞠躬。

想到这里，忍不住要嚷：“我们已经比庞贝晚了两千年，为啥还学不会？为啥还学不会？”

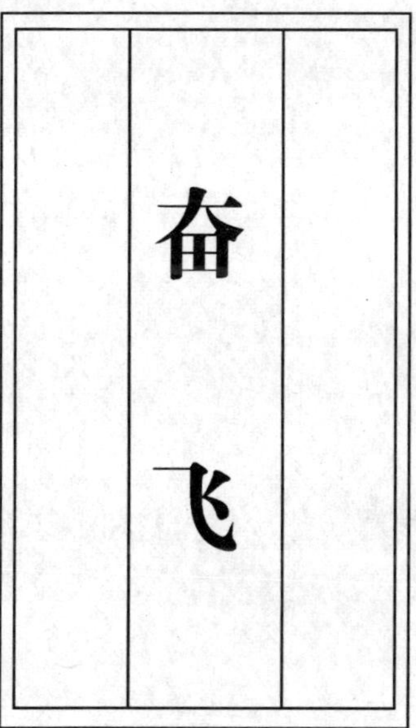
奋飞

提　要

《奋飞》是新编成的一本文集，最早的一篇《方言》，写在1950年作者甫来台之际。最近的是1997年作品，有四篇，包括《一个台南姑娘的故事》、《同登两峰——漫画和小说》等。这些篇章是柏杨十年小说、十年杂文、十年坐牢、十年《通鉴》、十年人权之外零星写就的散文，大部分写在二十世纪八九十年代。

书分两辑，辑一“蓦然回首”，收二十一篇，皆具感性倾向，主要是从自我的生命出发，写方言，有四方之志，却心系母语；写黄河，是原乡的追寻；写义女棣清，并怀亲儿；为父立碑，为怀乡亭作记，亲情、乡情皆扣人心弦。其余诸篇，写张四妹、张子全、江南、王国栋、蒋经国、冯志翔、孙观汉、保罗·安格尔、夫人张香华、台南姑娘许素朱、好友牛哥，甚至于家猫孟子，感性的叙事中传达一个“爱”的真谛。

辑二“若有所思”，收二十一篇，从自我的思维出发，比较倾向理性的陈述与批判。海峡两岸中国人的命运是作者关心的重点，追求自由与尊严是他为文之要旨。此外，谈文学、道副刊、说绘画、论读书，皆可见柏杨的人文关怀及问题意识。

读完柏杨如匕首般锐利的杂文之后，再读《奋飞》，他那奋飞的生命形象，于是清晰地浮现眼前。

孤雁（代序）

展翅奋飞五十年
回首依依衔断篇
重读昔时笔下字
一字一情一惘然

2000 年 11 月 16 日台北

【辑一·蓦然回首】

1. 方　言

记得我在初中读书的时候，有一天，和几位同学逃学，跑到附近村头的河沟里捉鱼，刚要下手，却被一个不平常的现象吸引住，我们也顾不得捉鱼了，立刻跑上去凑热闹。

那是一群乱嚷嚷的人群，正挤得风雨不透，我是个小孩，一钻两钻，就钻到核心里去。这才发现，当中站着一个推脚踏车的人，脸上和衣服上，一点看不出异样，可是他的举动却奇怪起来，他用一条腿靠稳脚踏车，同时用两只手迅速而熟练地翻动着一本字帖模样的厚簿子，他翻一下，用手指一下，旁边一位本村里的老汉就大声念一句。

"我是福建泉州人！"随着手指，老汉开始念。

大家张大了嘴巴。

"蛮子！"有人惊呼。在我们那里，凡是蛮子，都具有特殊魔法，可以把山中的宝物盗走。

那人继续翻动簿子。

"今天来到贵宝地！"老汉继续念。

大家没心听，只打量那个人会不会从口袋中掏出霞光万道的捆仙索。

"向各位介绍一种专治皮肤病的硫磺软膏。"

啊，原来是个哑巴卖药的，没有人肯上当，于是，一哄而散，有的妇女拉着小孩跑得飞快，仿佛魔鬼在后面跟着。

我因为从小泼皮，不大骇怕，挨近去踮脚一看，那本字帖模样的厚簿子上，写的完全是些互不连贯的各式各样语句，密密麻麻排列着，那个人需要某一句表示意思的时候，他就翻出来指着那一句。

一文钱的药没有卖掉，那个人怅惘地骑上车子走了，临走时，他礼貌地说了几句上帝才懂得的致谢话(这从态度上可以看得出来的)。望着他那枯瘦而孤单的身子消失在山麓霭气里,我那时虽然还是一个孩子,但我已感觉到当一个异乡人,尤其是一个言语不通的异乡人的悲哀。

抗战爆发那年,我十七岁,日本军队的箭头指向黄河,我不得不离开相依为命的老父,到处流浪。

从此,我开始尝到那个卖药的所尝到的滋味。

最初,我流浪到湖北,我这一口典型的河南土话,常常使听的人皱眉。刚跨过武胜关的第一天,住在鸡鸣早看天的客栈里,就碰到平生以来因说话特殊而招来的惩罚。

"有面吗?"我问。

"没有。"

"那是什么?"

"饭。"

"饭和面有什么区别?"

我还是一直到后来才晓得在长江流域以南,饭和面确实不是一样东西。所以在我离开的时候,我听到老板和老板娘窃窃的私语。

"这是个侉子!"

"吃小孩的,"女人吃惊地说,"把小孩肉剁碎蒸包子卖。"

我不禁汗流浃背,脚步也变得踉跄,像掉在莫测的陷阱里一样,我感觉到一阵阵无助的凄凉。

后来到四川,我从"佳子"变成"下江人",下江人是四川人和河南人眼中的蛮子,湖北人眼中的侉子,有同样的意义,那就是:不可靠,不老实,狡猾欺骗,愣头愣脑,满怀诡诈的异乡人。"没关系"变成"木来头","什么"变成"啥子","馄饨"变成"抄手"。在我读书的学校里,班上四十余人,本省人(四川人)和外省人(下江人)各占一半,可是,四年同窗,两个集团坚持着各用自己的言语交谈,以至于等到毕业,劳燕分飞,大家就更冷漠了。

抗战胜利,到了东北,我从"下江人"又变成"关里人"。我曾经和一个朋友的家庭建立起来很好的友谊，他的母亲把我当作自己儿子样地看待，很多事情都叫我去做。一次，她吩咐我：

“替我把药罐拿来，就在门后，麻烦你。”

在口音上，东北人的“药罐”和河南人的“尿罐”完全一样，我迅速地跑到厕所门后把尿罐拿到富丽豪华的客厅，天下没有比这个更尴尬万分的了，我在大家猪肝似的颜色下，简直无法下台，就是到今天，一提起这件事，我还禁不住要自打嘴巴。

再以后，到上海，我把“水不开”当作“四百块”。到甘肃，我弄不清“嘎洼”就是“小孩子”。

现在，来到台湾，我又变成“外省郎”了。

“他”变成“一”，“吃饭”变成“加本”，“拉屎”变成“邦赛”，“不知道”变成“木在样”。言语拉开了距离，瞪眼的次数比从前更多，相对无语的情形比从前更广。因为我的舌头厚，天生的言语白痴，所以我知道在这方面所受的惩罚，不过刚刚开始！

屈指算来，流浪在外，整整十八年，处处无家处处家，异乡仿佛是故乡，千言万语，有时虽无法表达，或是无法领略，然而，放开一点热情，“换我心为你心”，一定会知道我这个可怜的“佳子”、“下江人”、“关里人”，以及“外省郎”，是如何的挚爱着异乡的朋友！

1950.1 台北《自由谈》

2. 冷暖人间

——两个天地间的任显群和顾正秋

现在，让我们进入一个冷暖人间。我费了一天工夫，在丛山中访问到我要访问的男女主角，曾在他那间真正的用稻草覆为房顶的茅屋门前，伫立三四小时之久。仅只不过九年前，茅屋主人门前尚是车如流水马如龙，花月正春风，冠盖云集，嘉宾如云，主人的一句话能使人哭，也能使人笑，奔走在他门下的那些各色人等，真是用尽方法谋见主人一面，见面之后再用尽方法谋求主人的欢心，而主人并不是平凡庸碌之辈，所以谋求他欢心并不容易，仅仅谄媚还不够，还需要有其他方面的能力，于是，不仅是门庭若市而已，而是，比门庭若市还要更加多彩多姿。

只不过九年时间，我在他已居住了整整两年的茅屋门前，伫立了二三小时，看不到有人拜访，门前甚至没有麻雀，也没有苍蝇。太平洋就在山脚下轻拍着海岸的岩石，听不到一点声音，显得有一种不能忍耐的寂寞，只有从广场上传来孩子的呼叫，从田亩间传来耕作的喊声，回想前尘，连记者也觉得恍如一梦。

这个茅屋的主人，就是 1952—1953 年间，在台湾烜赫一时，炙手可热的财政厅长任显群，主妇就是国剧界迄今仍没有人能赶得上的坤伶顾正秋。他们的结合，和当初英王爱德华和辛博森夫人的结合，受到同样的、甚至更多的非难和更多的打击。地位上讲，这个比喻有点不伦不类，但他们不顾一切，为爱情宁可牺牲荣华富贵的精神，却是相同。在中国，徐志摩、陆小曼是写下第一页的人，然而那是文化人佳话，政坛上的人因为多半充满了现实感和势利感，因之任显群的举动，便更动人心弦。——他和顾正秋的婚姻是"冷"和"暖"的转折点，在他们结婚之前，是一种天地；在他们结婚之后，又是一种天地。而这婚姻的本身，也有它的转折点，那就是任显群五年前入狱的那一段时间，所有的人似乎都在看一个非演出不可的笑话——那就是顾正秋一定会绝裾而去，她可能借口去美国，去日本，或是索性去瑞士看病，或是重披歌衫，恢复以前的生活。然而，一切都没有发生，在任显群最黯淡的时候，几乎没有人再提起他、想起他的时候，这种一连串打击中最严重的打击，加到普通男人身上都会受不了的，而顾正秋却淡淡地承担了起来。她给他送饭，接见他，她早早地就等在窗口，一直到窗口关闭才怅然离去，风雨无阻，数年如一日。很多幸灾乐祸，希望他们发生婚变，以便作为谈话数据或攻击数据的人都失望了，但社会上的人却开始有了新的看法：他们是真正爱情的结合，而真正的爱情,渗着血和泪的爱情是不朽的。

关于任显群,知道的人太多了,他当过“台湾省政府财政厅长”,在满街都是骆驼牌美国烟,公卖局赔钱过日子,私宰如炽,财经紊乱得一塌糊涂的时候,他以绝顶的才能使全国面目一新。当去年所有的公务员拿不到年终奖金,大家再度的想起了他,对于全国的老百姓而言,使现在这些只会做官的人如此窝囊下去,而使一个能干,而且有成绩的人才在荒山上埋没,这不仅仅是一出“冷暖人间”的讽刺剧,也是一幕时代的悲剧。

顾正秋和任显群一样,有她声誉鼎盛的时期,我在金山农场上看到的她,没有脂粉,几年来除了义务教复兴剧校的孩子们外,不哼一句京剧,头发蓬松,一件粗布旗袍下一条粗布长裤,完全是一个典型的农妇。再敏锐的观察家都看不出只不过几年前,她还是自由中国首屈一指的“顾剧团”的领袖,成为千万人和一些达官贵人追求的对象,她的一颦一笑,和巴黎沙龙的伯爵夫人一样,还可能影响政坛的变化;她的美丽和艺术造诣,成为千万女孩子最大的羡慕对象。而现在,她却像没有那回事一样的安于目前平淡的生活,对一个势利的男人,都会难堪,她却过的很愉快,非大智慧的人不能如此。

一个平凡的人,可能喊出很多不平凡的口号,像“不怕死”啦,“不怕困难”啦,其实一旦真正的“死”和“困难”临头,便原形毕露,因为他根本不晓得“死”和“困难”的真意是什么。“爱情”也是如此,每一个爱情在最初的时候都是轻视金钱的,女孩子向男孩子发誓:“你再穷我还是爱你。”可是,一旦男人真正穷了,女孩子还能衷心愉快保持爱情的并不多,很多可笑的婚变都因此发生,因她们不知道“穷”的意义。所以真正穷富不易、贵贱不移的友情和爱情,更显得可贵。这种崇高的情操本不可多得,前几年轰动一时的冯大勇、钱玛丽誓死相恋案,曾扣动多少人的心弦,它可以写下一部史诗的,然而当她发现他已残废,“以后怎么办呢”的庸俗势利之念油然而生,事情遂作一百八十度的转变,一场可永垂不朽的爱情,竟成为一场笑话。

顾正秋以她坚强的意志度过更凄惨更绝望的时期，现在还过着不可能有起色的平淡生活。假使从金山农场到台北，乘流线型小汽车，马不停蹄，也需要一个半小时，她从不到台北，从不看电影，也从不听剧，只有时候去台北看一下她那就读在台北复兴小学的长子。她现在的生活是帮助她那天不亮就起床，天刚黑就倒头大睡的丈夫操劳，同时也为复兴剧校的学生们义务教戏。复兴剧校王振祖校长告诉我，他请教师，一个人一出戏要好几千元，像顾小姐，有钱也请不到的，她却不要分文，那都是为了孩子。

顾正秋十几岁便独挑大梁，率领剧团，直迄和任显群结婚的前夕，以一个女孩子做出普通男人都难以做出的工作，谁也不能否认她有做人处事的特长。有人说她不过挂名，自有人为她办事，但忽略了一点：仅挂个名也不简单；为什么别的女孩子不挂名呢？在茫茫众生，各色各样的男人群中，她接受了任显群的爱情，仅这一点，她的智慧便有其惊人处。一个女孩子一旦成了“名女人”，便似乎天生的要演悲剧，而顾正秋不然，她的眼光不错，任显群为她可以说受尽折磨而终不悔，站在一个女孩子立场而言，她还何求呢？

现在，他们把自己关在金山农场中，这个农场是公司组织，远在太平洋岸，除了偶尔有最知己的，不以贫富贵贱易交的朋友去看望他们一下之外，他们和外界完全隔绝，没有电话，也没有电灯。晚上，茅屋外一片海洋样的漆黑，山风怒吼，房门紧闭，房子里一盏如豆的油灯，照着他们自己做的草莓果酱，两个人脸上尽是满足的颜色，那是一种和政治绝缘，而又决心不再往政治圈里跳的恬适而又怡然的颜色。任显群说：

“我唯一的盼望是把草莓种好，工业出口差不多都需要用外汇做成本，像纺织业，必须用钱买来原料，才能出口。而农产品便不然，可以赚到百分之百的外汇。”

接着他滔滔不绝告诉我现在已有四个品种，一些专有的农业名词，像老农一样顺口而出，这些都是我听不懂的。但在九年前一定宾客满座的主人面前，今天只有我一个人孤零零地坐在那里，感到很是怅惘。不过,在所有退出政坛的人物中,任显群还是最为幸福的一个,因为他有人间千载难逢、可遇而不可求的爱情,和充满了爱情的家。

1951.10.2 台北《自立晚报》

附记:此文发表后三十六年,顾正秋的回忆录《休恋逝水》问世,我参加新书发表会,才第二次和她见面,任显群先生已经去世,逝水有痕,往事历历。

3. 棣清,我儿!

难消一阵秋风雨,不见天涯尽处。但愿我儿,来生再世,莫像这番再误。伶零谁诉。只梦碎关山,魂萦抔土。不忍思量,而今无计能怜汝。当时天崩地裂,恨仓皇离去,知儿谁护。千里封缄,凄凉数纸,深负山城阿母。飘流何处。恁小小年龄,稚心无主。痴望重携,眼泪空如雨。

一

十年了,漫长的岁月,使我心头积压的惆怅,越加沉重,往事如烟,回首苍茫,我不知道用什么方法,才能弥补这份创痛,和这份悔恨。当我作此词时,正逢午夜,落叶敲窗,万籁都寂,那一副惊讶、困惑,张大了眼睛的可爱小脸,又浮到眼前,我忍不住低低呼唤:"棣清,我的女儿!"

二

1948 年 2 月间,共产党的人民解放军,已占据了大半个东北,但我还逗留在沈阳,在辽东学院教书,又在东北青年日报社原址筹备出版一份《大东日报》。东北初春的天气,比冬天还冷,人们在前一年的夏天,就准备煤斤了。最穷的人家,也都把烧炕用的燃料收集齐全,等到秋深,家家户户,重新糊窗子,在窗子上加漆桐油——为了防寒,也为了防破。假使谁家在冬天和春天没有炉火,在那零下三十度,手都会被铜门柄粘掉皮的气温里,简直是最悲惨的境遇。

有一天,我和沈阳救济院的院长于慕周女士,在房子里聊天,我们围着熊熊的火炉,喝着香茶,身上剩下一件衬衫,正谈得起劲,她忽然提议要我去参观一下她主持的救济院,恰好我没有别的事,就答应了。我们穿得很厚,皮大衣、皮帽子、皮手套、皮靴、耳暖、口罩……可是,一出屋门,冷风扑来,马上逼得透不过气,走不了五分钟,睫毛上已结满冰粒,遮住了视线,必须一面擦,一面走。

到了救济院,参观院民们的寝室,天气严寒,寝室里没有火,院民们蜷卧在草炕上,团团地围着被子,当我们进去的时候,他们惊慌地爬起来,浑身发抖。

在最后一间房子里,我发现了一个小女孩,她推开被子、赤着脚、站在枕头上,憔悴得像一棵凋零的小树苗。我不由自主地上前抱住她,她的手脚冰凉,冷得觳觫个不停,那两层单薄的衣衫,遮不住她身上斑斑冻疮。

我把大衣裹住她,她脸上充满了畏惧和惊异。

"你待他们太苦了。"我的声音不大好听。

"我已尽到了心。"于慕周沉痛地说,"经费有限,而苦难的人无穷,连稀粥都快喝不到了。"

我长长地叹了口气,孩子的小手搂得我更紧。

"你可以领养她!"院长说。

我这时才明白她叫我来参观的原因。

"可是,我没有家,怎么带她呢?"

"她仍然住在院里,但等于借住一样,由你负担她的一切费用,她可以随时去看你,你也可以随时接她走。"

三

这个小女孩，就是棣清，我的女儿。

那一年，她才八岁，但她似乎显得十分苍老，恕我用这"苍老"两个字，她那灰白枯瘦，和黯然无神的外表，活像一个行将就木的老媪。八岁的孩子，她已尝尽人间的辛酸，当我问她身世的时候，她低着头，没有一滴眼泪，她的眼泪早已哭尽了。

她爸爸姓邵，东北人，是国军的军官。母亲四川人，受过高等教育。他们在重庆结婚，是一对万人称羡的美满良缘。婚后先生下一个男孩，一年后，又生下一个女儿。抗战胜利，国军向东北挺进，夫妇俩携儿带女，衣锦还乡。年轻的妻子第一次看到她将终身厮守的家园，孩子们更是天之骄子，他们是在亚热带长大的，面对着冰天雪地，一望无际的松辽平原，兄妹二人，怀着无限的兴奋和新奇，开始接受北国的新的幸福生活。

这个家，是个可爱的家。

然而，晴天霹雳，做父亲的战死了，像雪崩一样，一夜间，这个家冰消瓦解，年轻的妈妈一个人回到四川，当我抱着孩子那个时候，据说她已在国立重庆大学研究所攻读，她读的是数学，这大概是她理智比较强的缘故吧！

我绝不责备她作为不对，因为，我没有处在她那样的前途茫茫、举目无亲的地位。不过，她把她的两个亲生儿女，丢在那陌生的大地上，孩子们不明白爸爸为什么一去不返，更不明白一向疼爱他们的妈妈为什么忽然再也看不到了。父母是孩子们的安全保障，现在，人海两孤雏真是从天堂掉到地狱，小兄妹们在那零乱的房子里哭号，没有人应，也没有人管，饥饿和恐怖把他们逼到街头，小手牵着小手，挨户乞讨。

好心肠的人把这两个衣服还很华丽，但已饿了两天的孩子，送到救济院，院长辗转打听出做母亲的地址，去信询问，好多天后回信来了，告诉院长说，她愿放弃她的监护权，无论谁领养他们，她都没有异议。

兄妹们相依为命，两个永不明白妈妈为什么不再要他们的小心灵，依偎在一起，可是，不久，做哥哥的被领养去了，这是在我领养棣清前一年的事，等我领养了棣清之后，为她换衣服时，在她那小口袋里，掏出一封信，那是她写给妈妈的——

"妈：哥哥今天跟人走了，我跟他到大门口，他连叫我一声也没有，只剩下我一个人了，妈……"

信写得很简单，八岁的孩子，自然也写不通顺，而且，这封信写好后并没有寄出去，一直在她口袋里躺了一年。是她没有邮票钱呢？还是她不晓得母亲的地址呢？我不知道，也没有问她，她似乎还不相信她至爱的生身之母，已决心抛弃她，已把她当作累赘，上苍加到孩子身上的担负，是太重了。

我把她的名字改为郭棣清，我哀伤她的爸爸，那位我从未谋面的邵先生，他撒手西去，夫妻间的海誓山盟，化作一场虚话。这世界上应该有他的骨血，我不应该为他的孩子改姓的。但，为了孩子的幸福，我还是改了，因为，当人们发现父女不同姓的时候，孩子的心会永远得不到平安。

对孩子的事情一点也不懂，每逢从外县回到沈阳，我一定把棣清接到报社。她一直对我没有什么表示，很少开口。有一天，我们同榻而眠，她因为吃得太多，半夜里忽然喊肚子痛，我抱起她等医生，看她那发青的凸起的肚皮，不禁热泪盈眶。

只要我在沈阳，我们就住在一起，并且几乎天天带她上街游逛，看看电影，吃吃馆子。我到外县的时候，她就带着罐头菜肴之类的东西，回到救济院。这样过了几个月，忽然有一天，我正在办公室看一个文件，她噔噔地跑进来。

"爸，"她伸进头喊，"我要一块钱！"

这是她第一次叫我，这一叫，给我无限温暖，也启示了我做父亲的责任，我对孩子太疏忽了，她已八岁，需要有她自己的钱，需要有一个家了,看她那日渐丰腴的小面庞,似乎越发长得像我,她的脾气好像也和我差不多。

四

之后,我就一心照顾孩子,她走路是八字脚,我费了很多功夫,才把她改正。她好吃零食,那是她过去太缺乏营养的缘故,就让她尽量地吃个够。她老是怕我不要她,三更半夜,会猛地坐起来,睁着两个凄凉而骇怕的眼睛,四下张望,必需等我把她抱住说:"爸爸在这里,爸爸在这里!"她才能倒头再睡。

我为她做了两套学生服,打算送她进学校。

可是,就在那一年的十月,战事逆转,长春突围的国军哗变,锦州也被攻陷,整个东北,只剩下沈阳这一个地方,像孤岛一样的围困在解放军的红海里。人心大乱,物价飞涨,能吃高粱米的,已算是大富之人了。到了十月底,解放军的包围圈,更缩小到城郊,街上已有抢米抢粮的事情发生,时时枪声四起。

局势像梦一样的恶化。

11 月 1 日,共产党的李红光支队进城,一小队人住进报社,员工星散,我和棣清只好睡到地下。他们刚埋锅造饭,国军飞机来袭,整整一夜,我抱着棣清,在东北中山中学的操场上躲着,怀着欣喜和骇怕的矛盾心情。那一夜,是我们父女最后团聚的一夜,她像太阳底下晒暖的小猫一样,安静地躺在我怀里,睡得十分甜蜜。

早上,警报解除,街上已有行人,我摇醒棣清,走回报社,卫兵却不准进去,原来,我已"被扫地出门"。11 月,正是初冬,冷风吹到身上,不禁打起冷战,这遭遇是来得太快了。我往哪里去呢,一个河南人,在这异乡异土,如何是好?

无可奈何中,我带着棣清,投奔救济院,希望先安定下来,再想办法。可是,院里已有共产党的"军事代表",院长哭丧着脸告诉我,棣清是有名字的,她可以住下,我必须走。当我把棣清留下的时候,她似乎预感到她的噩运又要来临，抱住我的脖子，凄切地说：

“爸，你什么时候来接我？”

“等我找好地方，就来接你。”

“我不信。”

“我一定来，棣清，你放心！”

“你千万来啊！”孩子哭了，这是我看到她第一次流泪。

我把身上所有的钱都掏给她，茫然地离开救济院，我们是这样的分别了。我当时决定无论如何都要回去接她的，可是，事与愿违，我一出大门，便碰到一个熟朋友告诉我，军事管制委员会已悬赏一万元东北人民券抓我，为了逃命，我仓皇私自做了一张路条，逃往郊区，背着借来的被子，于翌日凌晨时分，徒步奔向山海关。

五

十年了，整整十年。这是十年前的往事。

好容易到了北平，喘一口气，我便发现心头上多了点什么——那是沉重的思念，我颓然地坐下来，想到即令再危险，也应该把棣清带在身边。北平不久也被共产党攻占了。我也曾想到再回东北找她，可是，我没有这样做，我是太懦弱和太自私了。也或许，因为她毕竟不是我亲生的女儿……

然而，随着岁月的增加，良心的咎责也随着增加。大概是年纪渐老的缘故，我一天比一天思念棣清；自从领养她，到欺骗似的丢下她，不过八九个月。但她已全心的信赖我，我太辜负孩子了。这人生太像一个大雨中的空泡，又叫我从何说起。

夜深人静，耿耿不寐。我对不起孩子，假使我根本没有见过她该多好。我在她弱小的心灵中种下父慈子爱的幼苗，却又硬生生地亲手摧毁。每逢想到她这些年的生活，有病谁管？吃得饱吗？她哭她的养父了吗？现在，她明白她这苦难一生的往事了吗？每一思念，都使我心如刀割。

我不知道她还记得我不？我愿她不记得，我将会像从没有发生过什么事情一样，但，假如她还记得我，我愿她恨我，诅咒我。悲愤比哀伤更会使人坚强，她的恨，她的诅咒，会减轻她的痛苦，也会减轻我心头沉重的负担。

今年，她该十八岁了吧！

我没有资格再向她说什么，也不配为她祈祷上苍，我是一个无情无义的人，我只求在我有生之年，独对苍穹之时，能低低地呼唤：

"棣清，我的女儿！"

1959.2 台北《自由谈》

附记：五十三年后，再顾前尘，大哭失声，写此文时，虽只写义女，同时并怀亲儿。大陆开放后，已获亲儿，惟千方百计寻找义女，也曾拜托本溪县诗人徐竹影先生在沈阳登报寻找，始终未能找到，此生只有此心愿未了，苍苍者天！

4. 黄　河

——一条喜怒无常的巨龙

黄河，是一条动人心魄的河，一条喜怒无常的巨龙。世界上所有的河流对人类都有裨益，只有黄河，它给中国带来至少有五千年的灾难，而且似乎迄今更烈。我们实在找不出它的好处，可是，它却是中华民族文明的发源地。中华民族发源地怎么会在黄河流域，而不在气候更适宜的长江流域或土壤更肥沃的珠江流域？恐怕这是一件属于上帝的秘密，只有他才能解开这个谜。

依照汤因比先生的说法，文明发源地不会是太富饶的地方，也不会是贫瘠到初民们无法生存的地方。如果这说法为大家所接受，长江和珠江流域，就恰恰符合这条件，而黄河流域可以说一无是处。这条可怜的巨龙，龙尾被压在青海省巴颜克拉大山之下；龙腰龙首，委顿在无情的沙漠和荒原之间，不断地在痛苦地挣扎，好像它要拔空飞向外层空间而苦于无法摆脱，它怒吼、咆哮、翻腾、滚转，千千万万生灵，就在它的痛楚挣扎中丧失。直到二十世纪的今天，还没有人能控制它。全世界所有的河流都跟人类和睦合作，只有这条河，仍坚持凶顽。

我生在黄河中游，足迹踏遍中游和上游。每有人提起黄河，脑海就呈现出迥然不同的图画。冬季，巨龙开始冬眠，温柔得像条门前的小溪，南北两岸相距，最狭处不过一两百公尺，清澈见底，一篙一舟，就可平安渡过；不怕冷的朋友，假如喝足了老酒，可以很从容地游泳往返。到了冬深，则化成一条冷酷的冰带，像高速公路一样，在山丛谷底，蜿蜒伸展，坚硬的程度，可无忧无虑地通过重型坦克。而春天，可怜，黄河没有春天，只有恐怖，那时节，大地春回，雪融冰解，跟北极冰海一样，大块小块的耀眼巨型水晶，随流而下，而下游高纬度的地方，冰封如故，于是冰块的撞击声，冰块跟堤岸的撞击声，每一声都是一个使人血液凝结的刺耳嘶喊。最后是夏天，黄河呈现世界上最膨胀的壮观；站在南岸向北岸眺望，好像站在花莲向旧金山眺望一样，滔滔一片，不见边际，只见黄汤翻滚，仿佛无数狰狞魔鬼，正在河底作生死鏖兵，河水沸腾，震慑心魄。

在这种变化莫测的景观下，黄河不但没有航行的利益，连灌溉的利益都没有，除了河套那短短一小段，因为含沙量高到六十巴仙——读者先生如果从黄河汲出一桶河水，会惊讶地发现，有大半桶都是泥沙。而比这更可怖的还是"决口"，黄河决口是中国人——尤其是黄河中下游居民的梦魇。黄河河床跟开封城一座名叫铁塔的佛塔塔尖一样高，这可看出一旦决口时的惨重后果。当决口开始，当然是突发的，十公里以外都可以听见天塌地陷的巨响，那比一个水坝崩溃还要可怕，因为水坝的蓄水量到底有限，不过淹没几个村庄而已。而黄河每次决口，淹没的面积往往是几十个县，几百个几千个村庄。没有人能够逃生，除非在听到天塌地陷巨响时，爬上山岭，如果没有高山，像苏北皖北以及豫东大平原，只有哀号待毙。黄河决口的水锋，不是缓缓上涨，而是像十层楼高的巨墙，排山倒海。更使人浩叹的是，尼罗河泛滥之后，留下肥田，黄河泛滥之后，留下的是一片黄粒细沙，寸草不生。

黄河是中国人的一大灾难，也是人类的一大灾难，它唯一的贡献是黄河鲤鱼和诗人们无数吟咏的诗篇。我们想，这应该是上帝特别对中国人的一种考验，看我们有没有能力接受这项挑战？我们期望，而且相信，中国人终有一天会把这条巨龙驯服，使它成为一条欢娱的河、友善的河、快乐的河。

请接纳无限的祝福。

1982.1.15 台北《爱书人》

附记：为《爱书人》“黄河之旅系列专栏”而写。

5. 穿山甲人

凡是看过《象人》的读者，对那个可怕的怪物，一定还留下难以消灭的沉重心情。我曾向一位少妇询问她有没有看过这部电影，她说她没有看过，因为她不忍心看。而看过该电影的一些朋友，大多数都失神地表示，如果他们事先知道内容，他们也不会去看，他们唏嘘说：“我们承受不了那种压力——被厄运毒手抓住，无法摆脱的压力。”

《象人》是一个发生在中世纪英国的真实故事，一个男孩一生下来就是畸形，那是一种远超过我们想象力的畸形，面部丑陋得像一只象，嘴唇几乎是以九十度的角度竖立着，右手和双足活像野兽的蹄爪，最使人毛骨悚然的是他身上密布着突起的肉瘤。他被送到马戏团，马戏团团主像对待野兽一样，咒骂他，鞭打他，使他在二十一岁那一年，还不会说话，还没有洗过澡，他被无情地虐待和羞辱损毁，一生中不知道什么是友情，什么是爱情，只知道恐惧、战栗，只知道阴暗潮湿的囚笼就是他唯一可以暂时喘息的洞穴。直到有一天，好心肠的塔里斯夫医生发现他。肯定他跟你我一样，是一个有血有肉，一切都正常的人。他把这位“象人”接到医院，开始教他说话、读书，使他恢复人类的尊严。然而最后“象人”仍是死了，我们不知道他是不是真跟电影一样，那么安闲镇静地走向死亡。他的病使他只能坐着睡，不能躺下来，电影结尾时，他安详地整理床铺，安详地躺下，银幕上众星向辽远的外层空间退去，观众的心情反而平静，仿佛看到幽冥深处，不幸的人终于挣脱厄运的毒手。我们庆幸，庆幸往事已矣，再也不会发生。

然而，谁都没有想到，三百年后，厄运的毒手再度伸向人间。

今年(1982)4 月 7 日，马华公会邀我去吉隆坡作一次讲演，当时在《中国时报》连载的《金三角 · 边区 · 荒城》，还没有完，必须尽快回来赶写续稿。第二天，也就是 4 月 8 日，大马作协有个座谈会，我就决定 4 月 9 日折返，而就在这时候，《新生活报》社长周宾源先生坚持要我多留一天。

“我认为你应该见一个人。”他说。

我告诉他我不得不立即返回台北的理由，但他也告诉我他坚持的理由。

“如果你先看到她照片的话，”他说，“你会为她多留一天的。”

“她是谁？”

《新生活报》总编辑吴仲达先生递给我大约十二吋大的一张相片，我察觉到周围的眼光全都注视着我，似乎等待着一种他们所预期的反应。我有一种不自然的感觉。而后，我全身汗毛倒竖起来，像一只冰凉的利爪把我提向半空。当塔里斯夫医生第一次看到“象人”时，他沉郁的眼睛流下眼泪，而我却如此残忍，我没有流下眼泪，只从内心发出只有我才听得见的一种可怕的嘶喊，我把照片慌张地丢到桌上，只感到想吐。不久我就为我这种卑劣的根性羞愧，但我当时却只是想吐。

一个比“象人”更可怖的人呈现在面前。

“女孩吗?”我问。

“是的。”周宾源先生答。

“华人吗?”

“是的。”

“最近才发现的吗?”

“是的。”

“也叫‘象人’吗?”

“不,她叫‘穿山甲人’。”

“象人”的母亲怀孕四个月时,在非洲受到大象的踏踩。“穿山甲人”的母亲彭仙女士,也是怀孕四个月的时候,有同样的遭遇。那是1948年的一天,马来西亚联邦森州淡边村,贫苦的丈夫张秋潭先生正在他那小小的果园耕种,看到了一只穿山甲,他去捉它,它却跑了,跑到山洞里去了,三个男孩闻声赶来,叫闹着,却无计可施。而这时,年龄才三十九岁的彭仙女士,正挺着大肚子,也来参与这场追捕。于是,就在洞口架起木柴燃烧,希望用烟把它“熏”出来,这样忙了半天,却再也没有看到穿山甲的影子,一家人大失所望地黯然而归。

据熟悉穿山甲习性的猎人说,穿山甲被熏死在山洞里的可能性很小,它们不是笨蛋,绝大多数不是被“熏”出来,就是从洞穴的另一端出口溜掉了。五个月后,彭仙女士分娩,一个可怕的“穿山甲”女孩——就是我所叙述的女主角,呱呱诞生。做母亲的被产婆的骇叫声惊动,等她第一眼看到孩子时,立刻晕厥在产床上,等她苏醒后,抱着孩子,眼泪像雨一样地冲洗着婴孩浑身的鳞甲。她知道她生下的不是一个女孩,而是一个怪物。

怪物的降临,使荒村中的中华人和马来人大起骚动,他们认为这是一个不祥的兆头,有些自以为有特别见解的人,一口咬定她就是那个枉死的穿山甲投胎(他们已肯定它是被熏死在洞穴中了),至少是那个枉死的穿山甲的鬼魂,附在胎儿身上。有一半真实事实的谣言是最恶毒的,全村被穿山甲丑陋的形象攫住。“它是为复仇而来!”

大家立刻陷入惊恐,复仇的对象第一个是张家夫妇,然后可能祸延全村。他们中了魔一样,要求张家把怪物交出来,声称他们并没有恶意,而仅是希望开开眼界罢了。张秋潭夫妇当然明白一旦交出孩子的后果,于是,“穿山甲人”失踪了,死了,做父母的把她藏匿在家里的一个斗室中,那是一个跟“象人”居住同样小的房间,孩子——父母为她命名为张四妹,从呱呱坠地那天开始,便这样被囚禁。跟“象人”唯一不同的是,“象人”遭受的是马戏团团主凶狠的鞭打,而“穿山甲人”,她仍是哭尽了眼泪的爹娘保护之下的骨肉。然而,不管基于什么原因,一种现象是相同的,她和人世隔绝,张家是一个穷苦的农人。啊,为什么悲惨的事,总是发生在穷苦人家身上?父母眼睁睁看着长相可怖的娇女,孤独地躲在阴暗墙角,这一生注定她永不能看到天日,而最无可奈何的是,他们不知道孩子患的是什么病,假定有钱,他们可送她到吉隆坡,甚至可以送她到伦敦求医,可是,他们太穷了,连请医生来家诊断的费用都没有。更因为穷,没有保护孩子的力量,他们在村人们面前提一句都不敢。

一度,做母亲的想把孩子送到“姑娘堂”,当她把孩子的衣服穿起来,姑娘堂派来的人抱在怀里,正要跨出家门时,做父亲的张秋潭先生恰好从外面回来,迎面相对,他把孩子夺回。

“女儿,”他哭着说,“你满身鳞甲,为父的对不起你,我要养你到老,养你到死。”

然而,做父亲的却在女儿十岁的时候,与世长辞,据他的妻子彭仙女士说,他死得十分痛苦,他望着匍匐在床前、活像一个蜷卧的穿山甲的娇女,从他那不断增加浓痰的喉中,不停地喊叫:

“儿啊,儿啊,你跟爹一块死吧,一块死吧,留下你,我死不瞑目。”

严密的藏匿虽然使村人们不再探询,可是,死了的怪物尸体在哪里?大家抱着疑虑。不久,一个马戏团团主光临,要用重价购买。

“重价?”我问,“多少叻币?”

“当时大概折合一百两黄金。”周宾源先生答。

这是一笔足以使人丧失天良的巨款，做母亲的虽没有看过《象人》，但她知道一旦进入马戏团，惨绝人寰的女儿，将更惨绝人寰。她一口拒绝。理由很简单，她告诉马戏团团主，怪物确实已经死了。年仅十岁的张四妹，匍匐在小室地板上窃听，由于她的年龄和长久的关闭，使得她并不知道什么是马戏团，什么是黄金，但她知道她没有被卖掉，她想哭，可是她哭不出来。她激动地用可怕的变了形的前额，撞击地板，感激娘亲。

张四妹女士，就这样地关闭了三十五年。三十五年，漫长而凄凉的岁月，她比"象人"幸运，娘亲给她买了一架简陋的收音机，是她唯一跟人世交通的单行管道，她从收音机的华语广播中，吸收知识，也艰辛地学习华文。"象人"还有医生作他的教师，"穿山甲人"张四妹女士，却全靠自己苦苦自修，最后，她终于能用华文写出流畅的信。

——多么可悲的讽刺啊，被父母宝贝的优秀青年大学生，高中生们，看他们写信时的困难情形，张四妹女士的信使我震动。我把她的信——写给"凤鸣""鸣妹"（她们是一个人）——附录在本文之后。张四妹女士是这么善良、孤寂、无奈。但她对天对地，对蹂躏她的厄运毒手，没有抱怨。

三十五年日子，在隐秘中过去，村人们和全世界都把这个怪物忘了，而怪物并没有忘记自己，她除了苦苦自修华文外，还在夜深时分，当人们都进入梦乡，悄悄地走出她的囚房，悄悄地离开家，去村外为她穷苦的母亲拾柴、去她家的唯一果园，看守果园。时间一久，跟"象人"初在医院中出现的场景一样，做母亲的用布把她的头部完全包裹起来，只露出两只赤红的眼睛——在阔大的草笠下，没有人会注意她那双一生都不能合起来的赤红眼睛。然后，在早上行人尚稀的时候，她到果园，直到万家灯火，黄昏来临，再躲躲闪闪地回家。

除了深知她的一二知友，像被她称为"鸣妹"的女孩，这就是张四妹的全部世界，孤独的世界。在信上，我们可看出她的哀伤，她说："我是只标准的大蛇。"而事实上她却比大蛇可怖。幽闭的生涯，在今年（1982）3 月，也就是我前往吉隆坡讲演的前一个月，才被外界发现,那是三月的一天,两个华人经过张家果园时,神差鬼使,张四妹的面幕忽然脱落,两人一见同时发出被活剥头皮时的那种惨叫,飞奔逃走。三十多年的旧事像噩梦一样,再回到人间。所幸的是,人们心智的成长和知识的提高,已没有人再坚持她是为复仇而来的穿山甲鬼魂投胎,虽然没有人敢和张四妹女士面对,但大家已满怀着同情,容许她的存在。

这正是《新生活报》周宾源先生坚持我多停留一天的原因,让我看一看和我们拥有共同血缘的,可怜的龙女!

我无法形容张四妹的形象,一定要我形容的话,我同意森州淡边村村民的称呼:“穿山甲人”。我们如果可以想象一只“人立”的穿山甲,便可想象“人立”的张四妹女士。《新生活报》记者仙梨先生严厉地反对使用“穿山甲”,使用张四妹的口吻呼喊:“我不是穿山甲,请不要嘲弄我!”我绝不是嘲弄,上天可鉴此心,但“穿山甲”是一个最好的形容,一个“人立”的穿山甲,跟“象人”一样,是一个“穿山甲人”,她头发全无,光秃的头顶,双眼几乎呈五十度角度地向上吊起,鼻子塌陷,嘴唇突出,牙齿像坟岗上凌乱残破的墓碑。而其中一个门牙,却跟大象的牙一样,冲破尖耸的嘴唇。然而,使我们发抖的还不是这些,而是她满身鳞甲。严格地说,那不像穿山甲的鳞甲,却像鱼的鳞片,鳞片不断脱落,也不断有新鳞片生出来,一直无穷无尽地循环。当新生鳞片长出,旧鳞片不能及时自动脱落时,便奇痒难支,必须立刻把旧鳞片从身上片片地拔掉——像古时遭受剥皮酷刑的苦囚,她无法拯救自己。

据说,她现在已进入仙境,只要拔下,当淌下血来时,她还可得到片刻宁静,而在前几年,她整天泡在水里,才能防止鳞甲间肌肤寸寸龟裂。

但是,最恐怖的还是她的眼睛,“象人”虽然不能躺下来睡,却能坐着睡,读者先生还能记得,当他在幕终躺下来时,他缓缓地闭下眼睑。张四妹女士会羡慕“象人”,她宁愿那样的安静而去,她这一生不知道“闭眼”是什么,因为她没有眼睑。三十五年来,她一直像一条鱼一样,两眼圆圆地瞪在那里,眼眶像一根烧红了的火炙铁圈。读者先生看美国西部片时,定还记得恶棍们的毒刑,把英雄美女仰面绑在沙漠上,用火柴梗支开他们的眼皮,当太阳渐渐升空时,眼球中的水分也渐渐蒸发,终于干涸,只剩下两个黑洞。而张四妹女士,她已受了三十五年的这种毒刑。没有人知道张女士患的是什么病。

塔里斯夫医生给“象人”诊断的结果是,认为他害的是“神经纤维炎”。《新生活报》曾邀请吉隆坡皮肤科专家陈胜尧医生前往淡边村给张四妹诊断,他初步判定,她患的是一种“先天性的鱼鳞癣”。诊断书上说:“这种病症是皮肤外层的一种畸形发展,由于全身皮肤毛孔组织构造殊异,以致表皮紧紧拉缩,影响到整个面部器官的正常发育。”

陈胜尧医生说:“这种‘鱼鳞癣’使皮肤有更强烈的新陈代谢作用,每逢风沙一吹,或气候燥热时,它就发生奇痒,非常难过,接着就是干裂脱落,取而代之的是另一层新的鳞片。”

陈医生说:

“‘鱼鳞癣’并不是罕见的怪症,我国(马来西亚联邦)患这种病的人很多,只不过都限于局部,当然,都比张四妹轻得多。”

可怕的严重畸形,“象人”、“穿山甲人”,在医学上的病称,却是如此的平淡无奇。可能是它太平淡了,“象人”和“穿山甲人”的医生们,都有一个悲观的结论:无药可治。

张四妹女士在黑暗中看到了明灯,当陈胜尧医生为她检查时,她兴奋得浑身发抖,这是她第一次就医,鱼样的眼睛中透着自信她会得救的感激光芒。可是,当她得知无药可治时,她颓然地躺下来,无力地望着她的娘亲,自言自语说:“我是天谴,我是天谴!”使我心头滴下血来:“是天谴吗?是天谴吗?”

陈胜尧医生留下一段希望的话,他说,唯一的办法是治标,尝试着使用一些药膏,使她的皮肤能变得比较嫩滑,也用以加强鳞甲的抗热力。然而,即令这些治标的处方,也是次要的,陈胜尧医生认为,严重的是张四妹女士的眼睛。眼睛有改进的可能性,必须先使她能合住双目。如果再不抢救，会恶化下去，等她过了四十岁，进入中年之后，生命力开始走下坡路，她将双目全盲。没有一个人不断地用眼球——那在美女身上，被称为水汪汪的秋波，能和光线接触四十年之久而不休息。

到那时，张四妹女士可怖的鳞片脸上，将出现两个黑洞。

"我不是眼科医生，"陈医生说，"但在上下眼睑动手术，使肌肉松懈，在理论上应该成立。"

可是，那要她去吉隆坡求医，而张家是个穷苦的华人农家，负担不起昂贵的费用，如果父母是有钱的人，恐怕会带着女儿，走遍世界。可是，贫贱、穷苦、父亲已逝，做母亲的彭仙女士，这位今年已七十四岁，靠着一个小小的果园和捡柴为生的老寡妇，唯一可做的，是思虑她离开这世界之后，她女儿将更加孤苦。

我离开吉隆坡时，留下一点微不足道的钱，请《新生活报》社长周宾源先生转交给她，不要告诉她我的名字，只告诉她来自台湾的一个同为中华人的骨肉之情。然而，我内心充满了惭愧，惭愧我软弱无力，英国维多利亚女王，曾向伦敦医院，用诏书表达她的感谢，因为该医院"收容了一个最可怜的英国子民"，我只是一个渺小的作者，但我愿跪下来，感谢有人能"拯救一个最可怜的中华女儿"。我这一生中所受的苦，又算什么。

四妹，我恨我不如"象人"里的康夫人，我没有吻你的面颊，但我吻你的心——求求你，不要认为我撒谎，事实上我是像逃避刑场一样，尽快逃回台北。一回台北，决定立刻把你介绍给你在台湾的同胞，可是，每一提笔，我都感到一阵一阵的战栗。当我向朋友谈及你时，我也不能终辞。我希望忘掉你，但我不能。

四妹，我们像兄妹般，你使我挂心，也使你在台湾的血族兄弟姐妹挂心。愿吉隆坡朋友们能传来你终于住进眼科医院的消息，和终于能够合眼的消息。

【附录一】张四妹写给朋友凤鸣的信之一

凤鸣：

你好！来信，我于上星期二收到，是在晚饭前收到的，收到你的信，又高兴，而又意外，我以为你功课忙，要迟些时候才能收到你的信，却没想到这么快又接到你的信，你说我可以不高兴吗？你一定觉得奇怪，为什么我会在傍晚才收到你的信，你希望知道吗？你问我的近况如何，好，现在我就告诉你吧，在三月间，有段时间，我由早上去农场，却到傍晚六点多才回家，你知道为什么吗，是为了要长芒果，由于我本来每天都是回家吃午饭的，由于这样的缘故，因此便有些不大也不小的小鬼头去采我们的果子，被人采掉倒不要紧，不是值很多钱的果子，但半生不熟就把它采去实在觉得可惜，所以我便要每天上午八点或九点左右便收拾些菜饭去那里，到傍晚才回家，后来芒果收完了，也就暂时不用去，只是早上去中午回，下午玩到三四点钟才去呢，懒够了吧，最近农场其中有一棵榴莲结了百多粒，将近要熟之时，又有人去树上采，唉！又要去看守啰，真倒霉，好啦，没法子只好去啰，所以呢，我从14号那天开始又去，是白天去，晚上却由我三兄去守，现在又差不多将要采完了，等榴莲采完之后，我就不必去了，对了，凤鸣，你是否想知道我在那儿中午做些什么吗？嘿嘿，你知道的啰，我是只标准的大蛇，懒透了，还早的时候呢，便去东跑跑西跑跑，喜欢嘛，就拿着一把锄头刨刨，有时候就拿些塑料袋，栽不三又不四的花草树木，就这样又将近中午了，中午的太阳好强哦，真是难顶，实在受不了，所以中午我可不敢跑出去，一直躲到下午四五点才出去，摸摸这样那样，等一会儿又太阳西斜落山了，又是收拾东西回家，冲凉，瞧瞧我种的那些宝贝花，我真胡涂，谈谈，就谈到家里来了，我忘了讲给你听，中午十点多我便开始透火（生火），我有个小炭炉在那儿，可以用来蒸冷饭菜食，一边听故事一边看火，等故事讲完饭也蒸熟了，关去收音机打算食（吃）饭，饭后呢，便去榴莲树附近那间屋子偷懒啰，有时候还有榴莲好拾呢。凤鸣，可惜我与你相隔两地这么远，不然我可以送粒香榴莲（给）你食（吃），我谈了这么多，你听到会烦吗？真对不起,请你原谅,同时也请原谅我到今日才回信,这封信的起稿我还是在农场起的呢,晚饭后才抄稿,因为我知道太差,因此每次写信我必定先起稿,然后才抄稿。好了,接下来谈谈你的吧,好,那票我会寄去给你,你说要稻草,往哪儿去找呢,现在我们想找一根稻草都相当困难呢,因为现在很少人种稻,也许多试几次,说不定会成功。凤鸣,我很抱歉,关于你所说的生物实验,我不很明白,你能否解释一下,如果你觉得问题复杂,在信上难解释的话,那么就等到有机会晤面时再解释好了,虽然我无机会念书,但我却时常听到侄女她们说念高中课程很难,而且问题又复杂,我真佩服你们读书人,如换到我这只笨猪来的话,说不定先生都会给气跑掉呢。你们真本事,天天要应付这么多功课,而且还说要什么做生物实验,为了自己将来的前途与需要,无奈要求上进,你还须要念几年才能完成高中课程呢,修完高中以后又有何打算,能否告诉我?现在又谈回淑芳之事,好的,等我见到淑芳,一定向她解释,你放心吧,你有收过她的信吗?而你又有没寄过信给她呢?我见意(建议)如果收过她的信,而你又曾经寄信给她的话,你最好再次寄信向她解释一下比较好,你说对吗?她是个过来人,绝不会误会你的,对了,凤鸣,婆婆她老人家好吗?试代问候一声好吗?千万别忘了告知我关于婆婆的近况啊,如果她问起我母亲回国之事,你就说还未批准。

好了,改日再谈吧。

祝

前程无限 生活愉快

学业进步 身体健康

愚姐　四妹　字

【附录二】张四妹写给朋友凤鸣的信之二

鸣妹:

你好,你的来信和一张美丽的写生照片,我于上月 26 号接到了,拖至今日才给你回,真抱歉,你不会见怪我。时间过得真快,不知不觉之间,1982年又匆匆来临了,特此顺便寄了一张小贺年卡给你,希望你会喜欢。我希望这张小卡片能把幸福和快乐带给你,我会永远为你祝福,祝你新年进步、学业进步、事事如意！光阴似箭,你我相识已有两年多的时间了。你我的这段偶然建立的友情,能维持得长久,友谊永固、永不分散,你我相隔虽遥远,望你我心相连,隔别一方长相忆,好了,以下我有问题问问你:你家是不是接近金河矿场或者你念书的学校是靠近金河矿场？我这样问你是有原因的,我有个堂弟在吉隆坡工作,我曾向他提起过你,他非常希望有机会认识你,他曾经问过我,你是否住在金河矿场附近,假如有机会,而你又愿意的话,他希望到府上拜访你,我堂弟是个很喜欢开玩笑的人,高高瘦瘦,他是个做家具那类工作的。呜,你有哥哥吗？我有个建议,不知你是否愿意接受,我希望你认我这位堂弟为义弟,你有意见否？呜,你问到关于澳洲电台广播的问题,我愿告诉你,不过我是个很笨的人,我怕我告诉你的,你无法了解我的意思,首先要看你的收音机是否有短波,假如有短波,便可以收听到澳洲电台的广播,澳洲电台的广播时间,是本地下午六点半开始,相信你也知道最近马来西亚的时间拨快了半小时,所以澳洲电台的广播时间,是从下午六点半开始。节目分为两组,那就是分为广东话和华语,华语节目,第一段是下午六点半开始,直到晚上八时正暂止。八时正是广东话节目第一段开始,直到晚上九时正暂止。跟着便是二段华语节目,到晚上十时半止,跟着便是最后一段广东话节目。呜,你是否常常收听广播节目？马来西亚电台的广播你有收听吗？假如有,我可以这样告诉你,希望你听得明白,我的意思,每当你收听马来西亚的节目时,比如星期日早上的节目来讲,当你收听完早上六点开始直到早上九点正止的这段节目之后,而跟着又能接着收听到同日听众点唱这个节目的话,那你的收音机便是有短波的波段了,这样便可以收听到澳洲电台的节目了。好了,就此停笔。(1982年1月11日)

姐　四妹　字

1982.7.12—7.13台北《中国时报》

6. 送别与叮咛

张四妹女士回国了,离开她依恋的台北,回到距吉隆坡两小时车程的淡边。她 7 月 27 日来台北就医时,我没有能够迎接她,我和香华恰巧身在巴黎。而今,三个月后的 10 月 28 日,我到桃园,送她登机。看着她在《新生活报》经理张子深先生的护送下,冉冉消失的小小背影,不知道是悲是喜。

像海一样广大而澎湃的骨肉同胞的爱,使我内心充满感激,愿上苍祝福我们——苦难的中国人,我们虽有种种不可宽恕的缺点,但我们的爱心不死。捐款是一项证明,四妹共收到台币一百四十万元,约合黄金七十余两。最感人的是,人人都说香港是一个寡情之地,但香港《百姓》半月刊跟台北《中国时报》同时刊出《穿山甲人》后,香港读者共捐出了港币三万七千元(约合黄金十两)巨款。

四妹纯洁得跟一个十几岁天真烂漫的小女孩一样,看到她的人,没有不爱她。她捐出二十万元(黄金十两)给长庚医院"先天性鱼鳞癣基金会",她本来是要捐四十万的,被医院苦心劝止。当她依偎在我怀里的时候,她是那么孱弱、无助,和多么渴望友情。

事实上,她并没有痊愈,鳞片依旧,只是角化的程度已经减轻,那要终身服药,一旦停止,立即恢复可怕的原状。而她那视力衰弱的"蓄水池"般的眼睛,使我忧虑。显然的,泪水突然增多,既无法阻止(她的泪腺比眼睛高),也无法蒸发(她已补上眼睑),视力似乎更差。唯一的希望是,她身体内部慢慢地能自然调整适应。

再担心的是,她从一个贫苦绝顶的村女,忽然身拥巨款。而她,一个没有经过社会污染的纯洁心灵,分不清真伪,而又善良得没有拒绝人的能力。她可能受骗,可能被迷惑利用,当钱耗尽之日,也就是鳞片重新角化之时。

然而,我怕的还是她心灵的转变,她会不会认为她所享受到的关怀是永恒的?是普遍的?人人对她都是如此?经过繁华耀目,众星捧月般的台北三月,她还能不能安于淡边村本来的平淡生活?想到这里,我打了一个寒战,我不知道,四妹这次来台湾,对她而言,是福?或不是福?

这些我们都无能为力,但在最后几天,我一直建议她,回马来西亚后,不妨开始学画。甚至,我鼓励说,五年后,我们这里的朋友,将为你举办一个画展。

我们多么爱一个没有心机的朋友,可是又为这样的四妹惊惶,看到她弱小的背影,我心情沉重,像铅一样的沉重。

四妹,血浓于水的爱,使你闯过第一道关卡。剩下来的,要靠你自己。珍重,珍重。

1982.10.30 台北《中国时报》

附记:《穿山甲人》刊出时,我正在巴黎,但台湾读者的反应,既激烈又迅速,大批捐款涌向"中国时报",而长庚医院院长张昭雄先生发表声明,愿为张四妹义诊。我返台北后,"中国时报"把张四妹接到台湾,且住进医院。华人血浓于水的骨肉之情,使社会洋溢温暖。

十年之后,1996年,四妹在《时报周刊》安排下,再来台湾探望老友,市廛已变,人亦都老。一周后返马,再一次带走同胞友情。1997年我赴马来西亚,张四妹从淡边村赶到吉隆坡相会,匆匆而别,不知下次再见,又在何日。

7. 幽明如此相隔

——纪念一位从未谋面的亡友张子全先生

我从没想到若干年前发生在遥远的洛杉矶的一件可歌可泣的故事。直到今天,我才知道内情。

今年(1984)10 月,我在爱荷华时,电影导演胡金铨先生从洛杉矶打长途电话,告诉我说,我回台湾归程之中,一定要经过洛杉矶,并不是他要尽地主之谊,而是一位功成名就的医师于摩西先生要招待我。在电话中,胡金铨先生声明他的责任重大,如果我不遵从他的吩咐,他就要背上"为朋友谋而不忠乎"的嫌疑。洛杉矶是我归途计划中必经之地,那里有许多朋友,正等待重聚。所以,我高兴得满口答应,并请他向尚未谋面的于摩西先生,代我致谢。

因为胡金铨先生把我抵达的日子一再弄错,于摩西先生在 11 月下旬便举行一次派对。12 月 1 日,又举行一个派对。所以当我到了洛杉矶,于 12 月 5 日举行的派对时,已是第三次了。

我和香华被接待在于摩西先生广大庭院中的一座独立木屋中,于摩西先生称它是"柏府",他说他本来要在门口编上门牌"二九七"的,被他美丽的夫人,也是医师的咪咪女士阻止。那是一个可爱的小楼,楼梯下便是游泳池,可惜不是夏天,否则将更是仙境。洛杉矶比爱荷华要暖得多。但他们夫妇仍打开华氏七十五度的暖气,使我们能享受爱荷华的宝贵待遇。

我跟于摩西先生夫妇是第一次见面,他们的豪爽、热情,是一对天配良缘,在通宵的派对中,我听他声明"献给柏杨"的歌声,使我感谢。对开车一两小时赶来参加的他的那些朋友们,都是四十岁左右的青年,使我感激。当他谈话中滚瓜烂熟地不断引用我书中的某一个故事,或一个句子时,我更感动不已。

就在我到达不久的一个午夜,我和香华,以及于摩西先生夫妇,在他的酒吧间,坐在高脚凳上,他们喝着酒,我喝着茶,特地为增加幽雅情调而燃起的烛光很暗,欧克福街头比家中还要沉静。我沉湎在温暖的友情之中,再一次的谢谢他们的招待。

"你的光临,"于摩西先生说,"是我们的荣耀,因为我们都是你的读者。可是,我们这样做,主要的都是为了我们的挚友张子全。"

我不知道张子全是什么人,我静静地聆听。

"你不认识他,他也不认识你,但你们都是属猴的,"这说明我比张子全先生大二十四岁，于摩西说，“你永不会知道他对你是如何的崇拜和关心。往事历历如绘，我们这些年轻人玩在一起的镜头，似乎就在眼前。我们来美国的时间相差不多，对了，张子全是1972年离开台湾的。当每个人在艰苦中稍微有点战绩，可以立脚的时候，停下来回顾，有很多感慨。”

往事都堪回忆，对年轻人亦然。

“张子全，就是他，”于摩西先生说，“七十年代中期，为你在火烧岛服刑，和继续被软禁，愤慨悲鸣，几乎发疯。他向香港买了你整套整套的书，堆到汽车上，汽车上堆不下，为了搬动方便，就堆到汽车间里，任何一个他参加的聚会，他都抱着你的书出现，向每一个人发问：‘你看过柏杨的著作没有？’对方如果看过，他就问对方的感想，如果感想相同，他就要他们捐款，十元、二十元、五十元……如果感想不同，他就认真的跟对方讨论。如果对方没有看过，他就一套一套的送出去，要他们阅读。多少年来，无论聚会的地方多远，无论刮风下雨，他都要抱着一大堆你的书赶去，从没有间断。”

“捐到的钱，”咪咪女士说，“都寄给当时在匹兹堡的孙观汉。”

“中国人的猜忌心很重，”于摩西先生说，“有人警告他：‘你怎么能相信孙观汉，他或许拿去自己用了，辜负你一片好心。’张子全说：‘从孙观汉苦苦营救柏杨的文章中，可看出他的高贵品德。而且，敬爱柏杨的人，不会有坏人。’”

我感到惭愧，在我漫长的人生历程中，不知道交到多少，最初甜言蜜语，后来反而伸出毒手的朋友。

“1976年，”于摩西先生说，“我们一群年轻人，再也忍耐不住，终于结合成一队，浩浩荡荡，开到洛杉矶领事馆呈递抗议书，抗议对你的迫害。领事馆里的人在人群中，一眼便认出了我，当场教训了一顿，大概是说我们被人利用了之类。没有被认出的朋友，也平安不了几天，因为领事馆照了相，他们的家长立刻从台北传来压力，吓得张子全从此不敢回台湾。告诉你一件事，吴新一教授发表了几篇营救你的文章，他夫人江佑贤回台北时，就被治安单位传讯，要她转告她丈夫;多作研究、少为叛乱犯抱不平,吴太太全家都吓坏了。”

于摩西先生显然不知道吴新一先生跟我,在我出狱后相认。灯光下,我似乎已看到“公车上书”千古如一的景观,一批手无寸铁的高级知识分子,为了良知,不惜孤注一掷。

“可是,”于摩西说,“自从你1977年出狱后,张子全便不再谈你了。1981年,你来洛杉矶,他曾买票去听你讲演,我们问他:‘你为什么不上去自我介绍。’他说:‘拥上去跟他握手的人太多,我只要看他平安就够了。’我们怪他,大家都希望有一天你们相会,使你知道有过这件事,不管是多少年之后。”

我激动得站起来,上天在责罚我,我竟不能当面向他道谢。在入狱前,跟孙观汉先生虽不认识,但我们总是通信,而张子全先生,却连信也没有。1981年在洛杉矶讲演,竟不知道台下听众中,有我的恩人,假使我知道,我会奔下讲台,大声呼喊,张开双臂拥抱他。想不到这么多朋友为我的灾难,分担这么多痛苦,血液在我身上沸腾,我要立刻见他,我打算勉强主人开车送我一程,我要亲口说出我的感恩,像我和孙观汉先生一样,在我们的余生中,永不相忘。

“他现在在哪里?”我迫不及待地问。因为我忽然想到他可能已远走天涯。

“洛杉矶。”

“那太好了。”我说,“我要见他。”

于摩西夫妇俩沉默了一会儿,灯光摇曳,似乎有一种不祥的预兆。

“他住什么地方?”我追问。

“Rose Hill!”

“啊!”我惊叫,我去过那里,我知道那是什么地方,但我宁愿保留一线希望。

“当管理员?”

“不,”于夫人咪咪说,“在那里安葬。”

于摩西先生看出我的震撼。

"一声散弹枪响,"他说,"结束他的一生。"

"什么时候?"

"1982 年 6 月 7 日。"

他记得这么清楚。显示出他们友情的深厚。

"我们参加他的葬礼,大家都哭了。"

"为了什么?"

"爱情。"

我长长的呻吟。

"张子全跟一位已经分居,而又已经签字的离婚女友相恋,二人决定结婚。"

我不明白为什么发生如此巨变。

"女方受到压力太大,超过她所能承受的程度。她跟那位已离婚了的丈夫,都是权贵的子女,双方家长——严格地说,是女方家长,为了政治利益,强迫他们结合。当离婚书签字后,老爹从台北打长途电话,在电话上软硬俱施,甚至向女儿哭泣哀求,使女儿精神恍惚。"

"我推测,"我说,"攻击张子全的恶评,如倾盆大雨。"

"你推测对了,他就死在忽然变卦了的女友面前。"

我打了一个寒战。

"张子全是逢甲学院水利系,1971 年毕业的,他是他家的老幺,上有父母,他父亲当过国税局长,更有高龄九十余岁的祖母——直到今天,他们都仍在人世。张子全十分孝顺,想不到却给两代老人带来伤痛。"

"那女友呢?"

"仍回到她丈夫的身旁。"

一阵沉寂。

"他做了一件傻事。"我扼住自己手腕。

"他做了两件,"于摩西先生说,"一件是为你。他的性格使他愿为敬爱的人牺牲。"

夜很深了,我像从刑房走出来的囚犯、软弱而发抖,我和香华走回木屋、游泳池的水在如同白昼般的灯光下，清澈见底，仿佛要洗净人间惆怅的心思。

两天后，我离开洛杉矶，回到台北。直到今天，我不知道张子全先生的相貌，也没有见过他的字迹。使人生更多一件遗憾、最遗憾的是，我没有到他墓地。容我下一次吧，下一次，我到洛杉矶，我会去 Rose Hill，向这位亡友致祭。我相信灵魂永在，我会焚化这篇小稿，九泉有知，你会看到，请接受我迟来的感激之情。

然而，我们抱怨你，不是抱怨你为情自杀，人，总是要死的，能为一时之爱而死，本身亦有价值。我抱怨的是，你不须摧毁使我们成为好友的机会。

我们从不曾相聚，所以不能称离别。我们从不曾分开，所以不能称永诀。然而，幽明却是如此相隔，在还没有前往坟头之前，请先受我一拜。

感谢于摩西先生夫妇的安排，感谢当时向领事馆冒险请愿的朋友的热烈。云天不断、情义常流。

1984.12.20 台北《向前看杂志》

1985.1.16—1.22 洛杉矶《论坛报》

8. 哀江南

江南遇刺的当晚，我正在爱荷华，朋友打电话告诉噩耗，当我终于被说服相信这是事实时，我握住电话筒，呆在那里，浑身一直发抖。脑筋只记得一件事：两枪射中前胸，一枪穿脑。

我先前不认识江南，他为了营救我出狱，七十年代时，曾到匹兹堡拜访过孙观汉先生，而且写过不少呼吁的文章。1979 年，那时我还不能出国，香华于出席在韩国举行的世界诗人大会后，前往美国，就住在江南家。而我于1981年前往美国时,与香华一同住在他家,我们才见第一次面。他给我的印象是,生猛、正直、豪爽、热情、乐观,声如洪钟,话如连珠。他对各种政治势力,同样猛烈抨击,他唯一的愿望是看到中国成为一个现代化的国家。我们立刻成为好友,但我们也不断辩论,当他辩论不过我时,就用他那一种特有的爽朗大笑,作为结束。他否认他是“柏迷”,他说:“我只是打抱不平,对任何人都是一样。”而他最特殊的是,改不了传统的饮食习惯,一早起来便吃炸酱面,我对这不能适应。

今年(1984),我和香华到爱荷华参加爱荷华大学国际作家写作计划,8月底抵旧金山时,没有住他那里,但我们仍然会面,他说他要去云南收集龙云的资料,又向我探询在台北出版《吴国桢传》的可能性。随即匆匆分别。一个月后,也就是凶案发生前几天,他打电话到爱荷华,告诉他已归来,然后,“报告你一个好消息”,他说北京“友谊出版公司”要出版《柏杨版资治通鉴》《皇后之死》《帝王之死》,以及香华的《不眠的青青草》,共十九本,每本版权费美金一千元。

“你写个收条给我,”他兴奋地说:“他们用外汇付美金支票,信件往返一个月,你在美国正好派上用场。”

我告诉他我不能收下这笔钱,更不能写下收据。

他思索了一会儿,说:

“这样好不好,因为《通鉴》每月一册,那就是说,你以后每月有一千元美金进账。美国的一些华裔知名之士,在河南郑州创办了一所黄河大学——这是建国后第一所私立大学,你是不是可以把这笔钱设立一个奖学金。”

我当然高兴我的故乡子弟能得到鼓励,但仍是刚才叙述的,我不能作任何表示,因为我没有权力处理不是我的钱!

他大声说他会在不违背我的立场下,促成这件有意义的事。

两天后,传来他的死讯。在来往吊唁电话中,知道他早已把这件事告诉黄河大学美方负责人。江南夫人崔蓉芝女士说:“江南好不高兴,几乎是见人就宣传,并附带赞扬你慷慨,他估计1985年底,至少有三万美金，他说：‘我能捐出这么多钱就好了。’”我万分惭愧，我是在“慷慨”不属于自己的东西。

江南开吊那天，各方友好齐集旧金山，据我知道的，李黎从圣地亚哥、薛俊枝从洛杉矶、许达然从芝加哥，遥远奔丧，在灵前哭成一团。而我当天正随着各国作家，集体前往芝加哥，不能分身。

11 月 30 日，国际作家写作计划结束。我和香华本来直飞洛杉矶，由洛杉矶直飞台北的。特别改道旧金山，12 月 1 日下午，我们抵达我们曾经下榻，蒙受招待的江南幽静家屋，蓦然在望的是江南含笑的遗像，和香案上供奉装着江南骨灰的一个小小的蓝花瓷坛。两个孩子都大了，蓉芝已熬过可怕的冲击，我们焚香鞠躬，江南，永别！

蓉芝领我们下楼到车房，指点江南中枪倒地的地方，跟两位凶手躲藏的位置，而就在这车房，我们多少次坐他的汽车，他送我们访友。

在我们抵达旧金山之前，报上宣布已经“破案”，凶手分别在旧金山及台北被捕。虽然仍是一片迷惘——隐藏着不可理解的结，但事实已走到水落石出尽头，任何人都无法埋葬内幕，今天不知，明天会知。

千言万语，都无法使江南复生，所以，对蓉芝任何安慰的话，都是多余的。唯一的感受是，又一场悲愤，悲愤文化人的凄凉，虽在万里之外，都难逃毒手，更何况咫尺境内？我祝福江南安息，但他又如何能安息？在暮色中，我们离去。可是，江南，我除了祝福你安息外，又能祝福什么？门外寂静如死，水涯粼粼如昔。我比江南大十三岁，少者先亡，老者何堪！谁又能预卜谁是什么结局？苍苍者天，曷其罔极！成诗数行，焚化呈献。

枪声三响撼金山 我来湾北哭江南
陡觉浑身如泼水 顿惊亡友已入罐
骨灰盈掬枉成泪 音容仍在化作烟
香火两支献灵上 痴望归魂立窗前
书生爱国非易事 举笔方知人世难
身陷诛杀皆不晓 恩怨亲仇都茫然

昔日曾蒙伸援手 而今我愧报如泉
从此永诀幽冥道 悲君自悲独扬帆

1984.12.27 台北《向前看杂志》

9. 悼海外文艺孤军

生活在乱世流离的人,求生是务,无暇知道文化的宝贵;生活在安逸富足的人,名利是逐,无心发现文学的动人。普遍的现象如此,无足为奇。在海外每次遇到华人同胞,纵然他们已入了外国籍,但血管里却流着中华人的血,看到他们对国家的热情,对民族的向心,就像赤子投奔慈母的情怀,给我很大的感动。他们的祖先,颠沛流离,在陌生的异乡,赤手空拳奋斗创业,今天在异地已根基稳固,步入康泰。而上述那两种求生逐利的现象,却都不适用他们身上,这可以从海外华人对文化事业的热情上看出来。

和王国栋先生缔交,是在两年前菲律宾华人组成的"耕园文艺社",来台湾访问的聚会上,国栋以"耕园"园长身份,带领一群爱好文艺的华人朋友,和台湾文艺界的作家做一次联谊。我们一见如故,那时,国栋英气勃发,豪气干云,说起话来,两眼奕奕有神,真情流露。谈他两年前在菲被歹徒绑架勒索的险遇,谈他对华文文艺的热忱抱负,一心要发扬中华文化于海外的壮志。他回去后,不久,我不断接到他寄来菲律宾的华文《联合日报》,看见他出钱出力,支持"耕园"副刊的成果,也因而结识了常在上面发表作品的朋友,如林骝、庄子明、艾若、亚兰、丁鳅、林泉等人,更由此而认识他的夫人,笔名小华的陈琼华女士,她的文才,加上画笔,都常常出现在"耕园"的版面上。因此知道他们夫妇,是一对志同道合的伴侣。想到台湾艺文圈中,也有几对夫妻档的副刊主编,但国栋夫妇在文艺工作上投注的心力,比他们要艰苦十倍,因为菲律宾是英文世界,国栋夫妇是一支文艺孤军。另外,《菲华文坛》季刊,在国栋的主催之下发刊,不但网罗菲律宾华人的文艺人才,还吸收了不少海外各地优秀作品。对他从事文艺工作的热诚,能够在经营庞大的事业之余,热心推动文化的表现上,我深深领悟到,他实在是中国海外知识分子的典型。为他绵绵不绝对国家民族的一份系念,为他对文艺工作的执着,致上敬礼和感谢,也使我更坚定我在台湾写作的长路之旅。

国栋每次来台湾,我们都设法相聚,有时他来家中吃便饭,有时到咖啡馆聊天。可惜我不能饮酒,他却海量,看到他正值壮年——他比我年轻十多岁,纵酒论文,我只有烟不离手,在一侧欣赏。有次酒间,国栋天真地要我写几个字送他,我的字向来是排字先生们最诟病的,竟然蒙他宠眷,然而,我实在羞愧不能提笔。去年(1984)夏末,我们夫妇应爱荷华大学国际写作计划之邀,赴美一行,行前接到国栋的信,信中,他引用台湾一位作家对我的批评,说我这个人"热过了头",但,也正因此,他视我如兄长,而我这个被他肯定热情的人,竟然把回信延搁到三个月,直到年底从美国回来,也终没有回复。

事情是这样的凑巧,那天,清晨,香华替我整理案头的信稿,特别提醒我要赶快回国栋的信。孰料,当天黄昏,小友许露麟从我们碰过面的茶艺馆五更鼓,打了一个电话,告诉我们,国栋因罹胃癌,猝然逝世的噩耗,我们夫妻顿时呆住,不知所措。

我生平最服膺孙观汉先生一句话:"好话不要留到人去后才说。"但是,这句话,我竟不能在国栋身上履行,实在是,国栋和我海天远隔,而造化弄人。平时,国栋看来身体健壮结实,又值英年,总觉得来日方长,友谊可以像醇酒,愈久愈芬芳。国栋得病,我远在美国,无由得知。国栋逝世,我又不能亲临祭悼。总之,一切是太迟了。我把要说国栋的好话,搁得太久了,一念及此,更增悲痛。

现在,我顾不得字迹的拙劣,把我想念国栋的话,及悼念国栋之情,写出下面两行字,呈献在国栋灵前,冥冥中有知,请接受我补过的心情。

知己未尝衔杯酒,欢情,一任长逝

文章永在垂千秋,盛事,何有已时

1985.4.30 台北《自立晚报》

10. 悼蒋经国

当“总统”蒋经国先生逝世消息传出时,我感到很大震惊。

二十世纪四十年代前后,我认为政治民主、社会层面多元化是全国人民获致福祉的主要动力,我曾经当过蒋经国先生的部属,在工作上,他是我的直属长官,我强烈相信他会带领国家走出险滩,也强烈相信他有接纳一个知识分子对腐败官僚体制,和对社会黑暗作不平则鸣的胸襟。然而,我错估那种没有制衡的权力所造成的形势。也或许是,双方都还没有成熟。结果,我付出代价,被捕入狱。

然而,二十世纪八十年代以来,台湾经济迅速成长,尤其最近两年,政治改革加紧脚步,至少有三项重大突破:一是解除戒严,一是容忍反对势力组党,一是开放前往大陆探亲。突破外在的防线易,突破自己的格局难,蒋经国毅然做到,他有这种见解、这种勇气、这种气度,说明他的杰出。中国历史上政治领袖群中,很少像蒋经国这样,终于从迷途中归于明哲的例证。盖棺论定,我对蒋经国,持肯定态度。

当前任“总统”蒋中正逝世时,政府为了哀悼,全国囚犯曾获得减刑。我愿政府在哀悼蒋经国时,能完全释放仍在狱中所剩寥寥无几的政治犯。而且盼望,因政治理念不同而入狱的现象,从此永成陈迹。

蒋经国的逝世,以及他在政治上的开放措施,都在庄严地显示:把台湾那种将地区命运交给一个人,或一个家庭,甚至一个党的时代,已经结束。我们应认为:蒋经国留下来的是民主开放心愿,继任“总统”的李登辉先生,所负的责任将更沉重。

今天,是一个悼念的日子,也是一个盼望的日子。我们衷心祝福蒋经国家属平安,更祝福我们全民应更加强并提升现在这种前所未有的经济的、政治的,以及文化的成果。

1988.1.15 台北《中国时报》

11. 为父立碑

这里安葬的是郭学忠先生及夫人,也就是我的父母,我没有见过母亲,但父亲于 1940 年在这里入土的时候,眼看灵柩冉冉下降深穴,我曾抢地痛哭。而今,大姐育英、二弟德漳,均已病故,大妹育俊、三弟德洋、幼妹育杰,不知流落何方,音信全无。事实上我非长子,长子汴生,幼年早夭,可惜我记忆模糊。已逝之人,当在地下见父。未逝之人,凭墓哀悼。我于 1949 年远移台湾,将来也葬台湾,子孙永难再归故土。父死之年,五十有七,儿今已六十有九,为我父立此一碑,如果幸得保存,作为海峡两岸郭门一线相牵,血浓于水,但愿两地后裔,相亲相爱。

1988 年 2 月

附记:1987 年,台湾海峡封锁禁令解除,两岸于隔绝四十年之久之后,恢复来往。唯恐再生骤变,匆匆在父墓之前,建立此碑,由长女冬冬,购买最好石料,聘请最好书法家及最好石工。迨今又复一十四载,云天相隔如故,人事也呈凋零。所幸弟妹均已觅到,和平已固,深为庆幸。

12. 一点感激情 化成几行字

——出狱后第一位朋友冯志翔

当冯志翔先生逝世的消息传来时,我惊呆了,我不相信这是事实,但它竟是事实。

1977 年以前,我不认识冯志翔,冯志翔也不认识我。人一到了老年,便很难建立纯洁的友谊。1977 年第一次见面,我将近六十,他七十岁,我把他当作兄长和长辈,他把我当作一个老弟,迄今十年,我们的友情日增,成为莫逆,并共同度过一段低潮的日子。主要的原因是,他那个湖南骡子,和我这个河南驴子,有一种惺惺相惜的共识。我有一种天生的"犯上"性格,朋友们对我跟冯志翔相处得那么无间,深感惊奇,因为不知道我所犯的"上",都是一些草包的"上";对值得尊敬的"上",我心悦诚服。

1977 年 3 月 31 日,"台湾警备总司令部"保安处副处长萧桃庵先生到我被软禁的绿岛指挥部,下达释放令,把我接到台东。在台东住了一天,第二天,4 月 1 日,飞回台北,萧桃庵先生诚恳而温和,在我心情平静时,告诉我说:"上级给你安排一个新工作!"这消息对一个惊弓之鸟来说,犹如一声霹雳,因为 1976 年 3 月 7 日坐牢期满时,上级也是在安排工作名义下,把我软禁了一年零二十六天。萧桃庵先生大概看出我面色的惊恐,安慰说:"这次安排跟上次安排不同,是一个研究机构!"我说:"我在绿岛指挥部的名义是'看管雇员',这次不过仍是'看管雇员'罢了!"萧桃庵说:"这一次不是'看管雇员',而是'研究员',我明天就把聘书送来。"两天之后,萧先生送来一纸"中国大陆问题研究中心"的聘书,当时我唯一的想法是:等到时机成熟,就会逃出牢笼。

不久的一天下午,"中国大陆问题研究中心"主任冯志翔先生忽然出现在我住的地方，当时我借住在老友罗祖光台北敦化南路的汽车间，以一个单位主管亲自拜访一个刚出狱的部属，使我深受感动，这是我们第一次见面，奠定了日后的友谊，也使我在准备随时一走了之的“研究中心”，一待就逾十年。冯志翔先生是新闻界老兵，他感情丰富、率真，还有一颗童心，好恶心明显而又强烈，为他自己找了不少麻烦。但也因为如此，使我们更相接近。我从到中心的第一天起，就一个办公室接一个办公室介绍国民党特务的奇行，冯志翔先生是国民党忠诚党员，但他从不阻拦，他说：“我知道你受了很多委屈！”有时他还常常幽默地大声叫：“‘共匪’柏杨，郭匪衣洞！”我曾经想印一张名片，官衔是“匪谍！”冯志翔先生主张应加一个“前”字，他说：“这才合法。”

我跟香华结婚时，距我出狱才十个月，既没有钱办事，又没有人办事，加上我对暌违十年之久的台北，感到陌生，冯志翔说：“你不要管，除了新娘外，大小事都包在我们研究中心身上。”果然，我成了旧式家庭办喜事的新郎一样，真的什么事都没有操心。但我最大的麻烦还是出台问题，经过多少次被“警总”拒绝之后，1980 年，新加坡《南洋商报》邀请访问，冯志翔先生再一次投身于他所戏称的“柏杨出台战”。当一切绝望时，他告诉我：“警总”怕的是柏杨逃到大陆，冯志翔说：“我用身家性命保证他不会逃往大陆。”又说：“我告诉他们，逃走就逃走，台湾少一个柏杨，难道就死？”最后还是由“中国大陆问题研究中心”用正式公文呈报给“国民党大陆工作会”，转呈给当时的秘书长张宝树，再面报当时的主席蒋经国，才算批准我出台。记得那一天代表警总往绿岛接我回台北的萧桃庵先生还特地请我们吃晚饭，把护照交给我，教我“体会国家多难，慎言、慎言！”我对冯志翔先生这份艰辛，永记在心。

可是，我身份证职业栏有“研究员”记载，旅行社警告说，香港恐怕不会签证。我立刻向冯志翔先生请求辞职。冯志翔先生说：“你是‘看管雇员’，怎么能够开溜？这样好了，准你辞职三天。”于是给了我一张辞职证，让我注销原来记载，改作“无业”。对一个正式机构而言,如果没有深厚的感情和泰山般的肩膀,不可能做出如此巨大的担当,所以当我们以后感情更厚时,他就时常威胁我要把我开除,他笑着说:"那张离职证明可是算数的。"

然而,"大陆问题研究中心"不久就窝里斗,夺权派为了加重对冯志翔先生的打击,四下控告,其中严重的一条就是:"包庇分歧分子柏杨。"我向他建议,用公函把我送回"台湾警备总司令部":"查柏杨初是匪谍,现在又兼分歧分子,不敢包庇,送回查收。"他说:"不行,万一再把你送到总统府看管,我们就被拆散了。"我们忍不住大笑。

就这样,十年在手指缝中溜走。执笔伤感,欢乐仍在眼前,冯志翔先生还可以为国家做很多事。至少他的亲和力和豁达的心胸,使国民党比普通人更需要他。然而他却寂寞地死了,真的,内心非常寂寞地死了!一点感激情,化成几行字,志老在天之灵,请你记念。

1989.3.24 台北《中国时报》

附记:冯志翔先生逝世后,我才听到一些他的过去,其中最具颠覆性的一件事,是他当"中央社"成都分社主任的时候,英姿焕发,正逢盛年,竟和一个学艺术的有夫之妇双双私奔。那是封闭的二十世纪三十年代,他罗曼蒂克的一面。由此而发出的热情,迄老不止。于兹十载,再读此文,忍不住老泪纵横!

13. 赋给我们爱心的人

——孙观汉先生,我深敬爱您

孙观汉先生的高学历和高经历,很容易使人产生一种印象:认为他高不可攀。远溯四十年代,他就在美国取得博士学位(即令六十年代,回国任教的博士,都使校园轰动)。并且娶了一位美丽的美国小姐(纵使七十年代,男士娶一位美国小姐,仍能使同辈小伙惊羡交集)。又在美国定居(今年已八十年代最后一年,有多少人为了能成为美国公民而急得团团转)。而且,他是物理学家(自然科学学者在中国是宠儿,文史科男生,连女朋友都找不到)。最后,孙观汉先生应"国立清华大学"之邀当客座教授,在新竹建立台湾第一座原子反应炉,使他被尊为"台湾原子科学之父"。

在这一连串震撼的旗帜之下,要想把孙观汉先生想象成为一位言行木讷、温和敦厚、平易近人,始终保持高级知识分子谦卑和乡土气质的本色人物,简直不可能。所以,当我于 1977 年出狱,他想来台湾和我见面时(那时候,能出狱已是幸事了,根本不能出国),我忽然畏惧起来;因我充满了惶恐,我怕我的简陋知识使他失望。

但我们终于见面,他万里迢迢,专程来台北探望我。我惭愧地发现,我错估了他,他竟然真的是一位言行木讷、温和敦厚、平易近人,始终保持高级知识分子谦卑和乡土气质本色的人物。当他一个人静静地坐在角落,喝着他的酒,倾听年龄较轻的朋友们,在高谈阔论,大叫大喊的时候,没有人会相信这么一位不占面积,甚至"衣服褴褛"的乡巴佬,会是中国近代科学史以及文学史上一颗巨星。

孙观汉先生是一位科学家,而又一直住在美国,夫妻子女间谈话,全用英语,在这种生态环境下,他于二十世纪六十年代,突然决心用中文写作。这对他是一种挑战,他的语法常常英文化,而且很多单字和名词,都写不出来,他的西方观念有时跟东方习惯恰恰相反,好比,有一次他写:"我爱我的国家,像爱我的女儿。"我把它改为:"我爱我的国家,像爱我的母亲!"他不了解我为什么要改,我告诉他:中国人习惯把国家比作父母。

孙观汉先生担任美国西屋公司核子研究所所长三十年,但他的兴趣忽然转向文学。就在二十世纪六十年代,开始把很多崭新观念,传入台湾,其中最早和最重要的,是他倡导爱心!爱心,这个过去只有在言情小说或基督教《圣经》上出现过的名词,是孙观汉先生把它应用到社会、政治,和友情上,他不断地介绍爱的真谛,像:"请稍稍爱我,但要永远爱我!""爱"这个字,就在那个岁月,逐渐在各界人士的笔下出现,并在心里成长,终于成为每个人追求的一种宝贵心灵。

——“爱”,在孙观汉先生提出之前,很少人提出来作为人的质量,而到现在,却泛滥成灾。前些时,台北市政府整顿交通,竟然出现这样标语:“把交通的爱找回来!”交通如果有爱,气象也会有爱,运输也会有爱,铁路公路也会有爱,不知所云到这种程度,我想孙观汉先生的感叹当会更深。

从前,中国人口不言爱,现在,每个人都脱口而出,但孙先生的爱心同时在行动上表达。这世界上,有谁能为了一个从不相识的入狱作家,付出十年之久的营救行动?十年中,他受欺骗、受迫害、付出精力和金钱,但他毫不退缩后悔,只是“二十年包胥承一诺,纵乌头马角终相救”,爱到顶点,就是凛然大义。

孙观汉先生最近赐给我们另一个新的观念是,他猛烈抨击传统文化中“情”“理”“法”的价值标准,认为一旦进入法律程序,绝对不可以再考虑“情”“理”,而只能就“法”论“法”,否则中国就永远堕落在人治社会,不能升级到法治。他曾在台北《民生报》撰写《法!法!法!》指出中国人必须有“法法法”的圣洁观念,才能建立一个现代化国家,也可以说,酱缸之所以难以撞破,难以澄清为水,就因为中国人,尤其是当权者,畏法如虎。我把他的话收进《资治通鉴》,作为“孙观汉曰”,希望他的思想,能更深远地教育我们的后代。

孙观汉先生是那么平凡,普通人几乎看不见他;那么谦卑,普通人可能把他当作一个不识字的庄稼汉;这和他那大海样汪洋的胸襟和见识,是多么的不相称。也正因为此,我深敬爱他。

1989.8 台北《文讯杂志》

14. 我家孟子

五年前的一天,妻从学校打电话回家,兴奋地说,她要告诉我一个好消息，还叫我猜是什么好消息。隔着电话，我似乎仍能看到她手舞足蹈、笑逐颜开的模样。但我怎么能猜出来呢，不要说我猜不出来，大多数被妻子要求“猜”好消息的丈夫，都猜不出来，只会有一种不祥的预感，如不是说她看上了一件新外套，定是说某个百货公司正在大减价。做丈夫的胆敢承认这是坏消息的话，那可就真是坏消息了，妻子的脸色就是证明。

不过，这次妻的好消息，我虽猜不出来，但当她迫不及待告诉我时，也确实是好消息，她说她在她桌子上发现一只全白的小猫。“真是全白的，一点杂毛都没有，要有的话，我就认罚，罚三个月不买一件衣裳都行。”她又说小猫真乖：“你看，它跑到墙角撒了泡尿，嗨，它真聪明，连大小便都不乱拉，有固定地方呢！”还有一点，更可贵的是，她说：“它舔我哩，从手掌舔到手背，热情如火，我保证它是一只好猫。”当我怀疑它来路时，妻说：“是它自己跑到我桌上，卧着不动的，雍容华贵，举世无双。我要带它回家，你一定会喜欢它的，是吗？”我想当然是，不过我有点困惑，妻一向怕猫，至少是不喜欢猫。从前，我几次提议养一只猫，都被她用最堂皇的理由反对掉。我就问她这个问题，她一点也不难为情，愉快地说：“它跟我有缘，三生有缘。”这就是女人，主意变得真快。

一个小时后，妻像捧着皇冠似的捧着小猫进门。

我们叫它“孟子”。说实在的，不知道什么原因给它起这个名字，大概是我对孟轲死搅蛮缠的雄辩，印象十分深刻吧。其实这并不是真正的理由，真正的理由可能是一种满足感，一生庸庸碌碌，总希望找件事拔尖才好，所以，我要成为中国历史上用神圣不可侵犯的圣人名字，作为动物名字的第一人。如果在从前，这样做恐怕要满门处斩了，即令在今天，有些朋友听说我们小猫的名字是“孟子”，脸上仍会露出一种诡异的表情，使我心惊。

孟子果然漂亮，全身雪白。可是妻说它连一根杂毛都没有，并不正确。脊背上有一条黑色毛带，两个耳尖和前额也是黑色的。但陪衬得如此的对称和均匀，比纯白还要可爱。我像抓住小辫子似地问妻:“你当初没有看清楚吗?”她说:“当然看清楚了,我就是冲着它黑毛配得好才抱它回家的。”把只要有一根杂毛她就认罚的重誓忘了精光,而且特地到地摊上为自己买了一件皮夹克,来表示欢迎孟子成为我们家庭一员。

然而,真正的灾难还在于被妻称赞为“不乱拉”的大小便,我真羡慕有些人家养的猫狗会在指定的地方拉,每听人报告他们的小猫:“一定拉到盆子里。”我都自叹命薄。孟子果然十分聪明,聪明到不愿接受我们摆到墙角塑料盆的约束。虽然不断给它换报纸,报纸上再放沙,它也只偶尔在那里应应景。大部分时间它都自己寻找它认为更美好的地方。有时在沙发底下,有时在花盆里,有时索性就在塑料盆外面——硬是不肯跨前一步。我唯一的办法来自养猫人家的传授,把它捉到它乱拉的地方,照屁股上打两巴掌。据说,它就会知道那个地方不可以。可是,两巴掌下去,它挣脱就逃掉了,以后照旧。后来增为三巴掌,等到增为四巴掌时,妻就指控说我面善心恶,专门虐待不会说话的可怜小动物,有本领去找大人物发威呀。其实打四巴掌也没有用,它仍我行我素,根本不理。最后,我拒绝再为它服务,对妻说:“你不是保证它很聪明,会在固定地方拉吗?”妻只好天天为它抓屎抓尿。猫的大小便有一种怪味,不久我们家就被这种怪味充满,来访的朋友,一进屋门,第一个反响,就是耸耸鼻子,问说:“你们家有点什么味呀?”我都否认说:“什么味都没有。”一直到前年冬天,我们搬家,新房主抱怨书房墙角的地毯全烂了,那就是孟子经年累月尿烂的。

妻除了忙着给孟子抓屎抓尿外,还忙着为它捉跳蚤。真不知道它是从什么地方冒出来的,一身都是跳蚤。幸而它是白毛的缘故,跳蚤很难遁形。妻每天从学校回来,往沙发上一坐,就开始工作。这时是孟子最乖的时候了,它四脚朝天躺在妻怀里,享受被人服侍的皇家福分。妻最初还不敢捉,好容易敢捉了,又动作拙笨,总是捉不到;久而久之,熟能生巧,发明了妙法,一旦看到跳蚤,立刻把毛按紧,然后再在紧毛下追寻,十拿十稳。只半个月工夫,她已成了捉蚤专家。有几次还扬言要以专家身份挂出招牌,专门代人的猫捉拿跳蚤呢。这样一个月下来,跳蚤终于被捉拿得绝了种。不过,每隔一些日子,妻总要把孟子抱到沙发上,从头搜查到尾,然后失望地说:"怎么一个跳蚤也没有呢?"

孟子最大的特点还是舔人,这一点,妻所作的保证,倒是兑现。它确实异于常猫,每当抱到怀里,它就伸出小舌头,不断的在你手上、脸上,舔呀舔的,舔个不停。每逢它舔的时候,妻就不由自主地嘻嘻笑着,一面叫说:"快来看呀,快来看呀。"朋友们大概嫉妒我们这只妙猫的超凡表现,往往泼冷水说:"其实也没有什么稀奇,人皮肤上有盐分咸味,猫种动物都喜欢舔的。听说,老虎就喜欢舔,有时候人被舔出血来呢。"妻最听不得这种有损孟子美德的话,就回问说:"你们家的猫也会这样舔个不停的呀。"他们总是支吾其词,我们就非常高兴,连它乱拉的糗事也都忘了。

孟子刚抱来的时候,大概只有半岁左右,妻把纸箱放到桌子上,打开盖子,它不慌不忙地走出来,前爪按地,长长地伸了个懒腰,打了一个大大的呵欠,就跳到地上。恰好有个乒乓球在那里,立刻玩了起来,追逐翻腾,直追得球滚到柜子下面,它钻不进去,就坐在那里,侧着脸守候。一点也不陌生,好像它早就知道这是它的家。妻爱它爱得发紧,总是抱在怀里跟它说话,它就报以不理不睬。同时,对了,忘了说一点,它似乎非常不喜欢被抱,有时我抱它,它挣扎不肯,我就照它身上打一巴掌,它乖了一阵,可是心里却在反抗,待机而动,等到它知道你已不防的时候,抽冷子一跳就逃得无影无踪。它不但对妻的情话绵绵不理不睬,更讨厌抱在她怀里,因为妻总是捉弄它,亲它、捏它、晃它、摇它,它可能只喜欢淡淡的爱。

几个月后,它就更活泼了,我们想不到的奇怪地方,像妻梳妆台壁灯上面,和冷气机上面,它都爬得上去,蹲在上面"喵喵"地叫,害得我搬椅子上去捧它下来。它特别高兴爬到电视机上,把头伸下来看电视。赶下来,爬上去,再赶下来,再爬上去,直累得我们不再赶它,任它在上面。大概电视机上有热度,它喜欢温暖的地方吧。终于有一天,那是一个星期天上午,妻还在睡懒觉。我已忘记是不是我叫孟子,或是它遇到了惊吓,那时它正卧在梳妆台壁灯的横架上,猛地往下一跳,前爪扑向妻的脸部,妻大概被它带下来的阵风逼醒,刚一眨眼,一只爪尖正好抓到妻的眼珠。这真是可怕的一刹那,妻尖叫着,眼睛刺痛,大量流出泪水,不能睁开。我几乎吓瘫了。急忙扶她起床,就近送到耕莘医院急诊,耕莘没有眼科,又投奔三军总医院民众服务处,医生向妻道贺说,还好,只一线之差,没有伤到黑眼珠,也同样只一线之差,没有把水晶体戳破,否则妻一只眼睛就瞎了。我气得火冒三丈,决心把孟子赶出去,或送给别人。看病完毕,回到家门口的时候,还在思考行动步骤,妻说应该先拨电话问问朋友有没有要的?我看妻摸着墙走路的姿态,忽然更加大怒,简直无法忍受,发誓立即把它赶出大门。

可是,我们一进屋子,孟子已喵喵地跑到脚下迎接,妻抱到怀里,它还不知道大祸临头,仍亲切地舔妻的手,又舔她的脸,舔她在医院敷药纱布外的保护片。我接过来,就要往外丢它的时候,映入眼帘的却是一双无辜的大眼睛,和一副憨憨的面孔,《圣经》里的一句话涌上心头:它所做的,它不知道。妻早已心碎了,急忙再抢到怀里,吻它,安慰它:“这次原谅你,下次可不要再爬高了,爸爸是个坏东西,他要扔掉你呢,一路上妈妈为你求了好多情,小可爱呀,孟子子,你最乖不过。好了,去向爸爸道歉,说声对不起。”我像泄了底的输家,把孟子抢过来,对着它耳朵说:“妈妈才没有为你求过情呢,你抓了妈妈,又没抓爸爸,爸爸怎么会发脾气呢。以后抓妈妈,尽管抓,她枕头下面有个珠珠皮包,是她最心爱的。去,去把它抓烂,爸爸给你做主。”它两眼骨碌碌转着,似懂非懂,跳到沙发上,盘成一个圆圈,睡了。

猫本来不是热情的动物,它们总是那么淡淡的,除了肚饿时,像链条一样缠着你的双腿团团转,一不小心能被绊个斤斗外,普通时间,它对人一直保持着若即若离态度,不像狗那样的激情,所以我比较喜欢狗。妻本来什么都不喜欢的,自从遇上孟子,一见钟情,意乱情迷,喜欢它竟喜欢得不得了。虽然有几乎丧明的惨痛经历,仍是心连着心。孟子有点不安于室的倾向——啊,忘了告诉你,它是一位姑娘呢。我敢肯定,所有见到过它的小子猫,都会着迷。它最爱出门逛了。跑马路它可不敢,有次妻带它去兽医那里看病,它吓得要死,躲在纸匣里,不吭一声。但它爱出门,房门偶尔不关,它就不见了,我们就楼上楼下找,最后终于发现它每次都躲在五楼梯角一个沙发底下。

因为它好逃出家门,使我们总是担心它会失踪。三年前,妻出远门,每次打电话回来,都特别嘱咐:"小心啊,不要让孟子走掉了,一天要准喂它三次,别忘了。"我没好气说:"我会照顾它的。你可知道电话费一分钟多少钱?"有一次,妻忽然紧张起来,在电话中说,她做了一个梦,梦见孟子不见了,一定是我又打它的屁股,打跑了。我发誓没打它,它也没有跑,就在书桌上呼呼噜噜哩。她说:"那么,叫它叫声'喵'我听听。"偏偏它不肯叫,把它嘴巴按到话筒上它也不叫,我急了,照屁股上狠狠一巴掌,它喵的一声大叫着蹿走,妻才满意。

前年,妻和我一块出远门,临走时,千叮咛,万叮咛,拜托在我们家寄住的一位婆罗乃女孩子照顾孟子,小心门户。我说:"孟子可是我们的命根,别的东西丢了没关系,特别要小心它。"那女孩保证会把它看得牢牢的,我怕她用绳子拴它:"那会把它困死。"女孩说:"我怎么会拴它呢? 只要不开屋门就行了。"我们安心地出发。一路忙碌,但仍把孟子挂在嘴上,不时互相问说:"不知道孟子现在干什么!"然后满意地再互相一笑,觉得能挂念一个人好幸福。可是,有一天,半夜里,妻惊醒说:"我做了一个梦,梦见孟子不见了,被几人捉住,关到一个笼里,一直在叫妈妈。"我说:"你从前也做过同样梦,不是平安无事吗?"但她坚持要打长途电话问问,我说:"它如果已经走失了,电话有什么用呢! 如果没有走失,这通电话的费用可不少啊。"妻说:"不管。"电话接通后,女孩吞吞吐吐保证,孟子一切安好,妻才如释重负。放下耳机时,自己也忍不住嘲笑说:"真是精神病!"我本来想说:"可怜天下父母心!"可是,妻对孩子们简直还没有对小猫好呢,至于我这个做丈夫的,只能排第三位。

出远门回来,一进台北,直到新店我们家的路上,一直在谈论孟子,妻给它买了一个花花绿绿的蝴蝶结,一会拿出来瞧瞧,一会忽然间傻笑起来,一种初做母亲时对婴儿的蚀骨的满足,不时浮到眉梢。我们等待着相会的高潮,妻说:“孟子有灵性得很呢,”提醒我:“记不记得,你每天下班回来,它都听出你的脚步声,会忽然像发现了什么似的,猛地跳起来,跑到屋门口,歪脖坐着,大眼睛直瞪着门。一会工夫,果然你按门铃。你知道不知道,那么多人,它怎么分辨出是你呢?”我说:“说不定别人的脚步停下来,它也会那样。”妻说:“从来没有过,它只等你。两年来,它都是这样,你怎的这么难以沟通呢?”接着又呻吟说:“这次不知道它会不会到门口迎接我们? 它嗅觉好,说不定我们按门铃时,它会嗅出气味来。你说,是不是?”接着兴奋地说:“一进门,我马上就给它戴上蝴蝶结。”

然而,回到了家,孟子并没有到门口迎接我们,妻迫不及待地到处呼唤,没有回声,一种阴冷的气氛扑面而来,婆罗乃那女孩面色苍白地说:“孟子不见了。”她发现它不见时,四出寻找,已找不到。妻盘问她,推算日期,妻做梦的那天,正是孟子失踪的那天,妻质问她:“你为什么不在电话上告诉我?”女孩委屈说:“我不敢啊,怕你在外心烦,而且我相信可以找到它。”计算日子,已一个半月。妻手上的蝴蝶结,无声无息地掉下来,像一片被摧折了的永远离枝的嫩叶。

妻跑来跑去搜寻,包括它常躲藏的五楼梯口那张沙发底下,每一处女孩都说找过了,但妻仍要找。第二天起,一大早,妻就到附近巷子里,一面走一面喊:“孟子,孟子!”我有时也跟在后面喊。记得小女儿三岁的时候,早上下女抱她出去,天黑了还不回来,那时住在通化街,我跟妻就曾这么沿街叫着:“佳佳、佳佳!”现在往事重现,人们都以为我们疯了。附近大街小巷都叫遍了,也没有回声。其实,猫的习性是不用声音回答人们呼唤的。几天下来,我有点疲惫,而且有些好奇的人士询问:“你们找什么人呀?”等到发现原是找一只小猫时,他们呈现出来的表情,也实在难看。我就放弃了。可是,妻不死心,大概是第五天下午,她兴冲冲回来,一面擦汗一面说:“有希望了,孟子准在那一家。”原来妻真的像疯子一样，逐家逐户的按门铃：“对不起，你看见孟子——一只雪白的小猫没有？”没有一家看见，直到那天下午，她按一家门铃时，一个男子的声音回答说：“什么，白小猫，等我看看。”过了一会说：“我们是同学们合租的宿舍，得等他们都回来才行。”妻对我说：“晚上我再去，准是他们收养了。”

可是，晚上妻却垂头丧气回来，那些男学生根本不准她进门，只一味说没有见到。妻说：“我想硬闯进去找，又打不过他们，你去试试。”我说：“用不着试，我也打不过他们！”妻说：“能不能报官呢？”我想为了一只猫，报官也没有用。而且，我们只是推理，并不能肯定孟子就在他们宿舍！

妻嗒然若丧。但直到去年搬家之前，她仍在到处寻找，然而，孟子却从此远远而去，再也不回来了。妻不断地想起迈阿密的梦，有时自言自语说：“它会不会受虐待呢？会不会想我们呢？”这回轮到我保证了，我保证，就凭它那副憨憨的一脸无辜模样，就不会有人亏待它。可是，妻每看到一只白猫，总要端详半天，轻轻地唤：“孟子，孟子。”希望总有一天找回来团聚。而今，又是两年过去了，我知道再没有希望。

上星期，报上报导说，我们家孟子是台北三种名猫之一，看了之后，又触起妻的伤感。我们现在又养了一只猫，名“咪咪”，我本来为它取名“曾子”的，妻说用圣人命名可能留不住，就改为“咪咪”，但呼叫它时，有时候却会脱口而出的叫它孟子。

我一直盼望忘记它，妻越来越有点怪它不懂事，怎么不知道自己跑回来呢？可是我们已搬了家，它往哪里找呢？时间又隔这么久，它可能已不认识我们了。人生这般无常，它在我们生命中蓦地出现，又像闪电般地逝去，留给我们的是一份使我们不断怀念的凝伫！

附记：此文发表年月日，及在何报何杂志发表，剪贴时均疏于注明，今已无法寻觅。只能从“直到去年搬家之前”一语，查户口簿。我系1981年，由台北县北新路迁到同属台北县的花园新城，此文当作于1980年，但仍不知刊于何处。

15. 写给我们家猫咪的四封信

一

熊熊：

告诉你不要上饭桌，你偏上饭桌；告诉你不要把屁股坐在电暖炉上，你偏把屁股坐在电暖炉上——这就是那一次你被烫得哇的一声叫起来的原因。真的，你一定要听话，每次你过门槛的时候，我总是跺脚催你快走。你嫌我烦，有时还回头咬我，结果终于被门夹住了尾巴。你处处都使爸爸担心。

二

熊熊：

你真是不可爱，想起来就生气。我从来没有见过比猫更自命不凡的动物。

你总是往外跑，一跑就不知去向。害得我和妈妈楼上楼下找你，邻居们听到我们“熊熊，熊熊”的呼叫声音，都觉得心里急起来，只有你无动于衷。有时悄悄回来，却藏在柜子里睡觉。连一声都不回应，不屑理会养育你的家人。在翻箱倒柜找到你时，你瞪着两只无辜的眼睛，好像我们着急是活该，恨不得揍你一顿。你可要切记，以后爸爸叫你，你一定要回答一声“喵”！

三

熊熊:

把你从宠物店抱回来,送给妈妈作生日礼物时,你生下才一个多月,一点点大,放到手心上,真是小可怜。现在,你已是一只大猫了,你最使人高兴的是,你第一天就知道在指定的盆子里拉大小便,从不乱来,真叫天纵英明。可是你使人受不了的事情也真多,不明白你为什么不喝牛奶、不喝水,却蹲在澡盆里干望着水龙头!也不明白一旦不合口味,你宁可饿得喵喵一天,也不将就吃一口?猫,生下来就是要抓老鼠的,你自到爸爸家,将要四年,可抓过一只老鼠?固然,家里没有老鼠,但蟑螂也没抓几只,你怎么能这么大牌!

四

熊熊:

你来的时候,鼻子是烂的,而且不久就发现你的后腿可能受过伤,两只后爪缩不回去,可怜的哑巴儿,你有口难言,不能告诉我们怎么受的伤,只知道当我们不小心碰你后腿后背时,你就会惊恐地猛咬一口。时间使你逐渐相信我们不会伤害你,但你仍忍不住一震,使我们难过。熊熊,我们爱你,可惜你既听不懂,又看不懂,但相信你会感觉出来。也希望你快乐,假如你真的非抓老鼠不快乐的话,爸爸就去捉几只老鼠放到家里!

1990.8 台北《皇冠杂志》

16. 吃饭吧！

——人，既不能选择如何生，又不能选择如何死，如果能选择，保罗之死就是仙境。

当聂华苓在电话中哽咽地叙述保罗·安格尔（Paul Engle）逝世的经过时，面前呈现的是一幅人生如何的进入仙境的过程。他们夫妇是那么快乐地安排这次万里旅程，先到德国女儿薇薇那里，稍作休息，再去作捷克总统哈维尔先生（Vaclav Havel）的上宾。早在1968年，华苓夫妇主持的爱荷华大学国际作家写作计划，曾邀请当时尚是一名受迫害的诗人哈维尔前去爱荷华，哈维尔兴奋地答应了，并且在“布拉格之春”的季节中，拿到护照和签证，然而，苏联的坦克车使捷克再陷严冬。直到去年，哈维尔当选总统，他想弥补二十年前的憾事，于是邀请当年邀请他的华苓夫妻往访。华苓夫妇不但专访捷克，还要在回程中看看波兰的老朋友和波罗的海三小国的文坛。在临行前，保罗作一次全身检查，医生告诉华苓：“我希望我八十二岁时身体跟他一样好！”然而，保罗的腿有点浮肿，医生检查不出任何异状，于是他们上道。去过爱荷华的朋友都知道，爱荷华唯一的机场Cedar Rapids不能直飞纽约、旧金山等大都市，更不要说直飞国外，必须在芝加哥转机。而就在芝加哥机场，出门的第一站，发生意外。

保罗说他要去买本杂志，这是一件最平常的事，华苓看着他虎背熊腰、伟壮的身躯背影，在视线中大踏脚步消失，她没有什么预感，即令十五分钟后，航空站广播催促登机时，她也没有任何预感，她只匆匆地去书报摊寻找，又到隔壁一家酒吧寻找，她认为他已回候机楼了，可是没有，再赶到酒吧，就在酒吧一间小房间里，有人正在为保罗做人工呼吸，急忙送往医院，他已经与世长辞。

华苓的哽咽使我和香华伤感。我越来越怕听到朋友死亡。几乎每一个朋友的死亡都使我悲不自胜,感觉到人生像一声叹息。但我更关心的是自己如何死亡。台湾有位一度烜赫的老人,在癌症酷刑下,跪在地上哭求他的儿女打开窗子让他跳下去,反对安乐死的冷血分子应受到谴责,他把自己的所谓正义建立在别人无比的痛苦上。每次想到此事,我都泪流满面。而保罗是如此的走得安静,可以猜测到,他顺步溜到酒吧间喝一盅。他在他最喜欢做的事中,毫无痛苦地一去不返。仍活着的人固然伤感,但我为他喜悦。人,既不能选择如何生,又不能选择如何死,如果能选择,保罗之死就是仙境。

华苓在电话中说,薇薇夫妇正要出门接飞机时,电话铃响了,在电话中悲哀的母亲,告诉她噩耗。现在,蓝蓝、薇薇,和她们的夫婿儿女,已齐集在母亲身畔,我们只有祝福。

香华常告诉我说,她从没有见过一个外国人,一句中国话都不会说,一个中国字都不认识,而只因为娶了一个中国妻子,就对中国如此地热爱,并延伸到对全体中国人的热爱。每当他把中国人想得那么美好——聪明、智慧、宽厚、勤奋吃苦而从不抱怨、热情、好客时,香华和我都忧心如捣,唯恐怕他看到使他失望的一面。庆幸的是,他始终是那么包容。一个人幸福不幸福,应观察老境,华苓告诉我:"你是一个幸运的男人,上帝待你不薄。"我同样告诉她:"你是一个幸运的女子,上帝待你不薄。"她也承认,并且无意掩饰她的喜悦说:"保罗是美国最后一个好人!"中国移民在西方,始终是边缘人,很难进入中上层社会,而华苓是少数中的少数,在他们夫妇爱情的结合中,华苓事实上是一个亲和力很大的台柱,使保罗的民主党高阶层朋友,包括前任总统卡特先生在内,都接纳华苓,而两个女儿的孝行,当保罗有病时,她们在旁衣不解带地伺候,在美国是一件大事,保罗这位日耳曼裔的美国人,对中国文化的印象,更为深刻。

然而,保罗完全不懂中国人的势利取向和窝里斗的严重性,以致他热爱中国人的结果往往使他啼笑皆非。在台湾,"国大代表"钟鼎文先生在报上把爱荷华的经费来源的国务院,诬指为花花公子杂志,指控保罗夫妇对中国文化是包藏祸心。在此稍早,保罗夫妇来台北时，电视台已经录像访问，临时却不准播出，接着稍后，则不准他们入境。1986年，我曾为了他们的回国，分别会晤过几位高层人士，包括当时的“教育部长”李焕先生和当时国民党文工会主任宋楚瑜先生在内，都认为保罗夫妇应受欢迎，但仍拖延了半年之久，最后还是《中国时报》发行人余纪忠先生出面，但也经过不少的不愉快的过程，保罗夫妇才能有前年的访台之行。

保罗无法了解中国人的复杂面。三十年代抗战时，美国众议员周以德先生全力支持中国，被他的同僚称之为“来自中国的议员”。当时，报上曾说：如果他支持的是日本、英国、罗马尼亚，他的书房会堆满该国人民的感谢函件，只中国没有反应。事实上，也有中国人写信给他，不过却是责备他支持国民党，而不支持土地改革、既民主又自由的共产党。保罗假如知道这段往事，他一定对他的这一点点遭遇，哑然失笑。

我无法形容保罗对华苓的爱，因它无所不在，当华苓知道我和香华相处的情形时，她总是大叫：“对对对，保罗也是那样。”在爱荷华，华苓家是中国作家的聚会中心，有时能谈到半夜。从前，我一直是一个烟枪，一天至少四包，几乎连吃饭的时间都在吞吐，而大陆作家谌容女士和徐迟先生，烟瘾同样很重，吸烟朋友都知道，身上突然间没有了烟，是如何痛苦。有一天，我们谈到午夜一点，兴犹未尽，可是，烟已吸完，没有烟等于没有氧气，霎时间，大家都坐立不安，起身告辞，这对难得一聚的好主人华苓是件扫兴的事。稍后某天晚上，保罗告诉我，他特地买了一条烟放在客厅，保证我们吸到天亮都吸不完。我抚摸着那条烟，忍不住告诉他，这就是爱！保罗从不吸烟，又不懂中国话，但他为了中国妻子，却长期坐在烟雾之中，听中国作家用一种奇怪的语言说个没完，这要有多大的忍耐。保罗而今远去了，我怀疑他的心脏病是不是和中国作家太多的烟有关。不过，保罗的肥肿是一个信号，中国有句俗话：“男怕穿靴，女怕戴帽。”似乎有点道理。

保罗永去，但我耳际仍响起他常说的唯一一句中文：“吃饭吧！”和叫过“吃饭吧”后响亮而得意他也会讲中文的爽朗笑声，这笑声使香华和我，永远怀念这位老友！

1991.4.10 台北《中国时报》

17. 淡边村见四妹！

——十年前，“穿山甲人”张四妹从吉隆坡飞到台北治疗……今年六月，柏杨再度与她见面……

一个“穿山甲人”的故事，使马来西亚的中华人和台湾的中华人，切身感受血浓于水的无涯亲情，这是一种身不由已的认同、骨肉连心。十年前，当“穿山甲人”在《中国时报》和长庚医院负担全部费用情况下，从吉隆坡飞到台北医治，使那一年成为台湾新闻界的“张四妹年”。张四妹，正是“穿山甲人”的本名。她身患奇病，家境穷苦，来台湾后，她受到有生以来第一次彻底的检查治疗，和有生以来第一次最多陌生人的关爱，大海般的血缘热情，使她觉得她像公主一样的幸福快乐。一些好心肠人士，和追随在侧的一些新交的朋友，他们最初震惊于她的丑陋，继而震惊于她的善良，终于产生深厚的感情。那时候，台北大众几乎异口同声地向她提出邀请，说：“四妹，你一定要再来啊！”有的甚至明确地要求，说：“四妹，明年‘国庆节’你一定要回来参加啊！”好像只要四妹愿意，大家就可以在台北旧地重逢。我总是避免说这样的话，并且尽可能地劝阻别人说这些话。大人们常常毫不经心的顺口答应孩子明天或后天看电影，他不知道孩子们天真的每一分钟都在盼望，一旦时间来到，大人不能兑现时，徒使孩子失落沮丧。我知道四妹再来台湾是不可能的，而台湾朋友去马来西亚看她更为幻梦，因为我们之间隔着的是看得见的汪洋大海，和看不见的汪洋大海。那年（1982）秋深，治疗告一阶段，她离开了她祖籍的国度，回到她父籍的国度。在意料中，世人逐渐地把她遗忘，台湾社会发生巨大变化，进入竞争剧烈的工商业时代，仍记得这位受苦受难姐妹的人，越来越少，但凡是记得她的人，一提起来，仍是心情沉重。

十年后,整整十年后,今年(1991)6月,我应邀前往马来西亚讲演,我不敢说我答应前去是为了要看四妹,但我立刻向主持人唐彭女士要求给我一个和四妹会面的时间——不是要四妹来吉隆坡看我,而是我去淡边看她;我去看她,要比她辗转搭车看我方便多了。我想,在她家里,才可以静静地谈话。唐彭女士满口答应,但她无法躲开媒体,因为她用来和外界通信的传真号码,正是《星洲日报》的号码。所以在我到达马来西亚之前,报纸已刊出不少四妹近况的报导,我一下飞机,这些报导就堆到面前,赫然看到四妹的照片,仍是十年前的四妹,光秃的头,和圆睁的眼睛,那分明是未接受治疗前的四妹,我没有预设四妹病情稍愈后的形象,但现在的她,使我感到酸楚。

我是从马六甲回吉隆坡的中途,前往淡边村的,在一条漫长的街道尽头,丁字形小巷底部,一排平房中间,我看到四妹,她已戴上假发、假牙,脸上堆着笑容,她迎上来,那一双鲜红的眼眶,像刚被割下四周眼肉似的,赤血好像仍往外流,我悲怆地抓住她伸出的双手,双手仍然粗糙得像包着一层砂纸,我抱着她,握着她的双臂,我接触不到肌肉,只握到两根细骨。

"你瘦了!"

这是我的第一句话,显然的她的健康不佳,但四妹坚持她不瘦,我让她闭一下眼帘,她应声把眼帘闭上,我建议她应戴墨镜——马来西亚的太阳比台湾的太阳又有不同,那是一个直射地带,可是她说戴墨镜就什么都看不见,这说明她视力严重退化,在盘问下,她承认已很久不写信,也很久没有阅读书报,大多数时间只能收听广播。

四妹生命中最沉重的打击,发生在今年(1991)4月,娘亲逝世,在她老人家最后的日子里,只剩下她那最被家人嫌弃的小女儿——四妹,陪伴她住院,和从医院回来后陪伴她躺在后院山坡上,默数着生命的流失。安葬过娘亲后,在这个艰难的世界上,四妹就只剩下孤苦一人,虽然她还有兄嫂,但那代替不了娘亲,四妹要自己做饭、要自己去果园,只靠着一对"血肉模糊"而视力渐失的眼睛,哭母的哀恸使视力退化更为迅速,她没有收入,我忽然感到战栗。

在记者、邻居、朋友们紧迫注视下,以及闪光灯不断闪亮下,我们几乎没有什么话可说,我只好请四妹把我带到她的卧房"说悄悄话",好容易静下来后,我脑筋几乎仍是一片空白,但四妹的笑容代表一切,她什么都不需要,她说她得到的已经过多,她每月去吉隆坡接受一次陈胜尧医生的义诊,药品由陈医师"半价"供应,她确实十分满足,她穿的和吃的都很简单,我坚持要她看眼科,她说陈医生介绍过眼科,问她医生诊断的结果,她说医生没有说要用什么药。我再一次的问她需要什么,她再一次回答什么都不需要!是的,她说:"这世界对我太好!"她几乎记得十年前台北每一个照顾过她的"恩人",在这个单纯的女孩内心,十年来都在用来回忆这些人的面貌。但我打破这个温馨的话题,单刀直入地问:

"四妹,对不起,你还有多少钱?"

这个鲁莽的问话,十年来一直在我脑里酝酿,而凡是关心四妹的朋友,也都集中在这个焦点,这是可以理解的,一个贫苦的农家女孩,突然间拥有远在台湾的血缘兄弟姐妹为她募集的巨款,在物价低廉的马来西亚,马币一元折合台币十元的贬值情形下(过去,马币一元折合台币十七元),足以使她过一个长期安定的生活。

"好啦。"她笑得开朗,"反正还有很多,你放心啦。"

"很多是多少?几百?几千?几万?"

"我一时算不清啦,你放心啦。"

我当然不放心。

"你要告诉我还有多少?"我说,"就在今明天晚上。"

她知道我的住处,她点点头,憨笑着,我惭愧我直盯着她的钱不放,而她却从不为钱担忧,她自认她是世界上最幸福、最幸运的女孩,她感谢冥冥中的主、感谢朋友、感谢世界!我几乎没有什么话安慰她,因为不久我就发现被安慰的反而是我!我的眼疾,我的膝盖,事事她都担心,我坐在她那简陋而挂着蚊帐的床板上,想到我受的一点委屈苦难,比起四妹,我又算什么!

上苍,你为什么这样对她,这太不公平!

匆匆告辞,真的是匆匆告辞,当同行的朋友邀四妹到镇上共进午餐时,四妹推辞不去,我也不勉强她去,那吵闹的乡下饭馆,徒使她成为众矢之的。我此行已打乱了她的心境,让她迅速地恢复平静吧,忘掉像我这些给她制造吵闹杂音的访客吧!我握住她那长满鳞片的双手,和枯竹般的双臂,再度伤感!以她的身体,以我的年龄,我知道,这次一别,后会难期。

回吉隆坡的第二天晚上,我和四妹共同认识的一位朋友拨电话说:四妹要她告诉我她现有的存款数目,我忽然想脱口而出:

"我盼望看她的存折!"

但我咽回去,我已经十分过分,这样做将是更难以宽恕的过分,我相信四妹懂得我的意思。最后,我离开马来西亚的前一天,拜访了十年如一日为四妹长期治疗的陈胜尧医生,在他的诊所里我们却很少谈到四妹的病,因为病已成定局,所谈到却仍是四妹的钱,他用缓缓的语气,检讨社会上的义行,叹息地指出,很多光明面之后,都有阴影,要靠无尽的慈悲,才能突破。他同样也为四妹担心。

我知道陈胜尧是留英医学博士,但我不知道他是马来西亚的国会议员和反对党副主席,前年他入狱时,四妹医药中断,病势陡然转剧,以致紧急向台北长庚医院求救,得到支持后才渡过难关。于是我想到人生的际遇,假设有心人抓住这场会晤,用以证明柏杨走到哪里总是跟反对派人物接触,我恐怕无论怎么做,都解释不清,这算是访问四妹的外一章吧!

回台北已经数周,四妹来信说:吉隆坡《中国报》社长周宝源先生已送去鱼肝油,长期供应,但我仍希望她能早日戴上浅一点的墨镜。上苍,看顾更需要你看顾的儿女吧!

1991.7.26 台北《中国时报》

18. 怀乡亭记

——1995年,在台湾的河南辉县同乡,集资在故乡辉县百泉,建立一亭,名“怀乡亭”,由同乡会会长柏杨执笔为记,刻文于碑,永结两岸亲睦之情。

辉县位于高耸天际的太行山东南麓,而台湾更在辉县东南航空距离二千八百华里之外。昔年交通不便,女儿出嫁,总不超过十五华里,为的是归宁时可以当天从容往返。如果超过十五华里,便算远亲。抗战时,辉县女郎有嫁给驻军阿兵哥者,家中老幼,哭啼悲切,只因湖南湖北,远在蛮荒,姑娘一去,难卜流落,何况台湾更孤悬天涯地角,早在甲午战后,割给日本,对它一片茫然。台湾岛上居民,对于辉县,更是连做梦也不会梦到。然而,时代创造奇迹。

1949年,国民政府被逐出大陆,率领部分军队和百姓,退到刚从日本手中收回的台湾,在部队和难民中,辉县籍青年约有二三百人,分散全岛,互不相知。不过谚语有云:“人不亲地亲!”泥土的芳香,互相吸引,终于出现纯辉县人的小型聚会,年复一年,与会人数越来越多,故乡也越来越远,片纸只字,不能相通,西望海峡,云低涛急,大局非个人愿望所能左右。岁月匆匆,转眼之间,有些同乡不幸衔恨逝世,有些同乡幸而得存,男婚女嫁,迄今为止,子复有孙,甚至已传到五代,瓜瓞绵绵,落地生根。对收容和善待我们的马来裔原住民,和三百年前第一拨移民的闽南族群和客家族群,由衷感谢!唯一遗憾的是:故乡重见无期。

1987年,时代再现奇迹,海峡开放,暌违四十年之久的两岸,得以初步复通,在台同乡,携儿带女,陆续返乡。“少小离家老大回,乡音无改鬓毛衰!”而我们下一代子女,乡音已改!当初离家时老年前辈,多已故去,离家时尚在襁褓的孩童,也都儿女成行,徘徊在祖先坟墓和晚辈欢宴之间,恍如隔世,有感于我们都将终老台湾,安葬台湾,子孙亦然,不禁感触万千。募建此亭,长留怀思。但愿两地后裔,体念先辈艰苦,相爱相重,互通有无。定居台湾的同乡,犹如嫁出去的女儿,盼望继续得到娘家温暖。仍住辉县的同乡,则如娘家兄弟姐妹,互相照顾。献上无边祝福,分送两岸!

1995 年元月

1996.4 台北《中原文献》

19. 就是这首诗

人生最具有讽刺性的事,莫过于一个反对新诗的人,终于娶了一位以写新诗为第二生命的妻子。而这个故事的男主角,却竟然是我。

事实上我并不反对新诗,只是太多的新诗使我逐渐不能吸收。我曾经写《打翻铅字架》小说,结果使我成为新诗的拒绝往来户,想不到却在一个悲惨的情况下,我发现第一首我喜爱的诗:《水银》。

距今(1992)十九年前的事了,1974 年夏天,位于火烧岛一端的政治犯牢房——国防部感训监狱,像炼钢厂的鼓风炉一样炙热。那时候,政治犯只准看两份经过监狱用刀剪裁的报纸,一份是《中央日报》,一份是《青年战士报》,知识的饥渴和生活的严重枯燥,使我们连片纸只字都不放过,看了又看,读了又读,而就在被揉皱了的《青年战士报》的副刊上,那首署名张香华写的小诗,飘进眼帘。我的视觉还没有衰退,所以看清楚了其中几句:

仅存的空间
我的生存是
无定的升、降、浮、沉
银白灼亮的眼泪
为着欢娱和轻蔑

除外，我不做什么，我不能

我把报纸拿到手里，呆呆的一直在那里凝视，汗珠像我在苦刑下的眼泪一样滚下。我反复吟咏："我不做什么，我不能！"我用手把那首诗小心翼翼撕下，才看清楚是当年(1974)5 月 18 日的《青年战士报》，我把撕来的报纸夹在一册书里。

漫长的四个年头过去了，1977 年，我被释放，回到台北。在一个朋友的宴会上，看到那首诗的作者。这是一桩奇异的相聚，我怀着震撼的心情叙述，她则怀着好奇的心倾听，当她看到我撕下来的那块旧报时，我们的感情飞增，并且是我们很快就举行婚礼的原因之一。

而另一首我更喜爱的诗《我爱的人在火烧岛上》，也就在这时候，在香华笔下写出：

有一个岛屿
有一首歌
有一个我爱的人
过去，他曾经出现在我的梦中
那时，我在海上挣扎
救生艇的木桨折断了
我随处飘泊
找不到岛屿
听不见歌
遇不着我爱的人
我爱的人在火烧岛上
没有美丽的青山、溪流
没有碧水涟漪
只有恶涛巨浪
烈日风沙
青草枯黄
菜蔬焦死

飞鸟敛迹
窗栏外的白云,凝结成硬块
那时,我爱的人
绕室唱一首《老黑爵》
他苍凉的歌声
淹没了我的身影
他衰退的视力
不能辨识我的容貌
他不能知道我疲惫的心
因为他比我更疲惫,疲惫于无望
如今,我爱的人
来到我身旁
伸手给我,救我出灾难
使飘泊成为过去
疲惫如拍落的尘土
他教我对抗风浪,修补断桨
他教我观察天候星象
我们用臂围成一个避风港
我们用温暖的眼色,点燃火苗的希望
我们将合唱壮丽的诗章
不能忘记那些没有星月的黑夜
只有海潮的啃音,日晒的烙痕
如今,我们纪念那个岛屿
我们怀念那首歌

每一个字和每一个音韵,都像鹰爪似的抓住我的心,尤其那"烈日风沙,青草枯黄,菜蔬焦死,飞鸟敛迹",紧扣心弦。多少年来,我怀念香华这首诗,不能忘记那个岛屿,不能忘记我唱过的歌。这首诗收集在她的诗集《不眠的青青草》里。

1991 年,香华在南斯拉夫 10 月国际作家协会上,用中文朗诵,再由该国诗人用塞尔维亚语复读，听众认为那是她为她丈夫遭遇所写的诗，纷纷涌到台前向她慰问祝福。

这是一首沉痛呐喊的诗，是一首平静呼唤的诗，是一首血和泪织成的和平的诗，也是使人沉思的诗。在我自己的诗集《柏杨诗抄》中，我用它作为《代序》。在我离开这世界，而埋葬的时候，我要把它刻在我墓碑上。当夜深人静、月黑风高之际，我的灵魂走出来徘徊，我将抚摸着每一个字，为我们的爱情，再一次垂泪。

就是这首诗，就是这首诗。

1992.3

——载陈冷主编的《我喜欢的一首诗》，台北河畔出版社出版

附记：《我爱的人在火烧岛上》这首诗，以后逐渐受国际诗坛注意，陆续译成英文及南斯拉夫文。日本名诗人今辻和典先生译成日文，由东京青树社出版；出版后，并在东京举行盛大发表会。1999年5月，作曲家翁至鸿先生，将这首诗配谱，母亲节前夕，由张香华朗诵、“国家交响乐团”及“全国合唱团”，共一百二十余人，在台北“国家音乐厅”演唱，并制作录音带、CD、录像带，CD有PTV版及现场版两种，分别用中文、英文、日文字幕发行。

20. 一个台南姑娘的故事

在讲这个故事之前，我们假设有一位菲律宾女孩，刚到了台南，就突然发生车祸，我们会有什么反应？这个菲律宾女孩身上没有证件，大约三十岁左右年纪，我们会如何对待她？或许有人会说，如果我把她抬到车上去，她却说是我撞的怎么办？就算有人很有勇气地送她到医院，医院又要问谁是保人，有没有健保，医药费谁付，以致发生没有人作保就拒绝入院等等课题。基于人道，医院好不容易收留

了,每天又会问她姓什么,叫什么,有没有护照证件,有没有钱。不要说是一个菲律宾人到了台南出了事,就算是一个台北姑娘到了台南,人生地疏,发生了车祸,她会有什么遭遇?台南人会怎么待她?医院会不会也有上述的那种情形?

再举个例说,如果你从台北搭飞机回台南,机场人员在你的箱子里发现一把手枪,你想会受到什么对待?你可以想象那种情形,他们一定会问你带手枪做什么,劫机吗?如果你说:"我买的是玩具枪",有关人员还会问谁把枪交给你的,你又预备交给谁。如果你说:"我怎么会劫机呢?"他可能又会肯定:"你的同伴会!"坦白从宽,赶快招供,不招会有什么什么后果。请一想便知,我们如此待外地人,外地人一定也会如此待我们。然后,当你发现下列事实时,会发现,中国人只有在中国土地上,他才没有尊严。

现在进入正题,我来说一个台南女孩到英国的遭遇。她是一位交换教授,贵宝地安平人氏,现在"国立台北艺术学院"任教的许素朱博士,她到了英国伦敦的第三天,就遇上大祸。当地是靠左边走的。她上街办事,也许她才刚到英国,还不习惯靠左走,另一方面又在思考一些学术上的问题,没想到一辆大卡车开过来,将她撞倒,把她的脚骨给辗碎了,躺在街头。

当时,她听到有车子停下来,一个老太太俯身告诉她:"没有关系,我可以作证,不是你的错,而是这辆卡车撞了你。"卡车司机也下来向她道歉,但表示他并没有错,他也有证人,可以证明他并没有违反交通规则,不过撞了她还是很抱歉,他还要去工作,但法院审理此案时,他一定随传随到。许博士躺在伦敦的街头上,听到这些话,觉得非常感慨,如果今天她是在台北街上发生这件事,不知会如何。

她被送到医院后,医院告知她有哪种身份的外国人必须自费负担医药费,哪种身份的外国人则是由国家负担。当许博士告以本身是交换教授后,医院回答说应由国家付费。她在那儿治疗了半年,医院只问了她这句话,没向她要过任何证件,基本上这就是一种尊重人格,充分表现对人的信任。她深深感觉受到了尊重。我们中国人住院,常常有很多亲人朋友来医院看护照顾，喜欢群体生活，而医院的医护人员也会看你有没有人来探望，来定你的身价。但这个台南籍的年轻女教授，因为刚到英国，没有熟识的朋友，也不敢打电话回台湾，怕父母朋友担心，所以没有任何人来探望她，并没有一位护士轻视她，也没有一位护士不睬她。等她的伤势渐渐康复，护士知道她很孤单，都会来跟她聊天攀谈。像这种情形如果发生在我们国度这里，会不会是这样？

住院期间，也令她颇生感慨。她住的病房有七八个床，都是老太太，大多是骨折住院。有一天，有一位老先生带着一束花到病房来探病，一进门就说："我那可爱的小女孩在哪里呢？"我们这个台南女孩觉得奇怪，这个病房只有老太太，哪来的小女孩？只见隔壁病床的一位六十多岁的老太太笑了，赶忙拿出口红来擦，原来"小女孩"就是这位老太太。中国夫妻间可有这种情味？

外国人勇于表达心中的爱，这位台南女孩说，她从未在自己的家人、父母、同乡中看到这种爱。我们中国人和家人亲友也蛮相爱的，但我们不会表达出来。外国人认为爱就该表达出来，如果不表达出来，是你自己不对，不能怪对方不知道，这种互相尊重，才是真正的爱。就拿夫妻来说，成为夫妻很容易，一结婚就是夫妻了，但只是夫妻还不够，还要成为朋友。夫妻能成为朋友，其中有一个非常大的因素，那就是尊重彼此的感觉。除了夫妻，父母对子女也往往会忽略掉尊重。

有一次我去看医生，见到有位年轻母亲带着十二三岁的小儿子看病，因为医生必须检查孩子的臀部，要孩子脱下裤子，可是孩子很尴尬，迟迟不肯脱，这位妈妈就大声叫孩子快脱。我想，孩子心中受到的伤害，可能一辈子忘不了。因为我们没有去了解这个孩子的心理，我们用强迫的，而凡是强迫，就是不尊重。有人说：我很爱他呀！问题是，光爱是不够的，还要有充足适当的尊重。调查报告统计，东方人最喜欢打老婆，尤其是韩国人。但调查结果显示，这些挨打的妻子，往往说没关系，因为丈夫爱我才会打我。这不是爱，而是卑屈的奴性承受。爱里面没有暴力。爱是有尊严的感情，暴力之下，人没有尊严。为什么现在有很多人反对体罚，因为当一个人使用暴力的时候,表情会扭曲,肌肉会僵硬,眼神会露出凶光。不如此,他没法“镇”住对方。使用暴力的时候,往往就是摧毁尊严的时候。

这位台南女孩动了三次大手术,直到半年后,才有中国朋友知道,陆续去看她。在这半年时间里,护士都会把图书馆的书推到病房,问她想看些什么书。这一点我很感慨,我也住过院,但医院从来没有人问我识不识字,要不要看书。如果想看报纸,还得自己下楼去买。我住医院的时候,每天早上有个人到病房门口大喊一声:“要不要报纸?”你还没听清楚他说什么,他已逃到西班牙去了。为什么不能尊重一下病人?如果我们都能将别人当成自己,自然会多一些尊重。

住院期间,这位台南女孩根据台湾的经验,问一位英国朋友,开刀要不要送红包。英国朋友几乎昏倒在地,天下怎么会有这种事,这里是英国,不需要送钱,而且病人也无从得知开刀的医师是谁,因为病人的治疗过程由主治大夫全包,开刀医师也是由主治大夫指定,不需告知病人是谁操刀。病人不能选择医师,即使想送红包也不知送给谁。如果真有这种收受红包的情形发生,惩处是很可怕的,所以根本没有这种事。

这位台南女孩开刀后几个月,渐渐康复可以出院了。在台湾,出院就出院,开刀之后,绝不会追踪,但是英国不是如此,如果病人准备要出院了,院方会先问你的家里有什么人,住的是什么样的房子,住几楼,走楼梯还是有电梯,楼梯的扶手是在哪一边,左边还是右边,如果右脚开刀,扶手又是在右边的话,出院前两三个月,就要训练你如何用右手扶楼梯上下楼;如果扶手在左侧,就训练左手。充分显示英国人对生命、对人格的严肃尊重,这位台南女孩深深感到她在这个国家所受到的尊重,远超过在自己国家所受的尊重。

这位台南女孩后来又发生了一件事。

她有一次去西班牙参观,买了好几把漂亮的“蝴蝶刀”,她一点也不知道这种刀子的严重性。她回台湾时,在伦敦机场办理出关检查,海关人员搜到了这几把蝴蝶刀,脸色立变,就将她带去问话,并且告诉她这种刀子，已列入国际公法里的违禁品，她这样的行为已属违法。

这位台南女孩解释是在西班牙买的，但英国海关人员表示必须进一步了解这件事，就把她关到看守所去。稍后来了一位法官，拿出一沓文件，告诉她她拥有什么权利，她看得头都昏了，虽然航空公司也来交涉，表示飞机要起飞了，但仍然无效。检察官安慰她，并强调她所享有的各式各样的权利。他们表示：相信她是无意的，但蝴蝶刀规定就是不能带，他们是执法人员，必须依规定行事。就像香烟对人体的危害远超过大麻，但携带香烟不违法，携带大麻就是违法，因为大麻被列为管制品。

当时法官对她很客气，每次问话时，都以很尊重的口气和态度讯问她，每一句话都以 May I know 开场。而且英国法律规定，如果这次犯罪后三年，没有任何违法行为，这次的案底便自动取消，不留下记录，这也是一种对人格的信任与尊重。

这位台南女孩也向我提到，在和当地的华人交往时，听到一位太太说起她自己的亲身经验。

这位华人太太的孩子在伦敦上幼儿园，幼儿园的小朋友很可爱，她见到孩子的同学，都会忍不住赞美，孩子也都会向她称谢。可是有一次对一个中班的学生赞美她的衣服很好看，问是谁做的时候，马上就被老师制止。这个老师的观点是，中班以下的学生还小，对赞美还不甚以为意。可是中班以上的孩子较大，分辨能力较强，这种赞美会增强孩子对外表、财富象征的追求、比较，并认为我还要穿得更漂亮、更华丽，以博取更多的赞扬，如此一来，会增加父母亲的压力，必须不断应付孩子的需索，造成家长的困扰。这位老师提醒她说，从小让孩子建立一种对贫富的分辨，不是一种健康的教育。这些话使我感动，这真是一个可爱的国家，能有这种教育观念，一个人的尊严与人格比起他拥有的财富重要许多。

我曾经看过一篇报纸上的文章，有一个人写他的小侄儿从德国回到台湾，有一次他带着小侄儿去看电影，电影放映一半，侄儿突然说要出去一下,他问他出去干什么,他这个小侄儿说要出去放屁,这位作者觉得奇怪,放屁就放屁,干吗?还要出去,他的侄儿告诉他,老师教他们不能在公共场所放屁,会妨碍别人,是不对的。这篇报导令人动容,对人尊重的教育需从小建立。

最后,我再以一个朋友的话来谈谈我们的价值观。有一天这位朋友带着他的小女儿来我家做客,小女孩跑来跑去,非常活泼可爱。这位朋友说,将来如果他要挑女婿,一定要找个心理非常健康的男孩。我就笑他,你是哪一国人?你好像生错了国家,现在大家不都只看有钱就好了吗?

到现在为止,我们对我们所处的环境不满意,对自己、对社会也都不满意,那为什么不能主动来创造一个理想的社会?如果我们能多加深思,多从教育基础着手,那么我们将可以活得尊严。我到台南,介绍各位乡亲台南姑娘许素朱博士在伦敦的这篇小故事,与各位分享她的感受,也反思我国人民的质量,分享她的惊异。

选自《全新的一天》 1997 年,台北佛光出版社出版

21. 同登两峰——漫画和小说

三年前,有一位专门研究台湾漫画的学者,从美国到台湾来收集资料,特意要我谈谈台湾二十世纪四五十年代,漫画创作与发展的情形。我首先就谈到牛哥,那位学者多少带点惊讶的口气说:“我采访的结果,几乎每一个人都跟你一样,都谈到牛哥丰富的创作,以及他对漫画的贡献。”我说:“在台湾漫画史上,二十世纪四五十年代是牛哥独霸的年代,一点都不夸张。那时台湾全岛的日报有八家,晚报只有一家,而牛哥内容不一的连环漫画,竟在四家报纸上同时刊出,当时的第一大报——《中央日报》上的《牛伯伯打游击》,成为家喻户晓

的故事,他塑造了牛伯伯这个人物,在纸面上建立了牛家班,风靡一时,牛家班专用的术语,不但成为年轻人以及孩子们的口头禅,也是人们日常生活的谈助。他笔下的感染力,到现在为止,还没有人能够超过。

牛哥旺盛的创造力,使他在漫画史上,写下重要的一页之外,想不到他还同时在三家报纸上,连载内容完全不一样的长篇小说,这就叫人惊奇得冒了泡。这些小说收集在他的全集——也就是本书之内,我不再加以介绍。在那个年代,他对读者的影响和吸引力,每天都在增强,社会各阶层读者,当三五成群聚会的时候,总会讨论一个问题:牛哥是什么人?他小说是怎么写的?他的江湖阅历怎么如此深刻?他有没有蓝本?他是不是抄别人的?——当然他是抄别人的,如果不是抄别人的,他一天写三个内容完全不同的连载,怎么记得前情?又如何衔接得天衣无缝?他哪有时间构思?一位作家每天写一个连载,都已经是一个沉重的负担,何况三个内容完全不同的长篇!而且,他还同时连载四家报纸的漫画;而且,他竟然还有时间风流倜傥制造花边新闻。他哪里来的精力?哪里来的时间?如果把他每天的作品排列起来,叫一个健壮的年轻人,不用大脑地重抄一遍的话,一天也不见得抄完。于是大家议论纷纷,议论纷纷的结果,还是议论纷纷。不过有一点却是大家同意的,那就是,牛哥是一个有奇异功能的作家。他一手漫画、一手写小说,而且都做得那么好,无论在质或量上,都有惊人的成绩,所以,他成为台湾第一位职业作家。他因为恋爱事件,离开"国家农业复兴委员会"以后,四十余年来,从未担任过公职,他用他的两支笔,从事自己的专业,在文坛上建立一个尊严的榜样。

谈到牛哥的恋爱事件,就不能不谈到在牛哥生命中,占有最重要位置的他的妻子,绰号"牛嫂"的冯娜妮。当牛哥日正中天时,冯娜妮还是一位高中学生,她疯狂地迷上牛哥,每天放学后不回家,总是背着书包,就与牛哥相约在咖啡馆相会。冯娜妮身世非凡,她的祖父冯麟阁先生,是东北地方军的首领之一,跟被称为是大帅的张作霖,是结盟兄弟，他的父亲冯庸先生，与少帅张学良自幼便义结金兰。冯庸跟他女儿一样（事实上应该是他女儿跟他一样），有他独特的见解和性格。他办了一个“冯庸大学”，用私人的财产，供应全体师生的全部学杂费、膳食费、服装费，全部费用，他的学校还拥有两架私人飞机。这样的父亲生下了这样的女儿，冯娜妮美丽、豪迈、爽直、胸无城府，像是一个驰骋大漠的北国女儿典型，而牛哥则是江南才子型的广东人，这两个来自于南、北两极的年轻男女，终于结为夫妻。四十年来，孙儿、孙女辈已经满堂，但他们依然恩爱，一如新婚。大概是去年吧，有一次我警告牛哥说：“你太太是天下最好的太太，如果你惹烦了她，她把你赶出家门，你就完蛋了！”冯娜妮大叫说：“听见柏老的话没有，老牛就是不识货！”这就是他们的生活，其乐融融。冯娜妮给了牛哥这样健康的环境，牛哥才会有今天。

同属于一个时代，同样是职业作家，除佩服牛哥的多才多艺之外，我更嫉妒他，我对绘画毫无天分，偶然借机翻译《大力水手》赚一点生活费，买副烧饼油条，居然因得罪了蒋家政权，被指为“匪谍”而入狱九年有余，今天幸亏命大，还有余生可以谈牛哥。牛哥！牛哥！在漫画王国，毕竟你是个创作者而我是个闯祸者！

当《牛哥全集》出版前夕，写出往日的若干回忆，作为我对他们夫妇的敬意，也作为我的祝福！

1997 年 11 月于台北

附记：原为《牛哥全集》而写，写完此文后，即赴马来西亚，而牛哥因食道癌，于此时病逝于台北仁爱医院。我返台北日，牛哥已入棺，唏嘘不已。

#【辑二·若有所思】

22. 台湾是谁的家

去年，台北《自立晚报》主办一项作家座谈会，一位环境保护学者，呼吁台湾岛上每一个人，都要了解，自己不是过客，而是主人；主人，就要爱护自己的家园，这呼吁使人动容。但与会的香华却提出不同的意见——我同意她这个意见，她说："不应该有谁是主人，谁是过客的区分。即令是过客，也要爱护逆旅，跟爱护自己的家园一样。"因而回忆在爱荷华那段日子，我们住在五月花大厦，几乎每隔两三天，香华都把每个角落，以及床腿，以及空气调节器风口，都洗涤干净。临行时，连床单、被单，以及锅碗瓢盆，也一一洗涤，使它们跟初来时一样清洁。

香华跟我都是爱荷华的过客，但我们爱五月花大厦，跟爱台北我们的家，没有分别。事实上，人生在世，哪一个不是过客？年龄最高的人瑞，也不过是居住一百二三十年的过客而已。所以我们不能因为我们是过客，就糟蹋这个家园。很多人常说：我们要把资源留给子孙，使他们有时间在资源耗尽之前，发明或发现新的资源。这是一个十分激情的口号，问题是，难道没有子女的人——像一些光荣的独身者，就可以理直气壮地摧毁这块土地？爱，不应仅从功利观点出发；因为，爱，就是我们追求的最高情操。在假日郊游的山麓水畔，虽是数个小时的过客，也不应该把垃圾抛入溪流。在公共汽车上，虽然是十数分钟的过客，也不应该把椅垫割破。不为别的，只为我们内心的爱，这是一种强大的能力，和高贵的行为。虽然，我们用情绪的话去唤醒人们的良知，但我们却一直希望诉诸理性。因为，高贵的，都是理性的。

这方面的努力，我们的杂文作家，居于主导地位。中国文坛历时四千年，文体数变，而以诗的时代，维持最久，直到二十世纪初叶清王朝瓦解。接着是"赋"，自汉王朝维持到大分裂时代结束，有六百年之久。再接着是"词",生命长达三百年,包括整个的宋王朝。骈体文忽兴忽灭,唐王朝后盛行数百字或一两千字的小品文,《古文观止》就是一本重要选集。宋王朝之后,中国文学进入深谷的黑暗时代,直到二十世纪胡适先生提倡白话文,才从噩梦中复苏,大放光芒,小说时代首先兴起。然而,对社会问题,像我们开始讨论的主人和过客的问题,爱护家园和土地问题,就必须迂回的透过小说发展。鲁迅先生用随笔形式,强烈的表达他的爱恶悲喜,杂文时代遂告来临,在三四十年代,像疾风暴雨一样,横扫全国。但真正被政府官员认同它威力的,还是五十年代的台湾社会。

本书网罗了台湾和国外所有主要的作家,和他们笔下的抗议。抗议本是消极的,但在现代的时空中,抗议有它的积极意义,那就是,让我们这些在人生旅途中停下来暂住的主人,和久居的过客,同爱我们的土地——我们走到哪里,哪里就是我们珍惜的家,在台湾如此,从台湾移民到美国也如此。

当本书付印之日,先向本书每一个作家——几乎全是老友,一一致敬,他们虽然已没有坐牢的危险,但仍冒着其他危险,而鼓励支持他们呐喊的,是无畏惧、丰富的爱心。贡献是辐射性的,台湾全体居民,欠他们的太多。再向吾友向阳先生,表达谢忱,没有他在百忙中帮助我收集资料,我真没有能力承担这份荣耀的编辑工作。更向发行这套丛书、工人出身的作家杨青矗先生,献上祝福,他的开阔心胸中,没有留下灾难的阴影,使他对社会仍那么关心。

杂文的力量汇集在一起的时候,匕首就成了长矛,我们的长矛不是杀开一条血路,而是挑起一盏明灯,大踏脚步,闯入黑暗,驱逐黑暗,使光明得以普及。

1986.9 高雄《民众日报》

附记:为杨青矗先生主编的《台湾是谁的家》所写序文。

23. 驶出救生船

自从鸦片战争以来,中国人一直争辩一个问题:“怎么才可以救中国?”答案纷纷而至,有的认为“教育才可以救中国!”有的认为“政治才可以救中国!”有的认为“经济才可以救中国!”然而,救了一百余年之久,中国沉沦如故,中国人的愚昧、苦难如故。因为不管教育也好、政治也好、经济也好,都不过是条救生船,任何救生船都可救中国,但必须有先决条件,那就是:它必须是一条划得动的船。

怎么才可以使救生船在酱缸中划得动?只有一个方法,那就是:中国人需要更多的真话。没有真话,救生船再华丽、马力再大,都寸步难行,就成了废船。如果教育、政治、经济,本身就靠谎言——你骗我、我骗你维持,不但救不了中国,甚至还可能把中国拖沉,万世不得翻身。

真话,是动力之母,对朋友如此,对社会国家,更是如此。1986年已经过去,我们把一年来全台湾发表过的杂文,再度选录成册,篇篇都是真话。我不敢说全台湾杂文精华尽集于此,但我敢说全台湾杂文精华百分之九十尽集于此。对沧海遗珠,只有自责疏忽,然而,对我们社会拥有这么多促使进步的能源,深感兴奋。

一个人是否健康,一个国家社会是否健康,真话,是一个寒暑表——不能想象秦桧先生会告诉你他心里真实的想法。我们用真话驶出救生船、用真话击破黑暗。我们对说谎的人唾弃,对说真话的人,致无上尊敬,并虔诚地向读者先生推荐。

1987.3.7

附记:为杨青矗先生主编的《谁在说真话》所写序文。

24. 品质,是千秋大业!

当《资治通鉴》第三十六册译完之后,三年前刚刚动笔时的情景,如在眼前。三年来,我的天地就只是一张书桌、一支原子笔、一沓稿纸、一盏孤灯。从早上坐下来,直到深夜,除了吃饭或去洗手间,很少离开这个渺小的世界;困倦时,就靠在椅背上打盹;如此,日复一日,年复一年。可是,眼看到历史上那些被艰涩的文言文尘封的千万人物,在现代语文帮助下,变得栩栩如生,跟着他们的生离死别,而欢笑、而愤怒、而悲哀、而落泪,有说不完的感触,涌上心头。

没有读者先生的信任,参与长期订阅,这种分册出版的方式,根本不可能。然而,有两件事使我辜负读者先生的期许,深感惭愧。一是:三十二册之后,竟不能逐月准期出版,世界上再没有一个人比我对脱期的事,更心如火燃。然而,长久的体力透支,到了后来,突然感到一种怎么休息都不能复原的困倦,有时,执行编辑来舍下拿稿,我能在他面前倒头沉睡。不过,我宁可使《通鉴》脱期,也不敢稍有怠惰。执行编辑告诉我,如果我不再亲自作两遍校对的话,出版就可以正常(每册两遍校对,需时四天,十册不校,就可多出四十天),但我仍坚持自己校对,因为,脱期是一时瑕疵,质量是千秋大业。

第二件惭愧的事,是第三十六册结束时,并没有把《资治通鉴》译完,而只译了一半。发生这种严重的差距,错误更完全在我。当初暂定三十六册,只是概略预估,想不到把文言文转化为现代语文,对字数多寡,竟无法掌握。举个例子说明:"相对衔持"不过四字,译成现代语文,就成了:"两匹用缰绳套头、铁勒锁口的斗马,互相踢腾厮咬。"足有二十字。开始看到这四个字时,绝不可能精确地预估会膨胀到五倍。而文字翻译,又无法像物理学一样,可以算出一个膨胀系数。除了文字部分,市场上出现“古文今译”的“白话版”,对于古代的文物制度,都是照抄原文,这跟把希腊文译成中文,遇到专有名词都仍保持希腊字一样,读者又如何了解?我把“中尉”译作“首都某某警备区总司令”,职掌一目了然,但字数是原文的五倍。“行台”译作“中央特遣政府总监”,固可明了权力位置,但字数是原文的四倍。中国传统史书最大的缺点之一是:人物都是悬空的,云里来雾里去,所以我尽量增加地图,从每十年一幅,到每年很多幅,只不过希望历史人物有一个历史舞台,使读者先生有立体感觉。而这种种加上地名今注,都使篇幅无法控制——将来,仅只地图,就可出两本单册。而我在绘制地图上,并没有一文酬劳。

请原谅我在致万分歉意的时候,作太多的陈述诉苦,我不是为我辩护,而只是说明今天使我所以向各位读者先生致万分歉意的原因。现在,当我不得不再延续三十六册(三十七至七十二)时,对上述两项原因,已完全消除,第一是,过去每年出版十二册,是一个沉重压力,今后每年 3 月、10 月,我获得两个月的休假,每年只出十册,本身就有缓冲时间,可以保证不再脱期。第二,虽然迄今为止,我们仍无法精确计算出延续的三十六册,一定恰好把《资治通鉴》译完。但根据过去三十六册现代语文字数,对文言文字数的平均消耗量——每册约消耗原版一百三十四页左右,则延续的三十六册,就绝对可以译完。如果仍译不完,则多余的册数,我们完全奉送(当然只限订户),不另行计费,如果已经译完,却不满三十六册,则将续译《续资治通鉴》补充,直到三十六册出齐。

《资治通鉴》是一部宝藏,唐德刚先生曾指出,如果有人请他推荐必读的中国书,他会“一书定天下”,只推荐《资治通鉴》。我愿献出我的余年,远流出版公司经理王荣文先生愿献出最大的投资,来完成这部巨著的翻译。当全书完成之日,读者先生,我们会感谢你的支持,同时相信也会得到你的感谢。

1987.4.17 台北《自立晚报》

25. 书是人生的钥匙

人自呱呱坠地之后,一生将经过很多很多道的门,包括升学、就业、感情的门,他都需要一把万能的钥匙来打开这些门。

在西方,一般人认为:小时候,母亲是我们生活的钥匙;长大之后,上帝是我们困难时候的钥匙。因此,无论在心灵上、工作上面临困境时,只有母亲和上帝能够帮助我们,成为精神上的支柱,我们就可以闯过难关。

在中国历史上,我们可以发现很多人往往会面临到"呼天天不应,喊地地不灵"的时候,这时候,母亲和上帝都没有办法帮助我们,只有书是一把万能的钥匙,它能帮助我们打开困境之门,产生智慧能够让我们明辨是非、分别善恶,做最好的抉择。

1987.5.12 台北《自立早报》

26. 副刊万岁

——一个热情和公正的编者,会创造出善和美的潜力

"副刊"是中国报纸的传统特色,这跟中国报纸的创办人有关;西方各国初期,创办报纸的人不是政治家就是巨商,只有中国,往往是关心国事的文化人,办报目的只不过讨论时政、发表文章,而不是为了发财。这是中国报纸的特殊体制,也造成了副刊的特殊功能。报纸透过副刊,网罗和团结一批新闻界没有关系的知识分子,常看报社举行副刊作者联谊会或座谈会,盛大热烈,便想到李世民大帝的两

句话，当他登上殿台，接见那些文质彬彬、鱼贯而入的进士们时，不禁高兴地说："天下英雄，都入我彀中。"

报纸和政府不同，它并没有力量控制所有知识分子，同时也没有这个必要，它只要能做到一部分，就足以构成影响。事实上文化人对副刊的依靠更深，他们的创作和观念，借着报纸的广大发行量和读者见面。除了这些，副刊的主要功能，在于办到正规新闻办不到的事，开拓新的读报人口。当世界信息传播日益方便之际，各报逐渐千篇一律，要想得到独家新闻，非常艰难，唯一与众不同，可以吸引读者的，全靠副刊。

台湾自四十年代以来，报纸是传统的报纸，副刊也是传统的副刊。但在争取言论自由、政治民主上，却扮演过主要角色，很多军事法庭判刑的"叛乱犯"，都是在副刊写文章的作家，这使我想起1968年，我就是在《自立晚报》副刊编辑座位上，被逮捕入狱。

在我入狱后不久，副刊不久就发生变化，七十年代，高信疆先生主持《中国时报》副刊，那是报纸副刊的震撼力达到巅峰时期，他把副刊的静态性，化为动态性，密切地跟文化活动配合，而且提出一个崭新观念，他说："如果使文章的影响力更大，为什么不能把作家明星化？"我那时正在坐牢，在牢房中已看到作家个人的以及家属的照片，纷纷在报上刊出，打破作家陈旧的故步自封观念，扩大读者对作品接受的程度。

我离开自立报系已二十余年，但它好像我的娘家，有一种眷恋之情，我出狱后的两任副刊编辑：向阳先生和刘克襄先生，都是我的好友，而他们所面对的困难，虽不是政治迫害，但却是另一个课题：如何创造出独特的风格——更广阔更精致的风格。在我当副刊编辑时，报纸有竞争，副刊没有竞争。而现在，副刊也有竞争，而且日渐激烈，如何帮助报纸集结知识分子，如何传播自由、和平、平等、民主观念，如何反应读者的心声，比从前更要难以完成。

不过，挑战性越强，成就也越有意义，文明是一点一滴累积的，一个热情公正的编者，会创造出善和美的潜力。我用这句话，作为《自立晚报》副刊诞生祝福。

1987.1.21 台北《自立早报》

27. 言论自由绝对可贵

今年(1988)台北敦理出版社发行的《现代批判文存丛书》,晋入第三年头,在这个中国人龙年的开始,也是对去年台湾社会进行检讨的时候,我身为《台湾现实批判》一书的编辑,深信:中肯深入的观察和探讨,透过反对、异议与省思,一定可以促使社会进步和文明提升。所以,面对喜欢以"龙"自居的国人,此时此际,提出一项质疑:我们究竟是龙还是虫?

去年(1987),是风云乍变的一年,由严密封存,到突然破开,像一个黑暗的盒子被抬到太阳之下。我愿强调,这是中国数千年来第一次向上跃升的巨变之年,我们有幸生在这个时代!无论是在朝为官或在野为民,心里都曾经有过惊恐、愤怒,以及疑惧,而适应新形势调适的过程中,退避、躁进、误导,只有增加前进脚步的障碍。所以,本书正是去年一年来,关心台湾,讨论我们是龙是虫的各种检验单。

言论自由绝对可贵,是人类文明世界一致追求的目标。批判,不但是言论自由的实验,更和社会进步、政治运转有互律互动的作用。用探讨的深度和广度,来测定我们社会去年的自由尺度,进而促使言论自由的运作,有精致的良性功能,更用来测定我们政府去年建设的绩效,使知识与尊严结合,使我们国人生活得更积极、健康,社会也更合理、公平。所以,我们全力以赴。

在本书中,分为六个专辑:一、台湾恐惧症;二、两岸悲歌;三、心的解严;四、转型岔口路;五、灰色的城市;六、唯我和无知。由这项分类,说明去年一年中我们所受到的艰难困惑,和因开放带来的冲击,事实上,在万丈光芒之下,我们已开始新的混乱和忧虑。

1988.3.7

附记:为杨青矗先生主编的《是龙还是虫》所写序文。

28. 四十年家国

——我为什么编《中国大陆作家文学大系》

在古老的传说中,上帝为了惩罚牛郎织女沉醉爱情,玩忽职守,用金针在天上画出一条银河,使他们夫妻身悬两岸。这个故事抒情而美丽,而千万年后的二十世纪四十年代,上帝再次动怒,为了惩罚中国人的堕落和窝里斗,用金针在地球上画出一道海峡,使中国人骨肉乖离,甚至造成永世隔绝的悲剧。这两个故事情节相似,而气氛差异,原因是:牛郎织女相隔的三百六十五天中,每年七月七日的七夕,还可渡过鹊桥相会,终究是一幕喜剧,而台湾海峡的隔离却长达四十年之久。当初仓猝切开,竟几乎形同永诀。

时代的悲剧,只有时代使它结束。八十年代末期,台湾海峡两岸的鹊桥,在香港架起,两岸人民立刻发现,相互之间,既熟稔而又陌生,既亲切而又疏离,既相邻而又遥远,既想接近而又暗中提防……中间的矛盾,千言万语,难以表达,显示了隔离太久之后的后遗症,令人心忧。然而先是大陆上掀起数年不衰的"台湾热",对台湾文学作品的印行,数量之多,影响之大,连我们都感到震撼。因为在大陆读者眼中,从未见过同样使用中文,而生活形态、思想观念、文字风格这么不同的小说、散文、诗歌。而在台湾,同样掀起"大陆热"——事实上"大陆热"开始于1979年,大量介绍大陆风景文物的出版品,已是涨潮的前奏。而在两岸鹊桥架起后,大陆的小说、散文和诗歌,也纷纷在台湾报章杂志上出现,虽然缺乏有系统的介绍,但间或也有大陆作家的作品侧身台湾书肆的“排行榜”畅销行列。

回顾1945年台湾光复,台湾同胞曾经眼眶噙着热泪,胸膛怀着激情,投入祖国的怀抱,赤诚地欢迎亲人的光临斯土,这是历史上动人的一幕,这是日本帝国主义侵略者强悍兵力的占领,严厉的法纪统治台湾五十年,都压抑不下去的挚情,这中间有血浓于水的民族情感,更有文化上息息相关,割不断、斩不绝的共同命运。

现在,大陆、台湾两地彼此掀起的“热”,又一次肯定这份命定的共同情感,和无法相违的文化价值。不过,两岸的矛盾仍有待消除,彼此间的了解也有待增进。四十年的隔离,不但意识形态、社会结构,甚至日常语汇都有距离。在台湾的人民缺乏大陆上的生活经验,而大陆上人民也不了解台湾人民的苦闷、焦虑,和追求与盼望。

文学不但使真相现形,也使人生命充实和丰富。透过文学,不但使两岸彼此了解增进,进而相互激赏,也终于在彼此尊重之下,建立同心共荣的前途。

1988.2.12 台北《中国时报》

29. 那一点点仇恨,何时能了!

赫斯终于在柏林监狱自杀。

现在已没有几个人知道赫斯,但他当年烜赫一时,他不仅是希特勒的第一顺位继承人,更由于第二次大战刚爆发时,他从德国驾机,单人匹马飞奔英国,而使全世界报纸都把他放到第一版头条。我们不再叙述当时发生的事,只叙述他的结局,第二次世界大战后,四大盟国在判处他无期徒刑后,送到柏林囚禁。英、美、法三国不断要求对他赦免,但苏联不断拒绝,以致四个国家不得不为这一个高昂的囚犯,派出大量军队及警卫人员,不胜负担。漫漫岁月,第二次世界大战结束已四十四年,赫斯也被囚禁四十四年,在一切绝望中,他以九十余岁的高龄,悬梁身亡。

苏联拒绝释放赫斯,理由当然很多,多到可以装满一火车,但有一个理由却是真实的,那就是:从偏执心灵中滋长出来的永不熄灭的仇恨!回想起美国的卖国贼东京玫瑰,她还没有坐满十年牢狱,美国人已对她宽恕,把她赶出监狱;同是人间,却有两个世界。

就在台湾,仇恨仍不时会在我们少数人的心里燃烧。当台湾全面减刑的时候,"参加共产党而犯二条一款之罪"的囚犯,却单独除外,而这类囚犯,据说只有两个人。记得七十年代减刑时,这些人也不减刑,为的是表示对共产党的仇恨,和避免外人误会将跟共产党和解。这可是奇异的逻辑,"华航"官员跟中共民航官员挤在一起握手言欢、谈判交易,难道不怕误会?四万人回大陆探亲、观光,难道不怕误会?"三不"已变成"二不",通起了邮,难道不怕误会?

八年抗战,日本人杀了多少中国人?奸了多少中国妇女?毁了多少中国财产?又有多少人死在毒菌试验之下?又有多少人死在煤矿深坑之中?又有多少人被剥了皮在太阳光下跳跃哀号?对这么样的深仇大恨,我们也曾经轻松地把他们原谅,而且还宽厚的"以德报怨"。可是,对于蹲在火烧岛监狱一角的,那两个所谓"共产党",为什么不能宽厚处之?

对没有抵抗力的人报复是懦夫,天下没有不可解的仇恨,我们希望监狱中永久再没有政治犯;也要反问我们自己:什么时候,我们才能释去心中那一点点仇恨,化成一片片祥和!

1988.4.27 台北《中国时报》

30. 翻 案

读了 3 月 30 日人间副刊梁文蔷的《我终于又见到了孙立人伯伯》,心里悲愤难抑。这是郑为元宣布孙立人重获自由后第一次的接见外宾,在整个访问过程中,不见他为自己说过一句话,只见他手执原子笔,迟疑地为梁文蔷签名——老病、颤抖的“孙立人”三个字。

梁文蔷说:“孙伯伯在我心目中是一位英姿焕发、满面红光,走起路来精神抖擞的标准军人”;“但是如今,在我眼前,离我只有一呎的这位老人,已是满头白发,声音微弱”。我们记忆中器宇轩昂的将军,如今却是一个病衰不堪、无语问苍天的八十九岁老人;老兵不死,只是逐渐凋谢,这位在幽禁中逐渐凋谢的老兵,他现在所面对的世界一定很模糊了。

孙立人是国际级的将领,无论在战场表现,或是军人风范,都是优秀的人才。在他担任陆军总司令期间,到各地去视察,从来都是自己开吉普车,随身只带一个侍卫,一个副官,想看什么就看什么,不预先通知,也不讲排场。一个真正的人才,容易遭到妒恨。

3 月 21 日各报都报导国防部长郑为元,亲临台中拜访孙立人,强调孙立人“可以自由接见任何他的朋友,谈他想谈的话。”如果孙立人“没有被软禁这回事”,如果可以自由接见朋友,为什么他想接见梁文蔷时,尚须请示副官,副官尚须等上级批准? 我奇怪为什么有人直到今天还在说谎? 诚实是千古不易的美德,国民党政府已没有必要再继续隐瞒人民。

我们不明白孙立人将军究竟犯了什么罪,我听过太多人批评他脾气不好,但脾气不好顶多不适合所担任的工作,没有理由囚禁三十三年。在资料逐渐曝光、问题逐渐明朗化的今天,我们发现他被软禁，只为了他太爱“国家”、太爱“元首”，如此而已。在特务盛行时代，在激烈夺权时代，爱国家、爱元首有其一定的模式，超出了这模式，就是越轨，就是叛乱。孙立人看不起那些人物——用不尊严手段，取得尊严地位的人物，这是他的致命伤。

软禁是一种最恐怖的囚禁，没有罪名，未经法庭宣判，就无限期地被幽禁下去，较之无期徒刑更可怕，因为所有罪犯都可能获得大赦、特赦的减刑、赦免，唯独政治软禁犯毫无刑期。“孙案”的另一重要人物郭廷亮就是例子。在1975年减刑时，他被关在台北情报局的监狱，获得减刑当天非但没被释放，还被专车送到绿岛。

第二年，我也被软禁在绿岛指挥部，和郭廷亮关在一起。

郭廷亮是一个拘谨厚重、苦干实干的人，那时他负责管理指挥部图书馆，做事认真负责，把尿臭、肮脏的地方清理得整洁井然。他平时沉默寡言，从眼神看得出那种深刻而空洞的寂寞；他被捕时，孩子才四岁，可说是家破人亡。我当时是被判十二年刑期，期满继续软禁；在绿岛那种地方，彼此不敢深谈，互相不敢闻问，大家没有朋友，不能讲真心话，只感觉前途茫茫，不知何日是归时？那种心理上的折磨，远超过关在黑牢里。我和郭廷亮虽然不曾深谈，但他对孙立人的为人处事非常钦敬，对孙立人的人格十分感动；钦敬感动中带着一种内疚。我想，如果他当时被屈打成招，也是无奈的，他不招，他们还是会另外再找一个郭廷亮。

在那彼此设防的地方，我们两人较为接近，每天约打二十分钟的乒乓球。我们的名义是“教官”，但有一天上级长官来视察，指挥部拿着官兵名册给上级看过之后，随意放在图书馆的椅子上。郭廷亮拿起来，指着名册上的职称对我说：“你看！我们不是‘教官’，我们是‘看管雇员’。”我们两人相视莞尔。

我们总共相处一年有余，绿岛的软禁犯很多，诸如“反共义士”王朝天、汪廷瑚；汪廷瑚是忠贞的国民党员，因为办杂志批评政要，被软囚绿岛，禁止和外界通信联系，最后死在绿岛，不曾经过判罪，也没有谁替他伸冤。我记得1937年前后，国共斗争最为剧烈时，很流行

“自行失足落水”这句话,这句官方术语,渐渐变成一句威胁恫吓人的话,像丁玲的丈夫胡也频被枪毙后,官方就宣布他“自行失足落水”。

张学良最近写了一封信给外界,表示他未被软禁,不愿接见记者。郭廷亮现在在绿岛养鹿,打电话过去,那边说“他不愿意回来”。我们当然不相信这种话,我自己就曾写过自愿留在绿岛的文件,我真想跪下来求求国民党政府官员,不要再认为人民仍处在“敢怒而不敢言”阶段;只有猪才相信失去自由的人能说他甘愿失去自由的话。我无能营救郭廷亮,但我忧心如焚,不知道绿岛指挥部会对他采取什么行动;希望政府能放他回来,别让他在绿岛“自行失足落水”!求求你。

民主政治多元化的需求,与社会力不断地崛起涌现,使人们勇于打破禁忌的迷思;一种代表伸张正义与公平的翻案风正不断吹起,要翻开若干被尘封的禁忌,把猜忌和疑虑摆在台面上。有人怕翻案,为什么要怕?我们要求的只是了解事实真相,不是为了报复,只是一种殷鉴,作为整个民族的忏悔,也提醒后代不要重蹈覆辙。例如你打我一拳,我想知道你为什么要打我,不是要还你一拳报仇雪恨;只是要明了我究竟哪里做错了,或可能是你打错了。

只有揭发不公平,才能建立公平、健康的社会;若一味躲藏、掩饰,只有使怨恨愈积愈深。曾经遭到构陷的,请还他公道;曾经沉冤的,请还他清白。翻案,不是提醒旧恨,是促进和谐。(叶振富记录整理)

1988.4.1 台北《中国时报》

31. 奥野的反扑

人为什么要探求历史真相？因为真相是人类唯一可以防止罪恶重演的蓝图。

德国慕尼黑近郊的纳粹集中营，在二次大战后，连同全国其他各地一万余座集中营，一起对外开放，就在大厅上，德国人昂然写出一句意义深长的话，说："当人们忘记这种罪恶行为的时候，这种罪恶行为就可能再度出现。"

希特勒先生执政期间，举世鄙弃日耳曼民族，认为一个优秀民族不应该产生希特勒之类的暴徒，但德国处理善后工作：认错、赔偿、自责、改正，那种光明磊落的态度，使我们依然肯定日耳曼民族的优秀性。

同样，东方的亚洲，日本军阀的罪行不亚于纳粹，但他们的表现却奇异诡秘。在联军无情的炮火（包括原子弹）压力之下，日本军阀不得不投降，不得不承认犯了侵略大罪，可是，日本人并没有像德国人那样从心底深处悔悟，反而只认为运气不济，犹如一个强奸杀人犯被捕判刑，他并不认为他的行为有罪，反而认为他之栽斤斗，都是那女子大喊大叫所致。所以就在四年前，日本文部省就更改教科书，凡是侵略，都成了"进出"，日本皇军遂"进出"了东南亚所有各国。今年更变本加厉，国土厅长官奥野先生再作进一步解释，坚信日本"进出"中国，根本没有侵略意图，而只是为了拯救中国免于沦入白种人之手。而且，他拒绝道歉，拒绝辞职（虽然最后仍是辞职），其英勇的程度，跟参加南京大屠杀的皇军，足可媲美。

现在，日本北方四个岛屿，仍在苏联控制之下，依照奥野帮的逻辑，苏联不过"进出"四岛而已，不过为了拯救四岛免于沦入美国帝国主义之手而已，并没有侵略意图，日本就不应有任何反应。而且，根据这项逻辑，中国有一天力量强大，又加鬼迷心窍，核子弹照样可以“进出”日本，为了拯救日本免于沦入衣索匹亚之手，陆海空军也可以“进出”本州岛，血洗东京。

我们不在意日本跃跃欲试的迫切心情，在未来的核子战争时代，人口密集的小国，永无翻身之日，日本当年强权，也永不复返，心里再气再痒也没有用。但我们在意大和民族的堕落，日本青年一代已快把历史上的罪恶忘光，我们可以预言：当全体日本人上上下下，老老少少都忘光历史上的罪行之日，甚至认为“进出”是一种光荣之时，日本已开始了他们自我的灾难。

奥野先生警告日本人，不要被邓小平牵着鼻子走！柏杨先生也要警告日本人，不要被奥野之类的迷糊眼政客牵着鼻子走，那会伤害大和民族的尊严。而且，奥野先生和他的侍从所发出讯息，是一种血腥讯息，每个爱好和平的人，都要警惕到军阀余孽从来不放弃反扑！

1988.5.18 台北《中国时报》

32. 万里外，落地生根

——《台湾河南辉县移民录》序

台湾是一个宝岛，据我们已知的数据，马来人可能在上古时代，就从菲律宾移民台湾，成为本岛最早的住民，以后，中华人、日本人，甚至荷兰人、西班牙人，开始移入，但要到十七世纪六十年代，台湾海峡两岸发生变化，海上英雄郑成功先生击败当时统治台湾的荷兰殖民地政府，把台湾并入中国版图后，才引发中华民族有史以来，空前庞大的海上移民浪潮，我们称之为第一拨移民，包括中华民族两大迥然不同的语系，一是闽南语系，一是客家语系。

然而，移民的日子在两百年后结束，十九世纪七十年代，日本击败中国,并吞台湾,曾经努力推行日本皇民化运动,将很多中国姓氏改为日本姓氏,结果失败。

二十世纪四十年代,形势倒转,中国击败日本,台湾重回中国怀抱,但由于人所周知的原因,中华民族另一次空前庞大的海上移民,也就是第二拨移民浪潮,突然掀起。匆匆一两年期间,来自全国大陆各省同胞——远至新疆、甘肃,近自福建,密集地涌入台湾,成家定居,多达五百万人。

我们身为第二拨民,已经在这美丽的岛上落地生根,第一代在这里终老,后代子孙,也已成为台湾宝岛的卫护者。每一个生于斯、长于斯、老于斯的第二拨移民,都有神圣义务爱护这块土地,和耕耘这块土地,回馈并感谢最早收容我们的马来族原住民,和赐给我们包容、温暖的第一拨移民后裔。

河南省辉县是一个位于太行山东南麓的荒僻小县,贫穷而落后,1949 年时,全县只有一个初级中学,没有电灯,只有一条四十华里的公路,却没有营业客车行驶。然而,在第二拨移民行动中,仅就联络上的辉县人而言,竟有一百七十余家,至堪惊奇,这说明当年变乱,影响至巨。

四十年在现实人生上,是一个漫长的时间,有的乡亲已有了第三代,有的乡亲则四代、五代同堂。我们特地编纂本书,留下珍贵的照片和文字记录,保存初期风貌,使代代世世,永不相忘,若干年后,万一有子孙寻根时,能手执一本文图具备的族谱,契合无间。这是第二拨比第一拨移民幸运的地方。第一拨移民时,照相和印刷,还不曾广泛使用。

我虽忝为河南省辉县同乡联谊会长,又兼这本《台湾河南辉县移民录》主编,但真正主持会务工作的,却是总干事杨道河先生,我们应向他致谢。

1988.6.3 台北新店花园新城

33. 有福的人多多珍惜

二十世纪八十年代以还,台湾忽然财富堆积如山,几乎每个人都有钱。有钱当然是好事,但有钱也同样是糗事,尤其对一个长期穷困艰难的社会,一旦暴发户充斥,准丑态毕露,比富人乍贫时的丑态,还要使人失笑。

有一则故事,两个穷措大在那里做白日梦,一个说:"有朝一日发了财,我就天天摆酒席,吃了就睡,睡了就吃。"另一个唾他说:"到那时候,我吃了又吃,哪有工夫去睡!"这是穷人的丑态,穷人乍富,一定吃为第一,觉得人生只有一个目标,那就是除了吃,还是吃。

中国本来就是一个吃的民族,几乎把全部精力和财富,都投到吃的上面,于是,除了吃,再没有别的文化。前年(1987)在台北举行的国际狮子会,我们这个世界上最古老的东方国度,立刻露出洪荒面貌。有些外国朋友打听有什么歌剧上演,回答是没有。有些外国朋友打听有什么音乐会可听,回答是没有。有些外国朋友打听有什么球赛可看,回答是没有。有些外国朋友打听到哪里欣赏中华民族(占中国人百分之九十八)的舞蹈,回答是没有。一连串问题提出后,使外国朋友发现,中国人只有口腔文化,使人备感羞惭。

一提起财富,就想到钱,很少人想到优秀的灵魂是更大的财富。一个人看重身外之物,竟超过身内之物,他过的一定只是动物生活,而不是人的生活。有一次,一个朋友告诉我他选择女婿的条件,他说:"我要我女儿嫁给一个身体强壮、心灵健康的青年!"我们全家人对他兴起崇敬。这世界充满了"我要我女儿嫁给有钱的"市侩心理和言论,才是灾祸之源。

有人太相信权力万能,有人太相信金钱万能。其实天下没有万能事物。权力可以使人恐惧,金钱可以使人屈服,但权力抢不到尊敬,金钱买不到尊敬。大爷活得可能威风,但没有尊严。

时代潮流跟隆隆前进的战车一样,肉体之躯,挡之者死。当世界文明日益提升之际,台湾却想靠那几个不稳的钱,“吃了又吃”,就想成为一个文明人,根本不可能。提高自己的质量,要靠青年朋友们的觉醒。安徽省有句谚语:“有钱三代,才会穿衣吃饭!”另一则北京谚语说:“有钱十代,才会看画!”人要突破动物的上限,不全靠两条腿走路,更要靠高度的文化。

当大家生活无虞的日子里,财富的意义包括一个人的质量。一个暴发户,如果不能沉醉在书籍阅读中,即令过了三代,仍不会穿衣吃饭,过了十代,仍不会欣赏画!仍是一群族居的野人。

只有书籍,和由书籍延伸出来的读物,才可以把一个人的钱,转变成身上的教养,把一个人从动物界提升到人类,从野蛮界提升到文明,创造出另一种新的财富。有福的人,会多多珍惜。

1989.3 台北《出版情报》

34.“虽千万人吾往矣”

当大地春回,一片青山绿水呈现人间时,谁都难以想象,就在不久之前,极目所及,还是万里冰封,一不小心伸出五指,都会断裂。

这就是台湾,解严之后和解严之前强烈的对比。现在,九十年代开始,我们身处大地春回的环境,很多年轻人认为言论钳制和思想戒严是不可思议的。但是中年以上的朋友,恐怕记忆犹新,使我们对今天所过的强差人意的太平日子,深知得来不易,而更万分珍惜。也使我们难以掩饰回忆那漫长的黑暗,和在断指裂肤酷冷之下,有一只救难的手,不断悄悄伸出,多少受迫害的知识分子,因此得以重获生命。

这只手，就是《中国时报》。在文字狱如火如荼的时代，报社就好像一个火药库，编辑、校对、作者、排字工友，和报社负责人，每天都在那里猛敲炸弹——一个字就是一个炸弹。随便举一个小故事，作为说明：排字工友一不小心把“中央”排成“中共”，校对职员又没有校出来，就至少会有两个人要判处七年以上有期徒刑或无期徒刑。编辑和作者更随时都会被炸得粉身碎骨，没有一个人敢为这些毫无保护的知识分子说一句话，反而更有一些人（值得注意的是，他们也是知识分子），为了表演忠贞，还要落井下石。

在这个畸形社会中，当一位陷于恐怖的知识分子，走投无路，台湾虽然报社林立，也只有《中国时报》肯给他一份工作，或肯给他具体帮助。当一位编辑被治安单位“约谈”，全家战栗时，余纪忠先生总是要求把“约谈”的地点改在报社，希望扭转扣押的情势。正是因为如此，《中国时报》跟若干掌握权柄的大人物之间的冲突，日益升高，当然引起同样日益升高的打击。最严厉的是一项发生在不久之前，迫使美洲《中国时报》关闭，一位当时还炙手可热的先生，誓言：“《中国时报》连一分钱都汇不出去！”于是，在美国销售量庞大的这份华文报纸，就这样的被活活扼杀。

我不愿故意不提我自己的亲身遭遇，当我经过十年牢狱之灾，于一九七七年出狱后，台北像一个冰窖，人们都把我视作有辐射线的蛇蝎，我十分孤独、恐慌，也只有《中国时报》邀我出席那一年的作者联谊会，在冠盖云集的大厅中，余纪忠先生突然宣布：“我们欢迎柏杨归队！”这是我的殊荣，我感到人生充满温暖，那只一直照顾知识分子三十年的温暖的手，正向我伸出。接着，《中国时报》开辟了“柏杨专栏”，“一个政治犯竟跃登全台湾第一大报的版面，立即引起激烈的反弹，起初只是文字攻击，后来有一次“警备司令部”召开的文宣会上，一位在大学当系主任的教授，曾向最高治安单位指控《中国时报》“别有居心”。这对稍后的美洲《中国时报》的扼杀，有血缘上的关系，使我对《中国时报》负疚良深。

现在，多少报纸都在自诩他们力持正义，天下第一无畏，但人们不会忘记腥风血雨的漫长黑暗日子里，只有《中国时报》冒着不可测的危险，给知识分子一盏明灯，和一份温暖。这需要智慧，也需要道德勇气。记得当年围剿《自由中国》杂志时，台北《中华日报》社长曹圣芬在社论中大吼说："虽千万人，吾往矣！"雷震先生在社论中嘲笑说："背靠权势，虽千万人吾往矣，有什么稀奇！"《中国时报》却是面对权势，虽千万人吾往矣，际此《中国时报》庆祝她四十周年的时候，借此一角，写出我的感受，献出我的感谢、祝福。

1990.10.2 台北《中国时报》

35. 蒋家权势消失

台北报纸，刊出总统李登辉谈话，宣布将废止附于《中华民国宪法》的《动员戡乱时期临时条款》。这是一件大事，但舆论的反应与其说并不热烈，不如说简直十分冷淡。因为事情发展到今天，好像已走到隧道尽头，光线的呈现，早在预料之中。而且，最近几年以来，这项条款已不能再造成明显而巨大的新的灾害，很多人已经淡忘。法律的要件之一，必须是可能执行，而且有人执行，否则任何法律都不过一张写字的废纸。如果立法机构通过一条法律：咳嗽一声，一律斩首。就等于没有通过，因为不可能执行，也没有人执行。《临时条款》经四十年的奋勇喋血，时至今日，已进入不可能执行和没有人执行的老境。即令不废止，也等于废止。只不过在法治时代，大家需要公开的和合法的废止程序。

没有人因《临时条款》的废止而欣喜，理由如此简单。但回顾前尘，内心充满的却是啼笑皆非和无限伤感。几乎从懂事的日子开始，我就听到"《宪法》是国家的基本大法"等等智能的语言，对《宪法》充满尊敬。而在本世纪(二十)五六十年代，更常听到当时总统蒋中正信誓旦旦地保证:“我把这部《宪法》带到台湾,也要把它带回大陆!”听到的人以及稍后在报上、书上看到这些话的人,无不动容。我想我有天生的非坐牢不可的命运,一种无可奈何,与生俱来的质疑性格,使我总是不能顺着吠声也吠,曾经向朋友提出抗议:“他在说谎,他知道他带不回去!”根据历史推演(似乎是历史最重要的功能之一),有三大例证可说明我为什么质疑:一是晋王朝南迁,一是宋王朝步晋王朝后尘,一是法国大革命,流亡伦敦的贵族。历史法则就是这样:一个政权一旦衰败,只要它是原班人马,任何王朝都绝不可能中兴。

更基本的事实是,蒋中正从没有把《宪法》带到台湾来,所以他实在也不必自作多情的承诺再把《宪法》带回大陆去。证据就是《动员戡乱时期临时条款》,当四十年前《中华民国宪法》公布实施时,国民大会同时就制定《临时条款》,在《临时条款》中,无耻地宣布:第一,蒋中正可以随时下令戒严,随时下令剥夺人权,而不需要任何人同意(《临时条款》第一条)。第二,蒋中正可以连任总统,直到死亡(第二条)。第三,蒋中正可任命任何人充当人民选出的代表,来选他永做总统(第六条)。

从这些强悍措施,可看出《中华民国宪法》刚刚诞生,立刻就被他凿眼断肢,挖去心脏。蒋中正带到台湾的不过是一具残骸,正靠这残骸,才把总统位置巧妙地传给长子蒋经国。《临时条款》不过是“蒋家权力巩固条款”或“蒋家帝位继承条款”,如此而已。假设不是整个世界形势发生转变,蒋家宝座传到第三代,应该没有特殊困难。

虽然蒋家王朝只维持两代,也是一个漫长的时间,超过“五胡乱华”及五代时期大多数政权,完全依靠《临时条款》。在这个大法之下,蒋中正手握罗素先生所说的赤裸权力,全神贯注的经营传子大业。退守台湾前二十年的官场记录,高阶层遇到稍为重要的人事任命,诸如上校级团长人选,都必须“跟经国谈谈”,这和袁世凯时代“跟克定谈谈”,完全是一个模式!所以蒋中正仍健在时(他生命中的最后二十余年,就是为传位而奋斗),蒋经国的继承基础,已完全奠定。强人政治之所以能和平转移政权,原因在此,这种能源来自《临时条款》。

无论如何,《临时条款》的废止,正式宣告蒋家权势的消失,意义是正面的,在台湾的中国人总算度过黑暗时期。希望下一步不要一脚踏进另一个黑暗时期。翻阅过去的史书,实在使人忧心忡忡。

1991.4 台北—1991.5 香港《明报月刊》

36. 中日两国的命运何等不同

——《中国人,你受了什么诅咒》日译本序

伦敦《卫报》驻北京记者白克尔先生(Jasper Becker),从北京经香港到台北,问了我一系列问题,我都能一一回答,但其中一项却使我沉思良久,那就是,他问:"世界各国文学的主流,都是小说,为什么单单中国却是杂文?"

我忘记当时怎么回答,可能因为我不满意当时的回答而故意把它忘记。直到今天,我都仍在思索这个问题,而依旧找不出自认为圆满的答案。最简单的遁词是:民族性不同。问题在于,难道其他各国的民族性全都相同?我想,中国读者所以如此的接受杂文,可能跟中国长期的独裁封建制度有关,人民需要作家直截了当的棒喝。

我写过八部小说,而杂文则是小说的四倍,但使我的杂文在世界华语社会所以"享有盛名",还另有原因:台湾国民党政府兴起文字狱囚禁我九年二十六天,如果说这是一种政府对作家礼遇的话,我应是世界上最最受优待的作家之一。

我最大的罪状,是我毫无保留地暴露了中国人的缺点,中国长期的在既得利益阶层顽强颟顸的固守之下,善良广大的中国小民,被奴化、愚化的结果,变得同样顽强颟顸,使中国人的命运永远停留在悲惨的谷底,无论怎么努力,都站起来又跌倒、再站起来再跌倒……不断跌倒,永无止境跌倒!我不禁怀疑:中国人是不是受了诅咒!为什么日本人比中国受西方文化的冲击要晚,又受到二次大战毁灭性的戕害,今天竟能脱胎换骨,中国反而越来越糟?岂不是阿洛依神的巫法在中国人身上发生威力,使中国人身上布满虚骄、自私和浅碟子的毒菌!

当这本小册的日文版出版前夕,我要举出一件事实,希望日本朋友了解中日两国的命运,是何等的不同:当中国战败时,中国政府要付出使全体中国人啼饥号寒的巨额赔款。当日本战败时,日本不但不必赔偿一文,中国反倒要感谢日本给予的国际承认。这个例子,说明了中国人灾难的来源。

然而,加到中国人身上的诅咒,因中国人已经觉悟的缘故,势将逐渐解除。我绝不相信"二十一世纪是中国世纪"神话,但我相信,中国人度过满面羞惭的反省期之后,将恢复往日雄姿,跟日本人一样,尊严地站立在万邦之中。日本读者朋友一定乐于看到中国人茁壮成长。

杂文和诗一样,很难译成外文 ,我相信我的意思在金若静女士的流畅译笔之下,能完全呈献在日本读者面前,特别在此致谢;并再谢谢鹤冈陈巳先生,他赐给的热情信件,给我很大鼓励。

1991.6.12 吉隆坡《南洋商报》

37. 在悲壮中挣扎

——《丑陋的中国人》英译本序

在中国,一个作家的道路,不但崎岖,而且充满危险。我从事写作超过四十年,五十年代我写小说,六十年代我用一种独特的文体写专栏,表达我对社会不公平的抗议,终被国民党政府以"共产党间谍"罪名,逮捕下狱,要求军事法庭判处死刑,后来从轻判我十二年有期徒刑。在这段长期监禁中，使我对中国问题有充分时间思考，也使我更为肯定我入狱前的想法："传统的酱缸文化，是中国社会的百病之源！"七十年代末期我获释出狱，一直想写一部惊醒中国人长期以来虚骄颟顸的著作，但那时我必须先全力投入我在狱中所写《中国人史纲》等历史丛书的整理，使我不得不暂时把原先的想法搁置。1984年，我在美国爱荷华大学参加国际作家聚会，接受当地中国留学生的讲演邀请。这个长期压抑在内心的想法，澎湃涌出。——出狱之后，我甚至不准用探讨"酱缸文化"这个主题向我的同胞演讲。于是，我决定借着这个身在美国的机会，把它说出来，我用《丑陋的中国人》为题，就是希望引起我的同胞的警觉和猛省。

而包括《丑陋的中国人》讲稿的这本书，不久有了日文译本及朝鲜文译本，1986年中国大陆更有五种版本出现，掀起被当时媒体称之为"柏杨热"的浪潮。

1988年我回到隔绝了四十年之久的中国大陆，发现自己声名大噪，上海街头，连行人都能借着书上的照片指认出我。有的把我推崇为洞烛机微的先知，是中国人的救星；有的恰恰相反，斥责我是中华民族的败类和卖国贼。直到一个月前——1990年12月，我应邀赴新加坡访问，英文《海峡时报》还用 Cover Story 半版篇幅，刊出我的照片，标题是："柏杨，丑陋的中国人！"

能受到广大读者的响应，我内心充满感谢，但我并不兴奋。因为自1950年开始出版第一本书以来，我写过小说、杂文、诗、报导文学、历史，迄今凡一百五十余部。虽然我的报导文学曾被拍成电影，历史著作曾被指定为大学参考书，小说和诗也曾被译为外文出版，可是，想不到最后却以一篇抨击中国文化的讲演稿引申出来的一本书，在全世界华人中激起轩然大波。使我了解，无论赞成或反对，两方面人士都是出于对中国文化续绝存亡的关怀，这显示大家质疑或维护自己文化的兴趣，远凌驾于对文学作品及历史著作的欣赏，对一个作家而言，多少有点落寞。

今天有了《丑陋的中国人》的英译本，我希望西方朋友了解：这是中国人一次沉痛的觉醒,开始有胆量面对自己的缺点。如果我不能在这方面引导西方朋友深思,而被误认为我不过只提供一份使大家嘲笑中国人的新数据,那不但是我的不幸,也是中国人和全世界人的不幸,因为那就抹杀了这个庞大族群是如何在悲壮中挣扎反省的努力。

每个国家都有黑暗时期,发生很多不堪入目的现象;中国亦然。不同的是,中国的黑暗时期是如此的漫长。不过,当一向以面子为第一生命的中国人,开始吼叫"丑陋的中国人"时,就表示一个脱离丑陋的时代,就要开始。我盼望西方朋友赐给我们鞭策和祝福,中国人会用感谢之情,作为回报。

1991.7.6 吉隆坡《星洲日报》

38. 永远相爱相重

——《河南辉县志》前言

在实用性极强的中国传统文化中,中国人认为历史的功能只有一种,那就是为后人提供教训,所以我们经常听到要接受历史教训的勉励。问题是,这项功能虽然被过高评估,而实际上,效果却最小。否则,中国人在吸收了比其他国家更久更多的教训之后,今天的社会,应该比其他国家更好才对。悠久的历史不但没有带给我们教训,反而衍生特别沉重的压力,使我们更僵化、更落后。

历史真正发挥的力量,在特殊的史书——县志上,可以体验,说明历史最大的功能之一,是使我们在回顾之中,产生浓厚的归属情结,是使我们了解所来自的那个地方,到底是个什么情景!美国《根》的作者所以寻根,一直寻到非洲,并不是想从其中取得教训,而是想从其中取得心灵的稳定和充实。

我的祖籍是河南省辉县(这个"县"于1988年改制为"市",称

"辉县市"),我始终认为辉县人(包括我的家族在内),都是从"山西省,洪洞县,槐树下,摔锅片"的山西省,由北向南迁移而来,所以那个以苏三女士闻名的洪洞县,对我有极大的吸引和温暖。可是,最近几年,有些人认为所有辉县人不是来自山西,而是来自江西,迁移的方向,恰恰由南向北。真是一个晴天霹雳,吸引和温暖的怀念,霎时间从苏三身上,移到"老表"身上。这种历史感情,不含政治以及地缘杂质。

本书《辉县志》记载的史迹,始于公元前2357年,终于公元后1835年,虽很详尽,却也有大的遗漏。像公元前九世纪,辉县是共国所在,闻名史册的周王朝"共和之治",据说就是由共国国君主持国政。而最使辉县人震撼的,还有公元前三世纪的一件大事,秦国国王嬴政,把当时世界上最后一个独立王国,齐国国王田建,囚禁辉县,田建父子双双饿死。可惜,县志不载。而自1835年之后,迄今一百五十八年之久,辉县的现代人文,也全部空白,不知是后人的堕落,还是时代已改变到不再需要县志。

我是二十世纪四十年代末,辗转来台的辉县移民之一,大多数移民都是随军而至,我却是逃难,所以稍早之前,还有少数乡亲坚持他是"旅台"。事实上,有的移民已有了第四代,大多数已改用"留台""居台",台湾已成故土。

八十年代稍后,世界政治形势改变,再一次证明一句西方谚语:"时间可以办到炸弹办不到的事。"分悬两岸悬念的戚友,得以再见。而这部《河南辉县志》,也由热爱乡土的马永涛先生取得,可是太过破败,几乎触手即碎。我因担任台湾河南辉县同乡会会长之故,马永涛先生一再推荐,希望能在台湾把它出版,使我觉得应负这项责任。经他的辛苦整理,在他写的《重印序》中,有详细的报告。

际此全书校对完竣,即将装订成册之际,在卷头写此数语,希望海峡两岸乡亲,共同珍惜我们同出一源的感情,永远相爱相重。当若干年后,远在河南的《新辉县县志》出版时,希望能记载台湾移民后裔的贡献,而台湾移民后裔也应将更大的成就,来回馈台湾,荣耀母土。

1993.6.20于台北新店花园新城

39. 一将成名万骨枯

大陆成为共产党的天下,我从沈阳往锦州时,看到一个国军士兵,一只腿从大腿那边被折断,鲜血滴滴外流,拄个拐杖,走几步路就跌倒一次,情况十分凄凉。

过去,在台湾的外省人,被认为都是当权派,他们的家族在大陆,却不断问他们:"你们为什么要逃到台湾?""你知道你们逃到台湾后我们的日子怎么过的吗?"

忽然之间,两岸通了,有台湾关系的人,一夜之间,变成国宝,使我想起来那个断腿的国军,我想他一定死了,但是他家里人不知道,恐怕还在盼望他回来,盼望他衣锦还乡。

当年逃往台湾的人并不都是自愿的,其实有不少的士兵都是抓夫抓来的,因为军队的人数不够,所以当时的国民党就大量搜捕青少年。我坐牢的时候,有一些老兵班长喝了酒就趴在地下,从递饭洞口向我们囚犯诟骂国民党:"当初我只是背着书包到学校,才初中一年级,却被抓走了,家里没有消息。"语气十分哀恸。

在我的家乡,我就亲眼看到一个年轻人被拉走了,军队开拔时,本来军人去从军都应安排欢呼,但是,我们哪有欢呼,街道两边的人都傻傻站在那里,年轻人的妈妈一看到她的儿子,就冲上去大喊:"小三子,你要赶紧跑啊!"当时,就有一个班长拿着枪托打那个可怜的妈妈,真是,真是,这就是国民革命军吗?

1959、1960年时,我更亲眼看到眷村的小孩子,在眷村水沟中捞菜叶子吃。蒋经国过去喜欢视察,喜欢开会听听民隐,有一次他生气了，他说："怎么每次一开会，通通就只关心自己的被子不见了的小问题？"他说，"我们反共才是国家大事，怎么会老是提个人生活？"当时我将近四十岁了，我想我们的最高当局，为什么不能了解，老兵只谈他的被子，因为他只有一条被子，没有被子他就会冻死，要先有被子才能有国家，为什么没有想到这一点？

当时口号说："一年准备，二年反攻，三年扫荡，五年成功。"当时大家就知道这是一种谎话，可是没有人敢公开拆穿，于是说谎的人就以为大家都相信了。有些老兵有机会结婚不敢结婚，以为随时会回大陆，一个老兵，去衡阳路买一些孩子的小衣服、小鞋子，我看了忍不住掉泪，真的不忍心告诉他，他忘了时间已经过了那么多年，回去孩子都大了，小衣服，小鞋子怎么穿得下？这话不能说，说了他整个都破灭了，但是是谁让老兵变成这样？

时间使人生发生惊天动地的改变。过去，一介小民，可能要当宰相，或是中了状元，才能衣锦还乡，那是少数。老兵不是将军，但是，两岸开始交流，大陆刻意统战，每一个老兵在回到大陆时，连县长都要请他吃饭，他家人的地位立刻就可升高，老兵口袋里可以拿出很多钞票，钞票就是实力，这是中国历史上的一件大事，每一个老兵都可以这样，因之产生很大的效应。

老兵过去是军中的一员，是蒋中正所谓的"子弟兵"，是政治工具，是筹码。两岸开放探亲后，有一些老兵连飞机是什么样子都没有见过，在台湾搭飞机也许还可以，但是要跑到香港转机，他的心里先胆怯，在香港语言又不通，产生很多问题，然而这些人在台湾不是一直被称为是所谓蒋中正的"子弟兵"吗？一开始就没有想到要设一个站来辅导，而任凭他们在那里被唬、被骗，几天几夜也出不了机场。

异域泰缅边区孤军的下一代，在台湾求学，政府却拒绝发给他们身份证，使他们成为弃儿，没有一个地方像我们这样对他们的军人子弟如此残忍。

士兵永远是一个悲剧的角色，"一将成名万骨枯"，士兵永远扮演枯骨的角色。抗战时候,战场上,一连几百人,几分钟就没有了。再上去三四连之后,后面连补充队伍都断绝,那些士兵都吓破了胆。

一个班长,在被攻击得很厉害后,打电话向上级求救,得到的答复是:“不惜任何牺牲守住。”班长人傻了,什么叫不惜任何牺牲,就是不惜把你打死、把他打死,反正是别的人死。

而且,历史上只注意到死多少人,却没有注意有多少人在战场上受伤,在中国只有死亡的数目字,没有受伤的数目字,其实伤的往往是死的二三倍,兵死了就死了,伤兵的苦,却非常地现实,我曾在停尸间看到惨状,他的前胸只贴了一块纱布,都是因为战争,才会发生很多平常不会发生的惨事。

我年轻的时候是好战的,但是现在年纪大了,特别想到老兵的处境,变得如此反战,战争是很无情的,是一种很大的伤害,而人的生命,实在可贵。

美国有一个女性访问员,在访问伊朗精神领袖霍梅尼时,她问道:“为什么要和伊拉克冲突?”霍梅尼说这是一场圣战,女记者说:“你知不知道你这一句话要死掉几万人。可是你却不在内。”我觉得这个女记者真是可敬可佩,事实是那些高喊、发动圣战的人,在战争来临的时候,他们都没有任何生命的危险。

1995.4

附记:为林照真女士著《中国人的悲哀》所写序文。

40. 重赋绘画生命

——《李苏羽画册》序

艺术创造是文化生命的一部分,从呱呱坠地进入茁壮,到达巅峰,然后出现老化,最后消失!世界上没有不衰老的文化,更没有不消失的文化，除非不断吸收营养——像中国传说中的神灵，每天吸取日月精华，修炼成长生不老，也就是永远维持新陈代谢机能，才能永远保持年轻。生命会随着岁月增加一百岁、二百岁、三百岁，这样无穷尽地下去，可是生命力却不会衰退。艺术创造想要永垂不朽，就如同上述故事中的神灵一样，必须保持畅旺的创造生命力。

中国绘画在世界上独树一帜，被称为东方的主流，在公元前那个真正的百家争鸣、百花齐放的时代，各种艺术创造兴起，使人眼光缭乱，目不暇给。绘画世界一开始就分为几个大方向，无论花鸟、山水，或人物，在艺术上都有很大的贡献。可是到了大分裂时代，官场文化形成后，当官成为知识分子唯一奋斗的目标，也是唯一正当行业，艺术逐渐被人轻视，山水画原本应该有的峣岩雄伟，变化多端的自然景物，竟然僵化成刻板的模式，看过一幅之后，等于看过一百幅，使人感慨中国风景每一处都一样。至于花鸟和人物画，生命力也明显的僵化成了木刻的复印版，于是乎看起来中国的人物长得都一样，花鸟也都一个式样，就是只重临摹缺少写生之故。

当台北故宫博物院开馆之初，我曾经前往参观，我没有艺术上的专业知识，只是一个平凡观众，但我在几匹马的一幅巨大画前，感觉到那几匹马逼真生动，令我有点惊愕，因为我看过很多关于马的画，朋友中也有以画马闻名的画家，但给我的印象，好像孩子们的拼图游戏，是拼出来的，不是画出来的。原来，那天我看到的是意大利画家郎世宁先生的作品，他把西方绘画的笔法透视和素描带进了中国的传统绘画。临摹拼图式的画法使中国绘画走向死亡，(假定这句话，冒犯了传统画家，我也真高兴我敢提出这项冒犯)这是我们最大的忧虑。然而，当我看到李苏羽女士的创作时，跟我初看到郎世宁先生的绘画一样，除了赞叹，内心充满了对生命的礼赞。虽然李女士的山水画仍多少保留传统的固定模式，但她所用的色彩却是大胆的突破。突破，对中国人而言，有的时候，往往是一种使社会哗然的行为。而李女士的仕女画，一反中国几千年来的作风，打破从一个模子浇出来，毫无个性的面貌，腰身的线条处理，走出了原已僵化的狭小格局，并且个个人物都细考历史渊源与当时的社会环境,不是闭门造车的凭空捏造。所以我认为李苏羽女士在绘画上的成就从她的仕女画上呈现,也使你感觉到那些人物个个都是生命个体,随时会从纸上走出来,古人所谓"画龙点睛"不过是文字游戏,而李女士画中人物的眼睛才是真正的灵魂之窗,除了创造的功力,更有突破的勇气,我们祝福她,望她有更大的成就。

41. 血 缘

——《郭氏族谱》前言

辉县郭氏家族,由何方迁至,至少,有三种说法:一是从北京南下,一是从江西北上,一是从"槐树下,摔锅片"的山西省洪洞县。然而,从我祖父郭纯先生(我从没有见过他,也很少听人谈过他)的序文里,却呈现另一幅凄凉的故事:先祖郭弘先生,和再上若干代的先祖某公,在元王朝部队中当兵(假如他有一官半职,后代会称他的官衔),在一场不知道时间和地点的战役中丧生,遗下孤儿寡妇,流浪到辉县沿村落户。即令是现在,沿村以及延伸出来的常村,仍是半开发土地,何况七百年之前。那种求助无门、贫穷饥饿、家徒四壁、举目荒野的情形,可以想象。就在这种艰苦环境中,子孙繁衍。而我,在我七十五岁时,第一次看到家谱的时候,才知道我是第十七代子孙,感慨无限。

1949 年,我迁至台湾,迄今四十七载。向我提重印族谱的是稍长我数岁的郭立生堂兄、把族谱从辉县带回台湾给我的是稍小我数岁的郭立熙堂弟。数百年来,战乱频仍,人命不如一只蚂蚁、族谱之能幸存二册,似有天意,使郭氏后裔的归属感,得以维持不坠。时代不同,现代印刷,无论打字、排版,都由计算机作业,迅速整齐,自非先人石印时代和抄写时代,事半功倍。但愿海峡两岸、郭姓家族后裔,念及血浓于水,互相亲爱,直到永远。

1996.12.10

42. 归 属

——《郭氏族谱》后序

一、再也想不到,我会负责筹印《郭氏族谱》,我在家乡的时间很少,和同族兄弟相处的时间更少,而离乡却最远,远在我出生时仍在日本统治下的台湾。时代的巨轮创造变量,1987 年,大陆改革开放,我回乡探亲,祭拜父坟。堂兄郭立生先生向我提到修印家谱,我们立刻决定:他负责重修增订,我负责校对印刷。然而直到 1993 年,跟我同时移民台湾的堂弟郭立熙先生,才把旧家谱带到台北。这是我第一次看到在中国传统文化中地位重要的、真实的"家谱",更是第一次看我所归属的《郭氏家谱》。细数源流,发现我在这个郭姓族群中所占的位置,是多么的渺小。

二、家谱带到后不久,我一连串发生大病,最先,心脏开刀;稍后,眼睛开刀;再稍后,脊椎开刀;最后,已是 1996 年 12 月,基督圣诞前夕,胃大量出血,几乎丧生。前后相接四次重大手术,均平安度过,深为感谢父母赐给我这个坚强的身体;但气息残余,已不能久坐,无法提笔,印谱之事,不时中断。

三、旧谱刊有十四世郭惠元先生,及十五世郭葆桢先生玉照,年代久远,已不能复制,只好省略,其他无任何改动。文字部分,仅增标点符号。增修部分,分别由堂兄郭立生、堂弟郭立熙执笔,我则除了加添儿子,还添女儿,希望能被认同接受,共同实现男女平等这项理想。至于弘、通、聪三位先生为各支派之祖,我毫不清楚,这辈子也从没有人告诉过我,我也从没有看过其他文件,直到本谱出版前夕,才被指出:这部族谱只是郭弘先生之后,仍缺郭通、郭聪之后,不禁茫然。本谱由我负责校对印刷，执行则由助理，舛错之误，十分抱歉。希望郭通、郭聪二位先生的后裔，能有人出面，重修增添，届时不妨单独发行，或再合为一册。

四、本谱编印之初，已与堂兄郭立生约定，校对印刷，由我全部负责，不接受任何捐款，事实上也无人捐款，为此写下这几个字，乃万不得已。将来再印，亦复如此。

1997.4.21